U0164967

煤层气成藏机制及经济开采基础研究丛书·卷十

宋 岩 张新民 主编

煤层气经济开采增产机理研究

万玉金　张　劲　王新海　等著
曹　雯　张士诚　张冬丽　等著

科学出版社

北 京

内 容 简 介

本书围绕水力压裂裂缝延展规律和多分支井增产机理两大问题,在理论与实验相结合的研究基础上揭示了水力压裂和多分支水平井两项技术的增产机理。在煤层气井水力压裂技术方面,深入研究了压裂裂缝展布规律与形成机制,建立了多场裂缝扩展耦合模型。利用损伤力学方法,建立了煤岩复杂介质的裂缝演化方程,开发了煤层气井水力压裂计算软件。在多分支水平井增产机理研究方面,首次系统完整地建立了煤层气多分支水平井开采的数值模拟新方法,研发的煤层气多分支水平井开采数值模拟软件,为多分支水平井的结构的优化设计提供了重要手段。

本书适合煤层气研究人员和相关专业人员阅读,也可作为高等院校相关专业的参考用书。

图书在版编目(CIP)数据

煤层气经济开采增产机理研究/万玉金等著. —北京:科学出版社,2011
(煤层气成藏机制及经济开采基础研究丛书;10/宋岩 张新民主编)
ISBN 978-7-03-032015-5

Ⅰ.①煤… Ⅱ.①万… Ⅲ.①煤层-地下气化煤气-油气开采-理论研究
Ⅳ.①P618.11

中国版本图书馆 CIP 数据核字(2011)第 163535 号

责任编辑:胡晓春/责任校对:刘小梅
责任印制:钱玉芬/封面设计:高海英

科 学 出 版 社 出版
北京东黄城根北街 16 号
邮政编码:100717
http://www.sciencep.com

中国科学院印刷厂 印刷
科学出版社发行 各地新华书店经销

*

2011 年 8 月第 一 版 开本:787×1092 1/16
2011 年 8 月第一次印刷 印张:11 3/4
印数:1—1 500 字数:279 000

定价:68.00 元
(如有印装质量问题,我社负责调换〈科印〉)

序　一

国家 973 计划煤层气项目,将出版《煤层气成藏机制及经济开采基础研究丛书》(共 11 卷),内容包括煤层气基础研究现状、煤层气的生成与储集、煤层气成藏机制及富集规律、中国煤层气资源潜力、煤层气地震勘探技术、煤层气经济高效开采方法等诸多方面的基础理论及应用基础问题,涵盖面相当广泛,是一项很有意义的系统科学工程。项目首席科学家让我为该套丛书作序,欣然应命,特写以下文字,以示支持和祝贺。

煤层气是一种重要的非常规天然气资源。美国在 20 世纪 80 年代实现了对煤层气的商业性开发利用,建立起具有相当规模的煤层气产业。中国是个煤炭资源大国,煤层气资源也相当丰富。据最新预测结果,全国煤田埋深 2000m 以浅范围内,拥有的煤层气资源量为 $31\times10^{12}\,m^3$(褐煤未包括在内),与我国陆上常规天然气资源量大致相当;若将褐煤中的煤层气也计算在内,数量则更加可观。从我国化石能源资源的禀赋条件和经济社会发展需求来看,煤层气是继煤炭、石油、天然气之后我国在新世纪最现实的接替能源;同时开发利用煤层气在解除煤矿瓦斯灾害隐患、保护大气环境方面也具有十分重要的作用。

我国从 20 世纪 80 年代开始进行现代煤层气技术研究及开发试验工作,截至 2004 年上半年,在全国境内已施工各类煤层气井近 250 口,建成柳林、潘庄、大城、淮南等 10 余个煤层气开发试验井组,其中阜新刘家、晋城潘庄、沁水柿庄 3 个井组已进行商业性煤层气生产;在煤储层特征研究、煤层气资源评价等基础研究以及无烟煤煤层气开发等方面也取得了可喜的进展。但总体上说,我国煤层气产业化进程缓慢,不能满足国民经济和社会发展的需要。

煤层气不同于常规天然气。它在地球化学特征、储集性能、成藏机制、流动机理、气井产量动态等方面与常规天然气有明显差别,必须要用不同于常规油气的理论和方法来指导煤层气的勘探与开发。同时,由于中国大陆是由几大板块经多次碰撞、拼合而成,至今仍受欧亚、印度、太平洋三大板块运动的共同作用影响;中国的聚煤期多、延续时间长,煤田遭受的后期改造次数多、作用强烈,因而铸就了中国煤层气地质条件的复杂性和多样性。因此,在北美单一大陆板块环境下产生的美国煤层气理论不完全适应中国的情况。

建立符合中国地质特征的煤层气基础理论,为形成中国煤层气产业提供科学技术支撑,是中国科技工作者面临的紧迫任务。经过各方面的共同努力,在国家科学技术部的支持下,国家973计划"中国煤层气成藏机制及经济开采基础研究"项目,汇集我国石油、煤炭、中国科学院和高等院校等行业和部门的专家学者及精英们协同攻关,体现了多学科交叉、产学研相结合的科学研究新理念,改变了过去部门条块分割、单一学科推进的被动局面。

项目紧紧围绕国家目标和关键科学问题,组织各方面力量,就制约我国煤层气产业化的主要科学问题,如煤层气的成因、储集性能、成藏动力学、气藏成因类型、资源富集规律及潜力、煤储层特征的地球物理响应、气体流动与产出机理等,高起点地开展了广泛、深入的基础研究,这些成果对我国煤层气产业的形成和发展具有理论指导和技术导向作用,集中代表了当前我国煤层气基础研究的整体水平。

将研究成果及时整理出版,可展示我国煤层气基础研究的实力,是加强学术交流、传播煤层气知识、加快科学研究成果向现实生产力转化的重要环节。新的科学理论和技术方法,必将加快我国煤层气产业化进程,并对世界煤层气的发展做出贡献。让我们大家共同努力,早日实现我国煤层气的跨越式发展,以满足经济社会发展对洁净能源不断增长的需求。

中国科学院院士

2004 年 8 月于北京

序　二

　　煤层气,俗称瓦斯,是以吸附态赋存于煤层中的一种自生自储式非常规天然气。开发和利用煤层气是一举两得的事,不仅可作常规油气的补充资源,更重要的是能够大大改善煤矿安全生产条件,减少以至杜绝煤矿事故发生。

　　煤层气作为一种资源量巨大的非常规天然气资源,已经从研究逐渐走向开发利用。美国是最早进行煤层气开发利用的国家,煤层气工业起步于20世纪70年代,到80年代实现了大规模的商业开发,煤层气的产量增长速度快,从1980年的年产不足$1\times10^8 m^3$到1990年年产$100\times10^8 m^3$,90年代初期稳产在$200\times10^8 m^3$,2002年年产$450\times10^8 m^3$,约占美国天然气当年产量的7.9%,可见美国煤层气的开发是相当成功的,比较成功的盆地为科罗拉多州和新墨西哥州的圣胡安盆地和亚拉巴马州的黑勇士盆地。一般认为煤层气井低产,但也有相当高产的,例如1996年,我考察圣胡安盆地ARCO公司辖区,有110口煤层气井,日产气$660\times10^4 m^3$多。因此研究煤层气低产中的高产规律有重要的理论与实践意义。澳大利亚借鉴美国的成功经验,也开展煤层气的勘探和试验,取得一定的成效。此外,捷克、波兰、比利时、英国、俄罗斯、加拿大等国也都开展煤层气的勘探开发试验。目前,世界上对煤层气研究日益加深,开发地域日益扩大,煤层气在能源中的地位日益提高。

　　我国是煤炭资源大国,拥有相当丰富的煤层气资源(据"七五"估算,埋深2000m以浅的资源量为$31\times10^{12} m^3$)。我国煤层气的勘探开发明显落后于美国,从80年代开始,积极引进美国的煤层气开采技术,进行勘探开发试验,但总的来说成效不大,主要原因是我国煤层气地质条件复杂,对煤层气藏形成机理还不太清楚,煤层气的勘探和开采与常规天然气又有很大差别,缺少较为完善和成熟的理论指导。因此,在我国进行煤层气的勘探与开发基础理论研究将是推动该产业更快向前发展的前提,回顾20年前"煤成气的开发研究"国家重点科技攻关项目的进行,促进了我国目前天然气工业的大好局面就是一个实证。我曾和其他科学家一同向国家科技部呼吁过立项进行煤层气的研究,今天这一愿望终于实现,"中国煤层气成藏机制及经济开采基础研究"正式立项实施了,这是一件可喜可贺的大事,通过该项目的研究,将会解决我国煤层气勘探与开发存在的若干重大问题,深化煤层气成藏和开采机理的认识,催生煤层气勘探大好局面早日到来。

　　本人有幸加入该项目的跟踪专家行列,从立项到研究启动,一直在关注着其进展和研究成果。迄今,项目前期的成果显著,不乏新发现、新认识和新观点以及创新。宋岩、张新民两位首席科学家计划在项目研究期内出版 11 卷《煤层气成藏机制及经济开采基础研究丛书》(以下简称《丛书》),《丛书》包含煤层气勘探和开发各个方面成果,主要包括前期调研论文集《煤层气成藏机制及经济开采理论基础》,和集成各个课题的和项目的研究成果。《丛书》从煤层气形成的动力学过程及资源贡献、煤储层物性非均质性及控制机理、煤层的吸附特征与储气机理、煤层气藏动力学条件研究、煤层气成藏条件和模式、我国煤层气可采资源潜力评价、煤层气藏高分辨率探测的地球物理响应、煤层气开采基础理论研究、煤层气开发技术等方面,系统全面地研究煤层气的勘探开发理论,技术、方法等诸多基础性、关键性问题,这是前人未及的一个重要举措。《丛书》总的主线是形成一套系统的、具有中国特色的煤层气勘探与开发理论,这也是我国目前所缺乏的。首席科学家所作出的努力和宗旨意在把我国煤层气研究优秀的成果充分展现给地学和煤层气领域学者,达到互相学习交流的目的。《丛书》是该领域中的知识积累、规律总结和创新结晶。这套丛书的出版将对从事煤层气工作的学者、相关专业人员和大中专院校学生大有裨益,同时,势必对煤层气产业产生重要影响和促进。

《丛书》的主编和作者主要是中青年科研骨干,项目给了他们用武之地,他们年富力强,知识广博,勤于实践,善于探索,勇于攀登,敢于创新,是一支强有力的生力军,故由他们编著的《丛书》基础扎实,知识丰富。

在此预祝《煤层气成藏机制及经济开采基础研究丛书》顺利陆续出版,并能成为煤层气理论和实践双全的文献。

中国科学院院士

2004 年 8 月 1 日

前　言

煤层气属于非常规天然气,资源潜力巨大,而且是一种清洁的优质能源,其主要成分是甲烷,含量高达95%以上。对煤层气进行科学合理的开发和利用,对于改善我国煤矿安全、保护生态环境、能源补充三方面具有特殊的紧迫性和重要性。

20世纪90年代,我国开始进行煤层气勘探开发评价研究。据2006年煤层气资源评价结果,埋深2000m以浅煤层气资源量为$36.8 \times 10^{12} \mathrm{m}^3$,技术可采资源量$20.48 \times 10^{12} \mathrm{m}^3$。截至2008年年底,共探明煤层气地质储量$1339.87 \times 10^8 \mathrm{m}^3$,表明煤层气进入规模开发已经具备了一定的资源基础,煤层气将成为常规天然气最为现实的接替资源。

我国绝大多数地区的煤层具有渗透率低、地层压力低的特点,存在着阻碍煤层气开发的技术瓶颈,本书围绕煤层气井水力压裂和多分支水平井两大增产技术,在实验分析、理论研究的基础上,结合煤层气开采实际展开深入研究,在水力压裂裂缝扩展规律和多分支水平井开采增产机理方面取得了重要成果。研究成果及时应用于煤层气开采现场,见到了较好的应用效果,为今后煤层气投入大规模开发提供了重要的理论依据和方法手段。

本书系国家重点基础研究发展计划项目(973计划项目)"中国煤层气成藏机制及经济开采基础研究"的系列成果,由中国石油勘探开发研究院廊坊分院、中国石油大学(北京)和长江大学共同完成。

全书共分为四章,第一章由万玉金、曹雯、鲜保安编写;第二章由张劲、王欣、张士诚编写;第三章由王新海、张冬丽编写;第四章由曹雯、王欣、鲜保安、王一兵编写。

在五年的科技攻关研究及本书编写过程中,得到了973计划项目"中国煤层气成藏机制及经济开采基础研究"的首席专家宋岩教授、张新民教授的大力帮助和悉心指导,郭尚平院士、王慎言教授在煤层气经济开采增产机理研究方面提出了许多宝贵建议,同时也得到中国石油勘探开发研究院廊坊分院、中国石油大学(北京)和长江大学各级领导的大力支持,在此向他们致以衷心的感谢!

目　　录

序一 ……………………………………………………………… 贾承造（ i ）

序二 ……………………………………………………………… 戴金星（iii）

前言………………………………………………………………………（v）

第一章　国内外煤层气开发现状……………………………………………（1）

　　一、国外煤层气开发现状…………………………………………………（1）

　　　　（一）美国煤层气开发现状…………………………………………（1）

　　　　（二）加拿大煤层气开发现状………………………………………（3）

　　　　（三）澳大利亚煤层气开发现状……………………………………（4）

　　二、中国煤层气开发现状…………………………………………………（5）

　　　　（一）资源状况…………………………………………………………（5）

　　　　（二）开发现状…………………………………………………………（6）

　　三、煤层气开发增产技术和应用效果……………………………………（9）

　　　　（一）空气-泡沫钻井技术………………………………………（11）

　　　　（二）裸眼洞穴完井技术………………………………………（11）

　　　　（三）直井水力压裂工艺技术 ………………………………（12）

　　　　（四）小型氮气压裂技术 ………………………………………（13）

　　　　（五）多分支水平井技术 ………………………………………（13）

　　　　（六）MRD 和 TRD 钻井技术 ………………………………（15）

　　　　（七）注气增产技术………………………………………………（16）

第二章　水力压裂增产机理 ………………………………………………（18）

　　一、水力压裂增产实验机理研究 ………………………………………（18）

　　　　（一）煤岩的力学性质研究 ……………………………………（18）

　　　　（二）煤岩的导流能力实验 ……………………………………（37）

　　　　（三）煤岩实验的成果和认识 …………………………………（44）

　　二、水力压裂井压裂裂缝展布特征 ……………………………………（45）

　　　　（一）水力压裂裂缝方位和缝长诊断 …………………………（45）

　　　　（二）水力压裂裂缝缝高诊断 …………………………………（49）

　　三、水力压裂裂缝展布模型 ……………………………………………（51）

　　　　（一）煤岩的本构模型 …………………………………………（51）

　　　　（二）数值方法 …………………………………………………（61）

　　　　（三）模型和控制方程 …………………………………………（66）

　　　　（四）数值模拟求解算法 ………………………………………（69）

　　　　（五）垂直和水平裂缝数值模拟分析 …………………………（79）

　　　　（六）地应力对裂缝扩展影响数值模拟分析 …………………（85）

（七）天然裂缝存在对裂缝扩展影响数值模拟分析 ························ (87)

（八）介质的非均匀特性对裂缝扩展影响数值模拟分析 ··············· (90)

（九）非均匀温度场对裂缝扩展影响数值模拟分析 ····················· (91)

（十）水力压裂软件在水力压裂中的应用 ································· (92)

（十一）水力压裂裂缝展布数值模拟结论 ································· (94)

四、提高水力压裂效果的措施和技术优选 ································· (94)

（一）增加煤层气井水力压裂有效缝长技术 ····························· (94)

（二）降低储层二次伤害，提高裂缝导流能力技术 ····················· (97)

第三章 多分支水平井开采增产机理 ·· (108)

一、煤层气开采数值模拟国内外研究现状及发展趋势 ··············· (108)

二、煤层气地下运移的一般特征 ·· (117)

（一）煤层介质的结构特性和含气特性 ···································· (117)

（二）煤层气的吸附特征 ·· (117)

（三）煤层气的解吸扩散特征 ··· (118)

（四）煤层气的输运特征 ·· (119)

三、煤层气多分支水平井开采的数学模型和数值模型 ··············· (120)

（一）煤层气多分支水平井开采的数学模型 ···························· (121)

（二）煤层气多分支水平井开采的数值模型 ···························· (128)

四、煤层气多分支水平井增产机理研究 ··································· (143)

（一）煤层气多分支水平井数值模拟软件 ································· (143)

（二）煤层气多分支水平井开采的一般特征 ···························· (144)

（三）煤层气多分支水平井开采增产机理 ································· (145)

（四）多分支水平井方案优化设计 ··· (154)

（五）多分支水平井气产量拟合与预测 ···································· (159)

五、多分支水平井数值模拟和增产机理总结 ···························· (160)

第四章 应用实例及应用效果分析 ·· (162)

一、压裂井的现场实施及压裂效果分析 ··································· (162)

二、多分支水平井的现场实施及效果分析 ································· (169)

参考文献 ··· (173)

第一章　国内外煤层气开发现状

煤层中蕴藏着一种可燃气体,即煤层气,俗称瓦斯,和天然气一样,主要成分为甲烷。首先,这种气体有毒、易燃、易爆,是对煤矿安全生产危害极大的有害气体,造成瓦斯爆炸事故时有发生;第二,甲烷是一种温室气体,长期以来,人们在采煤过程中,为了减少煤矿瓦斯灾害而进行井下瓦斯抽放,将煤层气大部分排放到大气中去,破坏了生态环境;第三,煤层气又是一种新型的优质能源,其中甲烷含量高达95%以上。因此,采煤前先采出煤层气,对煤层气进行科学合理的开发和利用,在改善煤矿安全、保护生态环境、能源补充三方面具有特殊的紧迫性和重要性。

煤层气作为接替性清洁能源的重要战略价值以及"先采气,后采煤"对煤矿安全和环保的重要促进作用已经受到越来越多能源生产国的高度重视。世界上已经投入煤层气勘探和开发的国家有美国、加拿大、澳大利亚、中国、印度、英国、德国、波兰、西班牙、法国、捷克、新西兰等十几个国家。近年来,美国、加拿大、澳大利亚的煤层气产业发展迅速,其中美国是世界上煤层气商业化开发最成功的国家,迄今为止煤层气产量位居第一位,2008年美国年产煤层气约 $560 \times 10^8 \mathrm{m}^3$,加拿大、澳大利亚年产量均超过 $60 \times 10^8 \mathrm{m}^3$。中国煤层气资源丰富,已进入规模试采阶段,开辟了多个试验区进行开发评价。

一、国外煤层气开发现状

20 世纪 70 年代,美国通过地面钻孔的方式,第一次将煤层气作为资源开采。

美国煤层气工业无论在技术水平还是在产业化方面均居世界前列,其煤层气产量增长十分迅速。在美国开发煤层气获得成功之后,加拿大、澳大利亚等国家引进美国的技术积极开发煤层气资源,目前也取得了巨大的成功。

(一) 美国煤层气开发现状

美国有着较丰富的煤层气资源,也是世界上煤层气商业开发最早且最为成功的国家。据美国天然气研究所 2001 年的资源评价结果,美国煤层气资源量为 $11.2 \times 10^{12} \sim 21.19 \times 10^{12} \mathrm{m}^3$(翟光明、何文渊,2004)。其煤层气勘探开发经历了三个阶段:

20 世纪 70 年代至 80 年代初为评价试验阶段。美国矿业局、钢铁公司和一些石油公司率先在位于亚拉巴马州的黑勇士盆地和位于科罗拉多州和新墨西哥州之间的圣胡安盆地进行勘探和井组试采,从此诞生了煤层气工业。

20 世纪 80 年代中期至 90 年代中期为快速发展阶段。随着裸眼洞穴完井技术和空气钻井技术的形成和发展,大幅度提高了单井产量、降低了开发成本,煤层气井数和产量快速增加,从 1985 年到 1995 年的十余年间,煤层气年产量从 $1.7 \times 10^8 \mathrm{m}^3$ 猛增至 $260 \times$

$10^8 \, m^3$(图 1.1),黑勇士、圣胡安两大盆地迅速形成产业化规模(赵庆波等,2009)。

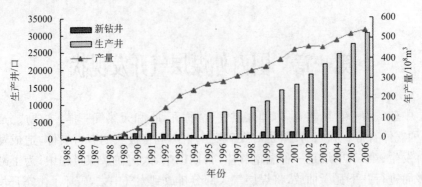

图 1.1 美国煤层气年产量历年变化(数据引自美国能源信息管理官方网站)

20 世纪 90 年代后期进入大发展阶段。2002 年年产量迅速增加到 $320 \times 10^8 \, m^3$,2008 年年产煤层气已超过 $560 \times 10^8 \, m^3$,占天然气产量的 8%~10%。

目前美国共有十多个重要的产煤层气盆地(图 1.2),大规模开发的盆地有五个,包括黑勇士、圣胡安、尤因塔、粉河、拉顿盆地。其中圣胡安盆地、黑勇士盆地以及粉河盆地是美国煤层气的重要产地。

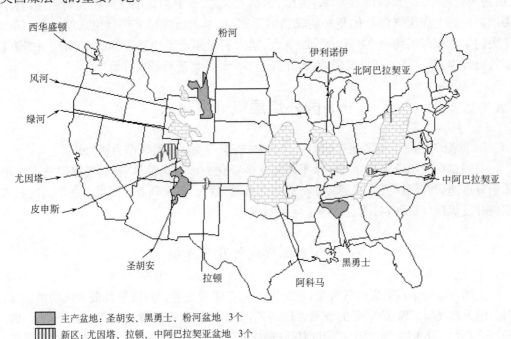

图 1.2 美国煤层气主要产地

(据 All Consulting and Montana Board of Oil and Gas Conservation,
Coal Bed Methane Primer,February 2004,p. 5)

圣胡安、黑勇士盆地保持高产稳产,但产量比重下降;1995 年占全美煤层气产量的

94%,2000 年占 76%。粉河、拉顿、尤因塔等发展迅速,产量比重上升,1995 年占全美 2%,到 2000 年占 19%。粉河盆地低煤阶采用洞穴完井技术促进了产量增长,2006 年产量 $140 \times 10^8 m^3$,占全美 26%;中阿巴拉契亚高煤阶主体技术为定向羽状水平井技术,2006 年产量 $20 \times 10^8 m^3$,约占全美 4%。

(二)加拿大煤层气开发现状

多年来,加拿大煤层气的发展得到了政府的大力支持。一些研究机构根据加拿大以低变质煤为主的特点,开展了一系列的技术研究工作,在多分支水平井、连续油管压裂等技术方面取得了进展,降低了煤层气开采成本。

2001 年,加拿大仅有 250 口煤层气生产井。当时,北美地区常规天然气产量下降,供应形势日趋紧张,天然气价格日益上升,给煤层气的发展带来了机遇。此后,加拿大煤层气开发工作进展异常迅速。截至 2003 年年底,煤层气总井数增加到 1465 口,煤层气年产量达到 $5.1 \times 10^8 m^3$。到 2004 年,煤层气总井数已达 3100 多口,年产量 $15.5 \times 10^8 m^3$。2006 年,煤层气总井数迅速增至 9200 多口,年产量 $60 \times 10^8 m^3$(张建博,2009)。

加拿大煤层气开发主要集中在西加拿大沉积盆地。西加拿大沉积盆地是一个大型沉积盆地,属于落基山前陆盆地的一部分,在拉腊米造山运动中未被改造成众多小盆地。地理上主要位于艾伯塔省,地形上分为平原地区和丘陵地区。盆地中,侏罗纪和白垩纪沉积的含煤地层面积达到 $13 \times 10^4 km^2$,煤炭资源量在 $1 \times 10^{12} t$ 以上,煤层厚度最大达到 10m。

艾伯塔平原地区的煤层气资源量 $11.67 \times 10^{12} m^3$,丘陵地区约为 $3.7 \times 10^{12} m^3$。盆地东部煤变质程度低;盆地最西部由于埋藏深度增大,煤变质程度最大,镜质组反射率达到 2.0%。

西加拿大沉积盆地的煤层气开发项目集中分布在艾伯塔省中南部的平原地区,该区煤层气开发的主要目的层从西向东、自上而下分别为:阿德莱煤层(Ardley Coal Zone)、马蹄谷组(Horseshoe Canyon Fm.)、曼恩维尔群(Mannville Gp.)。马蹄谷组煤层气实现了规模化商业化生产,阿德莱煤层和曼恩维尔群尚处于生产试验阶段。

马蹄谷组煤层气高产走廊区位于卡尔加里和埃德蒙顿之间,南北长 300km,东西宽 100km,煤层气资源量约 $1.87 \times 10^{12} m^3$,煤层气资源丰度 $1.5 \times 10^8 m^3 / km^2$。马蹄谷组煤层产自上白垩统,煤层埋藏浅,200~700m,最主要的煤层组是 Drumheller,煤层平均厚度 8m,局部厚度达 18m,上段煤层厚但侧向连续性差,下段煤层薄但侧向连续性好。煤层气生产区镜质组反射率 0.4%~0.5%,向深部煤级增高,含气量增高,煤层含气量为 1~5m³/t。

马蹄谷组煤层的最大特点是"干煤",不产水,部分含少量淡水,储层压力较低,在 462.5m 深的煤层为 366.8kPa;下部的 Drumheller 煤层组是马蹄谷组主要的煤层气产层,大约占总产量的 72%;煤层厚度不是煤层气产量单一的控制因素,煤层在垂向上的位置、邻近地层的岩性以及储层压力、水文地质条件、渗透率的快速变化是产量的主控因素。

对马蹄谷组煤层采用常规压裂方法,无支撑剂,结果压裂液返排很少,几乎没有气体产出。之后借鉴在浅层气压裂中获得成功的连续油管作业技术和经验,在多煤层中进行试验,采用大排量氮气(无支撑剂)连续油管作业技术,排量 500~1000m³/min,不用砂,只用氮气,实现了排量大、效率高、成本低、产量最大化的目的。该技术压裂后关井约 6~8

小时,之后返排压裂液,直到产出煤层气;从钻井到排采一般需要4天。2002年,利用该项压裂技术在马蹄谷组的Drumheller煤层建立了加拿大第一个商业煤层气项目。

马蹄谷组井距500～600m,单井产量一般在2260～4000m³/d,平均2830m³/d,一般在第2～3个月产量达到高峰。在高产走廊区,平均单井产量3500m³/d,中部地区产量最高,达12000～15000m³/d。成本相对较低,平均单井钻完井24.8万加元,生产成本中固定成本约55万加元,可变成本(含水处理费)约0.43～0.50加元/kft³[①]。经济评价表明,项目具有很好的经济效益。

艾伯塔煤层气快速发展的主要原因包括以下几个方面:

1) 广阔的西部平原,分布着巨大而连续的煤层,形成了经济规模的煤层气资源,发现了马蹄谷组煤层气高产走廊;

2) 使用先进的连续油管作业技术,工程费用相对较低,还直接利用已有的天然气井重新完井,对原有的测井曲线重新评价,并且储层中没有水,这些均促成了成本的降低;

3) 紧邻完善的集输系统和压缩系统,具有良好的下游工程、合理的天然气价格、持续增长的市场需求和政府部门的有力保障。

(三) 澳大利亚煤层气开发现状

澳大利亚十分重视煤层气的开发利用,整个煤层气的勘探开发工作发展迅速,是继美国之后世界煤层气开发最活跃的国家之一。因其主要城市和工业区分布在东部沿海地区,煤层气的开发和利用具有巨大的潜在市场,目前的煤层气业务主要在东部沿海地区开展。

澳大利亚煤炭可采储量为399×10^8t,平均甲烷含量为0.8～16.8m³/t,煤层埋深普遍小于1000m,渗透率多分布在1×10^{-3}～$10 \times 10^{-3} \mu m^2$,煤层气资源量为$8 \times 10^{12}$～$14 \times 10^{12}$m³,列世界第四位。

澳大利亚的煤层气勘探工作始于1976年。1998年,煤层气产量只有0.56×10^8m³,2006年钻井1100口,煤层气产量约为18×10^8m³,占天然气总产量的25%,煤矿瓦斯抽采达到15×10^8m³,2008年,煤层气产量超过60×10^8m³,并进入大规模商业化开发阶段。

澳大利亚的煤层气勘探开发以井下定向井开发为主,借助比较发达的天然气管网系统,产量增长较快,煤层气产量已成为天然气产量的重要组成部分。与美国20世纪90年代初期一样,目前澳大利亚煤层气产业正处在快速发展时期。

澳大利亚煤层气开发潜在地区主要分布在东部三个含煤盆地(见图1.3)。

悉尼盆地含煤面积为49000km²,最大煤层气潜在地区位于悉尼市区附近,埋深在250～850m,煤层气资源约为4×10^{12}m³,为二叠、三叠纪煤,含气量一般大于10m³/t,渗透率普遍偏低,目前年生产煤层气2.2×10^8m³。

苏拉特盆地是位于鲍恩盆地之上的一个白垩纪-侏罗纪含煤盆地,煤层气厚度10～30m,埋藏深度一般为100～400m,煤层渗透率为10×10^{-3}～$20 \times 10^{-3} \mu m^2$,煤层含气量一般为3～9m³/t,煤阶主要为长焰煤-气煤,面积1.4×10^4km²,煤层气资源量1.28×10^{12}m³。2006年实现规模化生产,钻井超过250口,平均单井日产气2400m³,年产量达2×10^8m³。

---

① 1ft=3.048×10^{-1}m。

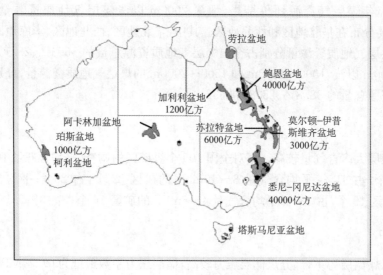

图 1.3　澳大利亚含煤盆地及其煤层气资源分布(据澳大利亚能源资源评价报告,2008)

鲍恩盆地估算的煤层气资源量为 $4 \times 10^{12} \, \mathrm{m}^3$,探明煤层气储量已经超过 $283 \times 10^{12} \, \mathrm{m}^3$,该区煤层水平应力高,渗透率低。

促使澳大利亚煤层气开发利用迅速发展的主要因素在于:①澳大利亚是《京都协议》的签约国,降低碳排放量是澳大利亚调整能源结构、发展洁净能源、培育市场发育的原动力;②煤炭工业供过于求,竞争加剧,而天然气及其加工业的政策逐步宽松;③澳大利亚东海岸人口密集,工业发达,发电业和加工业等对天然气的需求量迅猛增加,天然气供需缺口大。

澳大利亚煤层气开发利用快速发展得益于政府政策的宽松和优惠。1997 年,昆士兰州政府对煤层气的开发与管理出台了一系列规定与措施,主要包括:①煤层气的开采权受《1989 年的矿产资源法》和《1923 年的石油法》保护;②煤层气的产权管理保持与石油完全一致;③现有的石油和煤炭租赁区内以及租赁申请中都将授权进行煤层气的开采权;④在租赁申请方面,煤层气和煤炭开采将享有同等的优先进入权;⑤在矿权审批时,将以垂直上的深度划分矿权,以避免地表矿权申请的冲突;⑥当煤层气作为煤矿开采的副产品并用于煤矿当地的发电时,将免交矿区使用费;⑦煤炭与煤层气在地面允许同时作业,但应尽量避免相互间的潜在影响。

二、中国煤层气开发现状

(一)资源状况

20 世纪 90 年代以来,我国煤层气资源勘探逐步进入产业化阶段,先后在山西沁水盆地、河东煤田,安徽淮南和淮北煤田,辽宁阜新、铁法、抚顺、沈北矿区,河北开滦、大城、峰峰矿区,陕西韩城矿区,河南安阳、焦作、平顶山、荥巩煤田,江西丰城矿区,湖南涟邵、白沙矿区,新疆吐哈盆地等地区开展了煤层气勘探和开发试验工作。

据 2006 年煤层气资源评价结果,埋深 2000m 以浅煤层气地质资源量约 $36.8 \times 10^{12} m^3$,主要分布在华北地区和西北地区。其中,华北地区、西北地区、华南地区和东北地区赋存的煤层气地质资源量分别占全国煤层气地质资源总量的 56.3%、28.1%、14.3%、1.3%。1000m 以浅、1000~1500m 和 1500~2000m 的煤层气地质资源量,分别占全国煤层气地质资源总量的 38.8%、28.8% 和 32.4%。

1. 含气性

中国煤层大多含气量较高。据对全国 105 个煤矿区的调查,平均含气量 $10m^3/t$ 以上的矿区 43 个,占 41%;平均含气量 $8~10m^3/t$ 的矿区 29 个,占 28%;平均含气量 $6~8m^3/t$ 的矿区 19 个,占 18%;平均含气量 $4~6m^3/t$ 的矿区 14 个,占 13%。

2. 储层压力

以欠压煤储层为主,部分煤储层压力较高,储层压力系数最低为 0.224MPa/100m,最高达 1.728MPa/100m。

3. 煤层渗透率

我国煤层渗透率较低,平均在 $0.002 \times 10^{-3} ~ 16.17 \times 10^{-3} \mu m^2$。其中,渗透率小于 $0.10 \times 10^{-3} \mu m^2$ 的占 35%;$0.1 \times 10^{-3} ~ 1.0 \times 10^{-3} \mu m^2$ 的占 37%;大于 $1.0 \times 10^{-3} \mu m^2$ 的占 28%;大于 $10 \times 10^{-3} \mu m^2$ 的较少。

截至 2008 年年底,共探明煤层气地质储量 $1339.87 \times 10^8 m^3$,主要集中在沁水盆地南部,铁法和阳泉矿区。

虽然局部地区煤层气勘探取得了较好的发展,但是全国范围来看,煤层气勘探程度低,煤层气探明率仅为 3%,探明地质储量 $1339.87 \times 10^8 m^3$,可采储量 $566.08 \times 10^8 m^3$,对应储量面积 773.57km² (表 1.1)。

表 1.1　中国煤层气探明储量统计表(截至 2008 年年底)

地区、矿区	储量面积/km²	探明地质储量/$10^8 m^3$	提交储量单位
沁水盆地南部	164.20	402.19	中联煤层气有限责任公司
沁水盆地南部	256.34	459.47	中国石油
沁水盆地南部	81.80	158.79	东北煤田地质局
鄂尔多斯盆地	41.70	50.78	中联煤层气有限责任公司
铁法矿区	135.49	77.30	铁法煤业
阳泉矿区	94.04	191.34	阳泉煤业
合计	773.57	1339.87	—

(二) 开 发 现 状

我国煤层气井下抽放始于 20 世纪 50 年代,至今已有 60 多年的历史。2005 年,全国井下抽采煤层气近 $23 \times 10^8 m^3$。煤层气地面开发始于 20 世纪 70 年代末,以解决煤矿瓦斯突出为主要目的,在抚顺、阳泉、焦作、白沙、包头等矿区施工了 20 余口地面瓦斯抽排试验井。

20 世纪 90 年代,煤层气开始被作为资源进行开发。开发煤层气的国内企业主要有中国石油天然气股份公司、中联煤层气有限责任公司、晋城煤业集团蓝焰煤层气公司等。参与合作勘探开发煤层气的国外企业主要有美国格瑞克、远东能源、美中能源、澳大利亚路伟尔、加拿大亚加等十几家公司。

1. 地面开发煤层气

截至 2004 年我国施工地面煤层气井 287 口,试验井组 6 个;2005 年,地面煤层气井增至 615 口,试验井组 8 个,其中多分支水平井 7 口,煤层气产量不足 $1 \times 10^8 \mathrm{m}^3$;2006 年,煤层气井 1000 多口,试验井组 11 个,其中多分支水平井 13 口。截至 2008 年年底,全国有各类煤层气井 2900 多口(表 1.2),其中多分支水平井(含单支水平井) 65 口。

表 1.2   全国煤层气钻井及日产气统计表

单　　位	钻井/口	其中探井/口	投产井/口	日产气/$10^4\mathrm{m}^3$	单井日产气/m^3
中国石油	812	148	440	43	1000~55000
中联煤层气有限责任公司	377	155	100	12	2000~5000
格瑞克	42	18	16	0.5	500~3000
中国石化	15	15	12		
晋煤集团	1350	46	800	130	1500~10000
中国煤炭地质总局	25	25			
阜新、铁法、抚顺、沈北等	72	20	57	13	2000~16000
联合国开发署	12	12			
亚美、美中能源	126	31			5000~100000
其他外资及民营	101	101			
合计	2932	571	1425	198.5	

近几年煤层气勘探开发取得重要成果。1996~2004 年,地面煤层气发展较为缓慢,全国钻煤层气井约 250 余口,主要为勘探井和少量的生产试验井。截至 2008 年年底,全国已建设年产能近 $20 \times 10^8 \mathrm{m}^3$,初步建设了沁水盆地和鄂尔多斯盆地东缘两大煤层气产业化生产基地,其中,沁水盆地因其发展最早,示范效应最好,已带动了全国煤层气产业的发展,并成为煤层气产业发展的主要地区。中国石油、晋煤集团、中联煤层气有限责任公司和亚美大陆煤层气公司在沁水盆地的煤层气年产量总计达到 $15 \times 10^8 \mathrm{m}^3$。同时,中联煤层气有限责任公司实施了对外合作专营,与 20 家外国公司签订了 30 个对外合作产品分成合同,并取得重要进展,部分合作项目即将进入商业化开发阶段。

除了沁水盆地和鄂尔多斯盆地外,目前发现的可供商业化开发的大中型煤层气田很少,且资源丰度中等偏低。煤层气产业发展面临更多挑战。

煤层气地质理论研究取得较大进展。中国的含煤盆地经受了复杂的构造改造,煤层气地质条件异常复杂,煤层气勘探突破迫切需要基础理论的创新。近年来,经过卓有成效的研究工作,在沁水盆地、鄂尔多斯盆地等地取得了生产试验的突破,在煤层气成因类型及其判识、煤储层特征及储层评价、煤层气藏等基础理论研究等方面取得重要认识。

煤层气开采关键技术有了长足发展。由于中国煤田地质条件复杂,煤储层存在低压、低渗、低饱和的"三低"现象,技术方面存在许多关键性难题。在引进、消化、吸收美国成功经验的基础上,经过多年的勘探开发试验,在煤层气地球物理勘探技术、钻井、完井、增产工艺技术等方面取得了实质性进展。空气钻进技术的广泛应用,极大提高了钻井效率,减少了泥浆对储层的污染。特别是多分支水平井技术的成功应用,大大提高了煤层气的开发效果。

2. 煤矿瓦斯抽采

近年来,中国煤矿瓦斯抽采利用取得了重要进展,煤矿瓦斯抽采量逐年提高。高瓦斯和瓦斯突出矿井全部开展瓦斯抽放的有辽宁、吉林、山西、山东、江西、贵州、云南、陕西、中煤集团公司、神华集团公司共 10 个统计单位,占 52.6%。瓦斯抽放率在 70.0% 以上的有抚顺老虎台矿、阳泉五矿、淮北海孜矿、松藻同华矿 4 个矿井。最近 5 年煤矿瓦斯抽采量增加较快,见表 1.3。2008 年煤矿瓦斯抽采量已达 $58 \times 10^8 \text{m}^3$,利用量 $18 \times 10^8 \text{m}^3$,利用率 31%,是 1994 年的 10 倍;抽采量 $1 \times 10^8 \text{m}^3$ 以上的煤矿区 9 个。但煤矿瓦斯抽采量与我国煤炭开采过程中每年向大气排放的瓦斯量、与新一轮评价的煤层气资源量不协调,煤矿瓦斯利用率偏低,煤矿区煤矿瓦斯抽采利用进展不平衡(赵庆波,2007)。

表 1.3　我国历年井下瓦斯抽采矿井数和抽放量统计表

时间	抽放矿井数/个	抽采量/10^8m^3	时间	抽放矿井数/个	抽采量/10^8m^3
1980	83	3	1995	150	6
1981	87	3	1996	133	6.31
1982	91	2.9	1997	138	7
1983	95	3.35	1998	142	6
1984	99	3.5	1999	146	8
1985	112	3.3	2000	180	9
1986	115	3.2	2001	185	10
1987	118	3.5	2002	190	12
1988	110	3.8	2003	190	15
1989	111	3.8	2004	214	19.29
1990	111	4.5	2005	228	21.33
1991	112	4.8	2006	264	26
1992	118	5.55	2007		43.35
1993	125	5.5	2008		58
1994	146	5.8			

为强力推进煤矿瓦斯抽采利用,国家将在煤矿区优选一批具备煤层气规模化抽采利用条件的重点区域,采取相关激励扶持政策,确保完成 2010 年目标:建成年煤矿瓦斯抽采量超过 $1 \times 10^8 \text{m}^3$ 的矿区 18 个。到 2015 年建成 36 个煤矿瓦斯抽采利用亿方级矿区,从根本上减少煤矿瓦斯灾害威胁,充分利用煤层气资源,有效保护大气环境。

3. 中国煤层气市场现状

截至 2008 年年底,全国范围内仅沁水盆地南部的山西晋城地区、鄂尔多斯盆地东缘的陕西韩城地区以及辽宁阜新地区有了较为成熟的煤层气利用市场,并逐渐向周边辐射,其他地区尚处于勘探期或开发准备期。沁水盆地南部为煤层气主要开发区,已建年产能 $15 \times 10^8 m^3$,2008 年产量近 $5 \times 10^8 m^3$。

整体上,煤层气市场处于刚刚培育阶段。目前,全国共建有压缩气(CNG)站 7 座,总设计生产能力 $130 \times 10^4 m^3/d$;煤层气汽车加气站 7 座,日加气能力 $20 \times 10^4 m^3$;液化气(LNG)站 2 座,总设计用气规模 $110 \times 10^4 m^3/d$;已建长输管道 2 条,总长 100km,总设计年输气能力 $20 \times 10^8 m^3$,正在施工建设的长输管道 2 条,总长 140km,总设计年输气能力 $50 \times 10^8 m^3$。煤层气用户主要分布在产气区及周边地区,用气类型主要有城市居民、煤层气汽车(油气双燃料)、小型工业企业。由于煤层气近几年才迅速发展起来,市场各方面发展尚不协调,煤层气市场尚不发育。

另外,2008 年,全国煤矿瓦斯民用用户已达 90 万户,发电总装机容量 92 万千瓦,世界上规模最大的 12 万千瓦瓦斯发电厂在晋城煤业集团建成发电,全国煤矿瓦斯总利用量达 $18 \times 10^8 m^3$。

煤层气是新兴能源产业,由于长距离输送管道、LNG 站等基础设施建设滞后,近几年快速开采的煤层气无法全部利用,部分只能白白烧掉。许多已钻的煤层气井不能投入生产,只能待长输管道建成后采气。同时,相应的城市输配管网建设也严重滞后,终端市场开拓仍有难度。

由于煤层气田已开发的区域规模小,资源丰度低;产气区地表条件差,多为山地、丘陵、沟壑,使得生产成本和运输成本上升,造成气价总体偏高。用户对价格的承受能力有限,造成使用受限。尤其对于城市居民用气,从城市门站到市区各居民用户还需敷设各级支管线,用气成本进一步提高,更增加了终端用户用气的压力。燃煤工业用户虽然愿意接受使用煤层气而替代燃煤,但是,相对于燃煤成本而言,煤层气价格仍偏高,无形中打击了燃煤工业用户使用煤层气的积极性。

三、煤层气开发增产技术和应用效果

由于煤储层中的甲烷气绝大多数是以吸附态存在于煤层孔隙的表面,游离态的甲烷气非常少,要开采就必须使被吸附的甲烷从煤层中解吸出来,而只有当地层压力低于煤层的临界解吸压力以下时甲烷气才会得到解吸。因此,开采煤层气首先需排出煤层中的承压水,降低煤层压力,使煤层中吸附的甲烷气释放出来。但我国煤层普遍存在低压、低渗、低吸附气饱和度的特性,导致煤层气开采单井产量低,经济效益比较差,若不加任何增产措施,几乎所有井都没有工业开采价值,因此为获得经济产量必须对煤层实施增产改造措施。

美国、加拿大、澳大利亚等国在其煤层气钻井完井技术中,综合运用了当代油气钻井、完井技术,并根据煤层气产层埋藏浅及相应的储层特征、产出机理等方面与常规天然气储层的差异,研究开发出了一套适合煤层气勘探开发的钻井完井工艺技术,为经济有效地开发煤层气起到了巨大促进作用。开采实践经验表明,对于特定的煤储层地质条件,应采用与之相适应的开发技术和井网(表 1.4)。

表 1.4　美国主要盆地煤层气开发特征 *

盆地	煤阶	净煤厚度/m	含气量/(m³/t)	井距/m	井深/m	平均日产气量/(10⁴m³/口)	钻井方法	完井方法	生产井数/口	产水量/(m³/口)	抽排方法	水处理方法
圣胡安	高低挥发分烟煤	9~21	10~12.7	800~1100	150~1200	1.77	空气钻井	套管射孔压裂完井、裸眼洞穴	4000	4	杆式泵	深井注入
黑勇士	高低挥发分烟煤	6~12	6~20	800	100~760	0.27	空气、水	套管射孔、压裂	3474		杆式泵	地面排放、深井注入
粉河	亚烟煤	22.8	0.8~1.1	400~570	60~760	0.2	空气、水	裸眼洞穴	8189	1.3	电潜泵	地面排放
拉顿	高挥发分烟煤	3~12	1.4~11	800	120~1220	0.85	空气钻井	套管射孔氮泡沫或加砂压裂	694	42	杆式泵	深井注入
尤因塔	高挥发分烟煤	3~12	7~11	800	610~2130	0.52	空气钻井	套管射孔	558	34	杆式泵	深井注入

* 本表资料据 All Consulting and Montana Board of Oil and Gas Conservation, Coal Bed Methane Primer, February 2004, p. 19

目前国内外煤层气开发的工艺技术主要有以下几种：空气-泡沫钻井、裸眼洞穴完井、直井射孔水力压裂、氮气压裂增产工艺、多分支水平井技术、MRD（中等半径钻井技术）和 TRD（紧密半径钻井技术）钻井以及注气增产技术。

（一）空气-泡沫钻井技术

美国黑勇士、粉河、拉顿等盆地煤层埋藏很浅，一般在 120～500m。为减少对煤层的伤害，90％的开发井是用空气-泡沫钻井的。

常用的钻井设备有：矿业旋转或冲击式钻机、轻便自行式液压钻机、小型车载钻机或方钻杆普通钻机，加空气钻井马达，效果显著。

采用空气/泡沫非泥浆体系循环介质钻井具有以下优点：对煤层伤害最小；钻速高，是泥浆钻井的 3～10 倍；建井周期短（一般小于 24 小时），基本费用低；综合经济效益高。

如果钻遇到多裂缝、高渗透地层，产出大量水的时候，可以采用空气钻进和泥浆钻进相结合的方法，即先利用空气钻井液直至泥浆贮备池装满采出的水，再转用采出的水作钻井液至贮备池排空，如此交替直到钻完井深，最后用空气、水和肥皂混合物洗井。

（二）裸眼洞穴完井技术

为满足各种不同物性煤层中天然气有效开发的需要，美国试验了多种完井方法，其中以射孔完井和裸眼洞穴完井为主，而洞穴完井是高压高渗煤层气井特有的完井方法。将高压空气注入煤层中，当井筒压力大于井筒周边最小就地应力时，形成张性裂缝（张性破裂带与最大水平应力方向平行）；然后使压力突然释放，造成剪切破坏（剪切破裂带与最大水平应力方向垂直），煤粉落入井筒，周期性循环的钻井液将煤层微粒、气、水同时返排。上述过程循环数次直至形成稳定的洞穴，且井筒无碎屑。根据室内部分研究数据显示，张性裂缝可由井筒处延伸至 30～60m，剪切裂缝可延伸至 7.5m 左右。

施工过程通常以 57～86m³/min 的注入速率将空气或空气-水混合物注入井筒内，时间为 1～6 小时，地面压力通常达到 10MPa，视煤层埋深、渗透率以及就地应力而异。在整个完井作业期间，通常需要泵入 20～30 次，持续时间约为 10～15 天。有时煤层甲烷自然聚集而形成高压区域，在这种情况下，则无需注入高压空气。

洞穴完井工艺方法为：钻完进尺后将钻具提至裸眼段以上的套管内；关井口防喷器，放喷管线上的液控阀，密封环空；空气压缩机由钻柱内泵入压缩空气与水，直到井口压力达到 9MPa 左右，停泵；快速打开放喷管线阀门，卸压、放喷。如此重复上述过程，直至形成稳定的洞穴。

洞穴尺寸可用声波或井径测井测出，在高压高渗煤层造洞穴时，可不泵入空气，直接利用关井憋压至 35MPa 左右，稳压约 30 分钟后突然卸压，循环多次，形成剧烈的井内压力"激动"，以此方式产生大洞穴。造完洞穴后可下入筛管完井。这种多次井下压力"激动"洞穴完井，有助于消除钻井过程中可能发生的煤层伤害，既增大了井筒出气通道裸露面积，又增强了煤层割理的渗透率；另外，在洞穴形成的同时，煤层的应力场重新分布，垂直应力不再以同样的量级作用于洞穴上，而是部分地转移到洞穴的每一侧，这种作用不断扩大,甚至能扩展到井筒周围 30～90m 半径距离,这种现象导致煤层内割理系统和其他内生裂缝加宽加长,从而提高了地层的有效渗透率和气井的产能(鲜保安、高德利,2008)。

由于扩大了有效井径,提高了近井区域的渗透性,因此煤层气产量大幅提高。在圣胡安盆地甜点区,洞穴完井与邻近常规压裂井相比,煤层气产量提高 4 倍以上,洞穴完井第一年产气量平均为 48000m³/d,常规压裂井第一年产气量平均仅 11000m³/d。

洞穴完井是一种有效的提高煤层气井产量的技术,但并不是所有煤层都适合进行洞穴完井,在圣胡安盆地甜点区以外的区域,洞穴完井增产效果不如常规压裂井。依据美国煤层气开发实际,适合洞穴完井的煤层地质条件主要为:

1)单层煤层厚度大于 5m;

2)上下围岩较稳定;

3)煤层渗透率大于 $5\times10^{-3}\mu m^2$;

4)含气量大于 15m³/t;

5)煤层压力为高压或超高压。

依据具体地质条件,在美国,洞穴完井技术主要应用在圣胡安盆地的甜点区和粉河盆地。

圣胡安盆地的甜点区煤层厚 15～21m,属于高挥发分 A 烟煤到中挥发分烟煤,含气量一般大于 14.16m³/t,渗透率 15×10^{-3}～$60\times10^{-3}\mu m^2$,区内主要采用洞穴完井技术,常见的煤层气井最高产气量为 2.83×10^4～$16.99\times10^4 m^3/d$。

粉河盆地煤层大多为亚烟煤,成熟度较低,煤层甲烷气属生物成因。煤层渗透率高、厚度大、产出水质好,煤层厚度 12～30m,渗透率大于 $10\times10^{-3}\mu m^2$。截至 2005 年年底,盆地内有 12000 多口煤层气井,几乎全部采用洞穴完井技术。

(三)直井水力压裂工艺技术

直井水力压裂技术是煤层气开发最为常用的增产技术,在国内外得到广泛的应用,并且成为煤层气井的主要增产措施。在美国,除粉河盆地和圣胡安甜点区使用洞穴完井技术以外,黑勇士、皮申斯、尤因塔、拉顿、中阿巴拉契亚、北阿巴拉契亚等盆地均使用水力压裂增产技术进行煤层气开采。在我国,绝大部分井也都是采用直井射孔压裂完井。

水力压裂技术是利用地面高压泵组,将压裂液(高黏液体)以大大超过地层吸收能力的排量注入井中,在井底憋高压,当此压力大于井壁附近的地应力和地层岩石抗张强度时,便在井底地层附近产生裂缝;继续注入带有支撑剂的携砂液,裂缝向前延伸并填以支撑剂,关井后裂缝闭合在支撑剂上,从而在井底附近地层内形成具有一定几何尺寸和高导流能力的填砂裂缝,使井达到增产目的。

依据压裂液选用类型,水力压裂技术可以划分为三种。

(1)冻胶压裂完井

该完井方法主要用于气井套管完井,进行射孔后,使用冻胶作为压裂液在煤层中压开一个高导流能力的裂缝,降低井筒附近的表皮系数。

（2）清水压裂完井

考虑到冻胶对地层的污染，为减少压裂液对地层的污染，压裂时使用清水携带低浓度的砂子进行压裂，该方法压裂的费用较低，对地层污染小。

（3）无砂清水压裂完井

在黑勇士盆地进行了不加砂的清水压裂，虽然这种压裂方式没有加砂压裂的效果好，但是其施工费用低廉，当再次进行冻胶压裂时，一般气井都能够增加天然气的产量。

如果单层厚度较小，但煤层分布比较集中，可以进行多层压裂后合采。如在黑勇士盆地，单煤层厚度一般小于 1.2m，无法进行单独开采，因此，对各层进行压裂，然后合采，一般煤层气井压裂 2～5 次。同时，为了解决煤粉堵塞等问题，许多气井还要进行多次重复压裂，以便恢复气井产能。

不同的压裂方法均有其适用性和优缺点。清水压裂对地层伤害较小，成本低，但携砂能力和裂缝支撑效果相对较差；冻胶压裂携砂能力强，支撑裂缝效果好，但早期对地层的伤害可能比较严重。

（四）小型氮气压裂技术

现在应用比较广泛的水基压裂系统的缺点在于具有水基流体进入底层的危险，这就给储层带来潜在污染的危险。这种危害表现在很多方面，比如说，可能导致气相相对渗透率的降低，冻胶和其他的化学残余物可能锁住井筒附近的孔隙，或者是由于水的进入导致黏土的膨胀。氮气压裂规模小，压力超过最大主应力和最小应力，以碎裂为主，主要是提高井筒裂缝发育程度，裂缝长度小于 3m，可以减轻井筒污染带的影响。

氮气压裂是一项井筒激励的可行技术，它可以避免水基压裂液对储层的伤害。在压裂之前，先把低温的液氮加热变成氮气。氮气压裂和其他水基压裂的技术都是一样的，只是压裂采用的流体是氮气。

应用氮气压裂可以避免压裂流体的注入对煤层的伤害，防止了气相相对渗透率的降低，不会有不希望的残余物留在储层中而导致孔隙死锁，并且不会出现黏土矿物膨胀。在煤层中注入这种流体，还会在一定程度上增加煤层气的产量，这是因为氮气取代了煤层中吸附的甲烷。氮气压裂技术应用在煤层气和煤矿瓦斯抽放上，可以快速除去井筒污染，在井筒周围形成大量裂缝。这对煤层气井开发过程中的排水十分有利。缩短排水降压时间可以较早地获得较大的产能，提高开发经济效益。

一些实践证明，在常规压裂中，所加的冻胶和一些其他的添加剂对煤层的伤害十分大。因此选择对煤层没有伤害的二氧化碳压裂和氮气压裂能很好地改善井筒附近的导流能力。连续油管注氮气作业对中低煤阶多煤层增产效果良好。

（五）多分支水平井技术

多分支水平井是指在一个主水平井眼两侧再钻出多个分支井眼作为泄气通道。分支井筒能够促进微裂隙的扩展，又能连通微裂隙和裂缝系统，在煤层中形成网状通道，降低煤层气和游离水的渗流阻力，提高地层的导流能力，加大气液两相流的流动速度，增加排水采气的波及面积，进而提高煤层气产量和采出程度。为了降低成本和考虑不同的地质条件，有时在一个井场朝对称的三或四个方向各布一组水平井眼，有时还利用上下两套分支井同时开发两个煤层(图 1.4)。

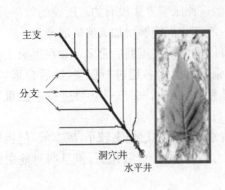 

图 1.4　多分支水平井示意图(据 CDX)

多分支水平井技术是近几年来用于煤层气开发最先进的地面定向钻井技术，其特点为：搬迁简单，为车装钻机；占地面积小，一个井场可向四个方向各打一口分支井；煤层水平穿越距离大，一般 600～1200m。一口定向井可向左、右各钻三口以上分支井，一口定向井 100m 处钻一口直井，定向井采气，直井降压排水。

可见，用该技术开发煤层气，地面设备少，占地面积小，还可避开地面障碍物，对环境的影响很小。同时，可大大减少钻井井数，减少地面设备和占地面积，从而降低钻井投资和地面建设投资，提高煤层气开发的综合经济效益。

1. 多分支水平井的开采特征

1) 多分支水平井在煤层中形成多个分支井眼通道，泄流面积大，产量高。

2) 煤层降压快，因此，达到峰值产气量所需时间短，而且峰值产气量高；而常规垂直压裂井达到峰值产气量所需的时间长。美国圣胡安盆地，多分支水平井技术应用于低渗煤层中，产气量为 $2.83 \times 10^4 \sim 14 \times 10^4 \mathrm{m}^3/\mathrm{d}$，是直井产量的 10～20 倍。

3) 有效生产年限短，而累积产气量高；常规完井技术则需要更长的时间才能获得同样的累积产量。据报道，多分支水平井煤层气的采收率高于 70%，而常规垂直压裂井的采收率仅为 10%～50%。

2. 适用储层条件

多分支水平井煤层气开发的主要优势在于气井的产能高，地表占地面积小，对地形条件的适应性强，山区煤层或渗透率较低等不适于直井方式开采的煤层均可使用，有其独特的优势。

多分支水平井技术适用于煤层构造简单、分布稳定、厚度较大、煤体结构好的煤层。需要煤阶较高、煤质硬的地质条件,不适用于孔隙度较大的高渗透煤层和夹有灰岩层或砂岩层的薄煤层。

美国 CDX 公司在西弗吉尼亚州某含煤区采用这种分支井技术开发煤层气取得了成功。该开发区块含煤地层为石炭系,煤层埋深小于 1000m,主要煤层是 4 号煤层和 6 号煤层,变质程度为中煤级。其中,4 号煤层平均厚 1.22m,平均含气量约 8.5m³/t,渗透率为 $3\times10^{-3}\sim4\times10^{-3}\mu m^2$;6 号煤层平均厚度约 2m,含气量为 12.74~15.57m³/t。开发试验中 4 号煤层单井初始产水量为 85~100t/d,一个月后降为 15~30t/d,平均单井日产气 28000m³。进入开发期,每口定向井控制含气面积 0.445km²,每口定向井投资 50 万~60 万美元,4 号煤层在两年内产气 $710\times10^4m^3$;6 号煤层三年内产气总量达 $1420\times10^4m^3$,产生了直接的经济效益。

2004 年末,中国第一口多分支水平井在山西晋城成功完钻,并获得了 $1.5\times10^4\sim2\times10^4m^3/d$ 的产量,稳产两年以上。2005~2006 年,中国石油、中联煤层气有限责任公司、亚美大陆公司陆续在沁水盆地南部施工了多分支水平井,其中多口井产气量 10000m³/d 以上,最高达到 55000m³/d,是垂直井产量的十多倍,为今后实现规模化、经济高效开发煤层气创造了有利的技术储备。截至 2008 年年底,中国已完成多分支水平井 60 多口。

国内外关于多分支水平井的发展情况表明,利用多分支水平井在煤层稳定性好、分布连续的煤层中可以起到非常好的开发效果,并且有利于保护环境、节约地面工程费用。

(六)MRD 和 TRD 钻井技术

澳大利亚研制出一种中等半径钻井技术(MRD)和紧密半径钻井技术(TRD)。MRD 技术是先施工煤层气垂直井,然后在 1200m 区域施工定向井(图 1.5),TRD 技术也是先钻垂直井,然后沿着煤层钻多级侧向水平井眼,如果垂直井眼有多层煤,在这些煤层中均可钻侧向水平井段。

图 1.5 MRD 煤层气钻井技术

MRD 技术相对成熟，与美国 CDX 公司的多分支水平井技术极为相似，多分支水平井技术不足之处在于成本高，TRD 成本低，与单井钻井成本一样，适用深度 500～700m，最多可打 20 个分支，单井成本 30 万美元，速度很快，200m 进尺 4 个小时即可完成分支井作业，不足之处是侧向水平井段最长仅 200～500m，而 CDX 公司的多分支水平井技术可以达到 1200m（张义等，2008）。

（七）注气增产技术

注气增产技术其实质是利用多元气体相互影响以及吸附能力、吸附速率的不同来提高煤层甲烷气的产量。

一种方法是通过向煤层注入惰性气体，如氮气，降低甲烷（CH_4）的有效分压，提高甲烷的产量。由于煤对二氧化碳、甲烷、氮气的吸附能力及吸附速率的快慢顺序为二氧化碳＞甲烷＞氮气，因此煤对氮气的吸附能力比其对甲烷的吸附能力弱，也就是说，注入氮气不能把甲烷替代出来，而是通过降低甲烷的有效分压，使吸附甲烷的平衡孔隙压力降低而解吸出来。

另一种方法是注入二氧化碳，实现驱替甲烷的目的。由于煤对二氧化碳的吸附能力比对甲烷的吸附能力强，注入二氧化碳后，可同时起到竞争吸附与降低甲烷的有效分压的作用，起到替代的作用。

在注气驱替煤层气过程中，煤层的总压力基本保持不变，注入气的分压不断增大，甲烷的分压不断降低，注入气不断被吸附，甲烷不断解吸并渗流到生产井井底，煤层气产出（Arri et $al.$，1992；Harpalani and Pariti，1993）。由于注气增产法是在不降低煤层压力的条件下进行的，不存在压力降低、煤层渗透率下降的问题，有利于煤层甲烷气的产出。煤层注气技术不仅有利于提高煤层气产量，而且可以延长煤层气的经济开采年限，提高最终采收率。

注气增产技术适用于地层结构单一，均质性好，渗透率大于 1×10^{-3} μm^2，埋深在 300～1500m 的地质条件。

美国在 20 世纪 90 年代起开始实施一些注气增产试点工程，这些工程的目的一是探索该技术实施的技术性问题，如是否需要专用的钻井和生产技术，何种方式为最佳等等；二是建立一个简单快捷的检测模式，以期能根据煤层数据信息，如地层构造、结构形状、渗透性能、煤质、甲烷含量、吸附能力等和注入气体的性质（如气体成分和比例等）来测定任一煤田的二氧化碳隔离封闭能力。迄今，这些试点工程还没有产生具体的结论。

在圣胡安盆地开发中，阿莫科和梅里蒂安公司采用注氮和注二氧化碳技术，对煤层气井进行了注二氧化碳增产试验。试验区内每个试验单元由五口井组成，其中煤层气井位于四周呈正方形布井，而注气井位于中央。在注二氧化碳前后煤层气井产量变化明显。二氧化碳注入后煤层气井产量开始增加相对较慢，在二氧化碳注入达到一个高峰后，煤气产量开始迅速增加，直到达到一个最大值。

据 2002 年 ARI 国际先进资源公司的数据，全美通过向煤层注入二氧化碳，有效减少了 8.8Gt 的二氧化碳排向大气层，有利于降低温室效应；同时将增加甲烷的开发潜力 $15575\times10^8 m^3$，是当前技术可采潜力的两倍多（表 1.5）。

表 1.5   美国煤层气储量和注气增产对煤层气开发的影响

盆地	截至 2000 年年底的累计产量 /$10^8 m^3$	2001 年初的可采储量 /$10^8 m^3$	当前总的开发潜力 /$10^8 m^3$	注气增产将提高的开发潜力 /$10^8 m^3$	CO_2的预计用量 /Gt
圣胡安	2209	2435	4644	4814	2.8
尤因塔	57	453	510	1416	0.7
拉顿	28	311	340	1133	0.6
粉河	85	453	538	2832	1.6
其他	425	736	1161	5380	3.1
合计	2804	4388	7193	15575	8.8

综上所述,对于煤层气开发,目前国外应用的增产技术主要有四种,即裸眼洞穴完井、水力压裂、多分支水平井以及注气增产技术。洞穴完井技术需要厚煤层、高渗透等特定的储层条件,主要在圣胡安甜点区和粉河盆地应用;水力压裂是目前煤层气开采的主体技术,在美国除圣胡安甜点区和粉河盆地外的煤盆地均采用压裂增产技术进行煤层气开发;多分支水平井对于低渗煤层开发具有良好的开采效果,处于推广应用阶段;注气增产技术由于技术、经济等原因,目前仍处于探索阶段。

我国绝大部分煤层渗透率均很低,因此水力压裂和多分支水平井是实现我国煤层气开发的主要技术手段,而煤岩裂缝扩展规律和多分支水平井增产机理研究正是制约两项技术的核心问题。

第二章　水力压裂增产机理

影响中国煤层气开采效益的主要地质因素是多数地区煤层的渗透率比较低,这使得通过地面钻井开采时,只能采出井筒周围近距离煤层中的煤层气,虽然开采初期有一定的产量,但由于煤层的渗透性差,压力波及范围小,距离井筒较远区域的煤层气渗流阻力大,泄气区范围有限,导致气井产量递减速度快、产量低。水力加砂压裂是提高这类煤层产量的有效方法。

煤层气井水力压裂增产的主要机理为:①消除井筒附近地层的污染影响;②连通煤层的微裂缝或割理系统;③加速排水降压,加快煤层气解吸;④减少生产压差,降低生产过程中煤粉的产生,使井筒与煤层能有效地连通。

在美国,煤层经水力压裂后,一般能够产生众多且延伸很远的裂缝,其气井的产量较压裂前增加 5~20 倍,效果是非常显著的。近年来,借鉴美国煤层气开采的经验,我国也应用了水力压裂方法来提高煤层的甲烷产量,但总的来看效果并不理想,这是因为我国的含煤地层一般都经历了成煤后的强烈构造运动,煤层的内生裂隙系统往往发生次生变化,塑性变形大大增强,导致水力压裂时,往往既不能进一步扩展原有的裂隙和割理,也不能产生新的较长的水力裂缝,而主要是在煤层发生塑性形变,影响了增产效果。

目前,国内外对煤层水力压裂裂缝形态的描述还缺乏统一的认识。由于煤层本身的复杂性和多样性,以及受对煤层地质特征和力学行为的认识所限,对煤层水力裂缝的表征一般仍沿用常规的砂岩地层裂缝模型,这势必会导致对煤层压裂裂缝扩展和延伸规律的错误认识,影响施工工艺参数设计和增产效果。为深入细致地研究煤层中水力压裂增产机理,提高增产改造效果,我们一方面利用实验分析技术研究煤岩力学性质、裂缝开启特征及其影响因素,另一方面通过大量实际井资料调研压裂井裂缝展布特征,了解水力压裂裂缝扩展规律及其主控因素,在此基础上,建立水力压裂裂缝扩展数学模型,以此进行水力压裂设计优化,并通过现场实验进一步验证、改进、完善数学模型,以便进一步指导水力压裂优化设计,提高增产改造效果。

一、水力压裂增产实验机理研究

实验是增产机理研究的基础,通过煤岩力学性质、水力压裂裂缝模拟和裂缝导流能力等模拟实验,可以认识煤岩储层裂缝延展规律及其影响因素,为提高水力压裂增产效果提供基础参数。

(一)煤岩的力学性质研究

煤层气井投入生产前,往往需要进行水力压裂产生一定长度和宽度的支撑裂缝,以便提高气井产能。而在设计裂缝高度和裂缝宽度时,必须对地应力剖面和煤层岩石力学参数有一个准确的了解。此外,在研究压裂施工地层破裂压力和井筒稳定性等问题时,也都需要对煤层岩石力学参数进行测试与研究。

煤岩是一种带有孔隙和割理两种结构的双重孔隙介质(图 2.1),与砂岩岩石完全不同。因此,需要通过实验的方法测量煤岩的力学参数和煤岩的破裂情况,为煤层水力压裂模拟提供必要的岩石力学参数,了解煤岩的独特力学特性。

a. 纵向剖面图   b. 轴向剖面图

图 2.1 煤岩 CT 扫描照片

1. 煤岩的三轴力学性质

目前所进行的岩石力学测试实验大都是单轴应力实验。孟召平、张孝文(1996)进行了煤材料变形特性的力学实验。实验使用的仪器为 WE-100 型万能材料实验机,使用的试样取自焦作九里山井田二叠系山西组的高变质无烟煤,试样规格为 50mm×50mm×50mm 的立方体岩样。实验测得煤岩的单轴抗压强度平均为 22.3MPa,抗拉强度平均为 0.88MPa;煤岩平行层理的内聚力为 2.5MPa,内摩擦角为 38.8°,垂直层理的内聚力为 3.5MPa,内摩擦角为 38.4°。该实验在测试内聚力和内摩擦角时,是简单地加载不同正压力,测岩石的剪应力。这种方法不同于石油工程中的测试方法。

在石油工程的岩石力学测试中,对于杨氏模量和泊松比的测量,一般是在模拟地层围压的条件下测量上述岩石力学参数。测量得到的煤岩的杨氏模量为 1.848GPa,泊松比为 0.303。其单轴的测试结果表明,煤岩的应力-应变关系不是直线,而是一条曲线(图 2.2)。在低压区 OA 段时,曲线呈微微上翘形式,这是因为在压力的作用下,煤层中的微裂缝逐渐被压实、闭合;AB 段近似于一条直

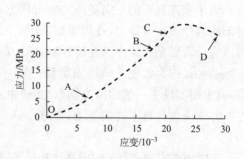

图 2.2 煤岩的应力-应变关系

线,煤岩很接近弹性,在 B 点达到弹性极限;BC 段超出了弹性形变,煤岩中有不可恢复的塑性变形,C 点达到破裂 D 点。但是也有的单轴实验表明煤岩的应力-应变以线性为主(和心顺、苏承东,2001)。

以上实验都是岩石的单轴实验,实验结果对于浅部地层比较合适。在深部地层,由于强烈的构造作用导致煤岩的力学性质与地面单轴实验结果有一定的差异。

李同林等(2000)、李志刚、付胜利(2000)对焦煤和瘦煤进行了单轴力学实验。实验表明，与常规砂岩相比，煤岩的杨氏模量(E)较低，泊松比(ν)较高，脆性大，易破碎，易受压缩。且由于煤岩结构的不均质性，原生和次生裂隙系统十分发育和复杂，均导致煤岩物理力学性质具有显著的各向异性特征。煤岩垂直节理方向的杨氏模量和平行节理方向的杨氏模量相差一个数量级，进一步证明了煤岩的各向异性。表 2.1 是不同地区煤岩拉压测试后的结果(李同林,1994)。实验测得煤岩的内聚力为 2.37MPa，内摩擦角为 33°48′(山口梅太郎,1982)。但是该实验也是单轴实验的结果，没有考虑围压、流体对煤岩力学性质的影响。

表 2.1　煤岩各向异性对比(据李同林,1994)

类别	杨氏模量/GPa		泊松比		抗压强度/MPa		抗拉强度/MPa	
	$E_{垂直}$	$E_{平行}$	$\nu_{垂直}$	$\nu_{平行}$	$\sigma_{bc垂直}$	$\sigma_{bc平行}$	$\sigma_{bt垂}$	$\sigma_{bt平行}$
无烟煤	6.5	0.3	0.5	0.1	19.6	13.2	0.25	5.0
烟煤	6.5	0.3	0.5	0.1	10.8	7.4	0.25	5.0
褐煤	6.5	0.3	0.5	0.1	13.5	8.0	0.25	5.0
二 1 煤	2.797	0.391	0.37	0.14	13.6	6.8	0.26	0.75
柳 4 煤	1.718	0.696	0.42	0.18	12.3	4.8	0.12	0.27
柳 5 煤	3.192	0.415	0.34	0.11	9.6	4.5	0.25	0.44
柳 8 煤	1.437	0.579	0.42	0.22	10.7	6.4	0.26	0.46

实际煤岩在地下总是处于三向受压的状态，我国煤层气开采深度主要集中在 500~1200m，岩石围压多在 10MPa 左右，单轴的力学实验结果和实际情况相差较大，因此需要在实际围压下测试岩石三向力学特性。三轴抗压强度(triaxial compressive strength)是岩石在三向压缩荷载作用下，达到破坏时所能承受的最大压应力。与单轴压缩实验相比，试件除受轴向压力外，还受侧向压力。侧向压力限制试件的横向变形，因而三轴实验是限制性抗压强度(confined compressive strength)实验(蔡美峰,2002)。

为了实现真正的三向受压的应力状态，人们研究了两种实验方法。一种方法是将圆柱形的岩样放在容器中，在周围加液压的同时用活塞向轴向加压。该方法的三个主应力可以完全看做是压应力。在静压状态下单轴加载，所以在三个主应力中有两个相等，即 $\sigma_1 > \sigma_2 = \sigma_3$，称为常规三向压缩实验。另一种方法是为了克服围压下压缩实验的上述缺点，而求得实现更一般的应力状态，实验中采用直棱柱体或立方体岩柱，加压板从 X、Y、Z 三个方向施加各自不同的压力，即 $\sigma_1 > \sigma_2 > \sigma_3$，称为真正的三轴压缩实验(山口梅太郎,1982)。

三轴压缩实验最重要的成果就是对于同一种岩石的不同试件或不同的实验条件给出几乎恒定的强度指标值。这一强度指标值以莫尔强度包络线(Mohr's Strength Envelop)的形式给出。为了获得某种岩石的莫尔强度包络线，需对该岩石的 5~6 个试件做三轴压缩实验，每次实验的围压值不等，由小到大，得出每次试件破坏时的应力莫尔圆，通常也将单轴压缩实验和拉伸实验破坏时的应力莫尔圆用于绘制应力莫尔强度包络线(蔡美峰,2002)。

目前在石油工程中主要采用常规三向压缩实验。曾立新在 MTS 三轴试样机上对深部岩石的力学性质进行了测试。实验表明，岩石在三向应力状态下强度特性和变形特性明显不同于单轴应力状态。由于围压的作用,岩石的脆性和塑性是可以相互转化的。在三向压缩条件下,岩石的变形、强度和弹性极限都有显著增大(曾立新,1999)。因此,只有三轴条件下的实验,才能较为真实地反映岩石在地层中的力学性质。对泥岩、砂岩、灰岩、白云岩的实验结果表明,由于岩石内弱面和充填物的影响,岩性相同的岩样变形特点并不相同,而岩性不同的岩样却有相似的应力-应变曲线。在围压和温度的作用下,脆性的砂岩、灰岩及白云岩呈现较明显的塑性变形,但也有例外。在对白云岩的实验中,为研究孔隙内流体对岩石强度及变形特性的影响,实验将岩样分成两组,一组加孔隙压力,一组不加孔隙压力。图2.3为白云岩岩样加孔隙压力的应力-应变曲线,结果岩样呈弹、塑性并存的特点。1号岩样和2号岩样的实验条件均为70MPa的围压,测试温度为80℃,孔隙压力为45MPa,而加载速率分别取16.3MPa/min和16.8MPa/min;图2.4为白云岩岩样未加孔隙压力的应力-应变曲线,整个变形过程中,应力-应变关系近似一条直线。

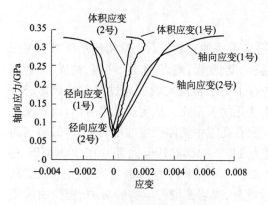 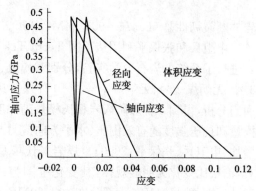

图2.3　白云岩岩样加孔隙压力
应力-应变曲线

图2.4　白云岩岩样未加孔隙压力
应力-应变曲线

实验发现,在实验系统达到实验初始条件(埋藏深度处的上覆压力、围压、孔隙压力、温度)时,岩样内部的微裂缝并未完全闭合,只有当轴向连续加载至一定阶段时,裂缝完全压实,岩样开始进入连续变形阶段。在裂缝压实阶段,由于内部裂缝的不规律性,某一区域裂缝压实后,另一区域的裂缝仍然维持张开;有的岩样在压实阶段裂缝在应力-应变曲线上占有近1/2的区域。因此,在压裂施工设计时,选用初始切线模量和泊松比应该十分谨慎。

Abass曾经对煤岩力学性质和裂缝起裂进行实验。实验取的岩样是垂直于面割理方向钻长径比(长度/直径)为2～3的圆柱岩样。将钻取的岩样用胶筒密封,在岩心径向加流体围压,沿轴线缓慢加载载荷,测量煤岩的力学参数(Abass,1990)。岩心的围压从0增加到45MPa,相当于模拟不同深度时的地层围压,测定该状态的岩石杨氏模量(图2.5)。结果说明煤岩的杨氏模量与测试的围压有关。另外,制作了厚2.54cm、高5.08cm、长5.08～7.62cm的煤岩岩样,对煤岩沿沉积面方向的剪切强度进行了测试,抗剪切强度是32MPa,且剪切破坏一般发生在煤层和相连层的交界面处。制作直径和长度相等的岩心通过巴西实验测定岩石的抗拉强度,测得煤岩的平均抗拉强度为3.4MPa。通过测试得到的莫尔强度包络线得出岩石的内聚力是1.4MPa,内摩擦角是40°。测试煤

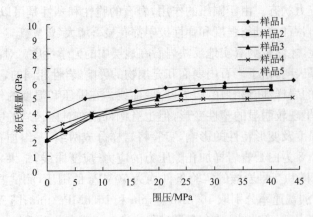

图 2.5　杨氏模量与围压的关系

岩的断裂韧性是 $565.76\sim903.04\mathrm{MPa/m^2}$。

　　申卫兵和张保平利用从美国 Terra Tek 公司引进的三轴岩石力学实验系统对中国煤岩进行了系统的岩石力学实验,分别对褐煤、长焰煤、气煤、肥煤、焦煤、瘦煤、贫煤、无烟煤3号、无烟煤2号、无烟煤1号共10种煤阶进行了力学特性实验。通过对实验数据进行回归分析,得到6种煤阶煤岩杨氏模量随深度变化的关系式。从实验结果看出,煤岩杨氏模量和抗压强度随有效围压(水平方向应力与岩石孔隙中流体产生的压力之差)的增加而增加(申卫兵、张保平,2000)。煤岩杨氏模量为 $1135\sim4602\mathrm{MPa}$,大部分在 $3000\mathrm{MPa}$ 左右,泊松比变化无明显规律,其变化范围为 $0.18\sim0.42$,平均为 0.33。煤岩抗压强度从 $19.5\mathrm{MPa}$ 到 $119\mathrm{MPa}$,大部分在 $40\sim60\mathrm{MPa}$。此外,煤岩三轴力学实验应力-应变曲线主要以线性段为主,这说明在处理工程问题时将煤作为弹性体符合实际深度煤岩情况。实验还测得6种煤阶煤岩的体积压缩系数为 $1.80\times10^{-4}\sim2.2\times10^{-3}\mathrm{MPa^{-1}}$,颗粒压缩系数为 $1.41\times10^{-4}\sim1.96\times10^{-4}\mathrm{MPa^{-1}}$,孔隙弹性系数为 $0.12\sim0.96$,孔隙弹性系数变化主要由于体积压缩系数变化引起。实验测得无烟煤3号的内聚力为 $13\mathrm{MPa}$,内摩擦角为 $21.4°$;无烟煤2号的内聚力为 $12.5\mathrm{MPa}$,内摩擦角为 $44.3°$;焦煤的内聚力为 $3.11\mathrm{MPa}$,内摩擦角为 $40.9°$。

　　实际开采的岩层或煤层,其中饱和着大量的地层流体,传统的测试方法均使用干燥岩样进行,没有考虑地层流体的影响。岩石中流体的进入,特别是水的连接作用、润滑作用、水楔作用、孔隙压力作用、溶蚀及潜蚀作用已经极大地改变了岩石的性质(蔡美峰,2002),岩样的杨氏模量和泊松比测试结果不同于常规的测试结果。2002年,张传进等进行了不同有效压力、油水饱和度对岩石力学性质影响的实验。通过三轴和三轴孔隙压缩实验,得出如下规律:杨氏模量、抗压强度与含水饱和度、有效围压之间多因素影响为对数线性关系,比奥特系数与含油水饱和度、有效围压之间多因素影响为线性关系;杨氏模量和抗压强度随含水饱和度的增加呈幂律关系降低,随有效围压的增加而增加。随压差增大,其杨氏模量和抗压强度初值增加,但模量初值增加速度随压差加大而逐渐趋缓;泊松比与含水饱和度以及有效围压变化的规律不明显。

　　闫立宏等对煤浸水后的力学性质进行了实验研究,并与原煤样的力学性质进行了对比。实验结果表明,煤浸水后,其强度降低,单轴抗压强度和杨氏模量随煤样的含水量上升而降低,表明煤岩的含水率对煤岩力学性质影响明显(闫立宏等,2002)。

傅雪海考虑到流体性质对岩石力学特性的影响(傅雪海,2001;傅雪海、秦勇,2002),在美国 Terra Tek 公司的三轴实验机上进行了针对煤岩受饱和流体影响的三轴力学实验。岩石围压设计为 8MPa,流体压力为 5MPa,轴压加载速率为 0.035MPa/s。结果表明,自然煤样的杨氏模量、抗压强度、体积压缩系数均大于水饱和煤样的,水饱和煤样的又大于水、气均饱和煤样的,而泊松比正好相反。各种介质条件下煤样的杨氏模量、抗压强度、体积压缩系数和泊松比与煤级的关系不甚密切。煤样饱和气、水介质后,其工程杨氏模量、抗压强度和体积压缩系数降低,而泊松比增大。本次煤样是平行层理面钻取的,即平行层理面上的应变大于垂直层理面上的应变,无论是自然煤样、水饱和煤样,还是气、水饱和煤样,规律性均十分明显。

以上分析可以看出,对于高围压下,煤岩中饱和地层流体、地层流体的压力变化和考虑煤岩的各向异性的测试目前还是一个空白。但是,裂缝在三向应力下的开裂模拟,如果不考虑流体介质影响下的煤岩杨氏模量,模拟结果的准确性将受到影响。因此,本书将对煤岩饱和流体后的力学参数进行测试和研究。

煤岩的力学参数主要包括杨氏模量(E)、泊松比(ν)、抗压强度(σ_c)、抗张强度(σ_t)和内摩擦角(φ)。

(1) 实验装置

煤岩岩石力学实验是在中国石油勘探开发研究院廊坊分院压裂中心实验室和中国石化胜利油田地质院进行。实验设备为美国 Terra Tek 公司生产的 Rock Mechanics Testing System,该实验系统主要用于模拟油藏温度、地应力和油藏压力条件下岩石的力学行为。模拟上覆地应力 0～800MPa,油藏压力 0～100MPa,油藏温度 0～200℃,数据结果由计算机自动采集。

(2) 岩样制备

图 2.6 为实验用煤岩照片。原始煤样有两种,一种取自山西大同地区和沁水盆地 200m 深矿井新揭露的工作面上,煤样尺寸约为 15cm×15cm×15cm;另一种取自鄂尔多斯盆地钻井过程中,为 800～1200m 井段的 φ65mm 岩心。煤样制作依据美国 AST-MD2938 标准,对大块煤样轴向钻取直径为 25mm 的圆柱形煤样,基本保持长度与直径比

a. 山西大同煤

b. 鄂尔多斯盆地取心煤

图 2.6　实验用煤岩照片

为 2∶1,以避免端部效应。煤样周边要光滑,两个端面平行度必须保持在 0.02mm 范围内,端面与轴线的垂直度在 0.05mm 内。

(3) 三轴压缩实验

煤基质中含有孔隙和裂缝,在孔隙和裂缝空间中含有水、甲烷和其他气体,这些流体的存在,使煤岩体的力学性质较为复杂。在地下几十米和上千米的煤层中,流体的静水压力作用在煤岩孔隙的内表面,煤层周围岩石也对煤层施加挤压力,使煤层处于三向受力状态。在煤层中,流体和固体的耦合作用导致煤基质发生变形,孔隙中的流体流动,孔隙和裂隙的通道也不断发生变化。在煤层压裂的过程中,煤层的固体区域和流体区域相互包含、相互缠绕,难以明显地划分开,因此,必须将流体相与固体相视为相互重叠在一起的拟连续体。常规的煤岩力学实验(单轴压缩实验)多使用干燥的煤样,而且是在没有围压情况下测试煤岩的杨氏模量、泊松比和抗压强度,测试的结果不能反映真实地应力情况下煤岩的力学性质。

目前煤层气开发均是在地下一定深度范围内进行,因此,人们更关心的是原地应力条件下煤岩的力学性质,即煤岩饱和水、气后在围压作用下的力学行为。由于在地下岩石地应力情况下,煤层气多以吸附的形式吸附在煤层孔隙表面或者溶解在煤层中的地层水中,所以地层气体对煤层性质的影响没有地层水的影响明显。因此,本次实验在使用干燥煤样进行实验的同时,也使用饱和地层水的煤样进行实验,对比实验结果,了解地层岩石真实的力学性质。

实验所使用岩样为 $\varphi25mm \times 50mm$ 的地层岩样,按平行割理方向和垂直割理方向分别取样进行实验,表 2.2、表 2.3 为煤岩三轴力学实验情况统计。

表 2.2　煤岩三轴力学实验样品尺寸及实验方案

样品号	长度/mm	直径/mm	围压/MPa	孔压/MPa	最大轴向应力差/MPa	实验过程	取心说明
1	53.83	25.38	10	4	35.3		平行
2	53.62	25.38	9	4	34.4	①岩心饱和 5%KCl 溶液;②加围压至围压目标值;③加孔压至孔压目标值;④施加轴向应力差至岩心破坏;⑤煤样均取自大同。	平行
3	53.24	25.37	7	4	40.1		垂直
4	50.41	25.36	8	5	41.4		垂直
5	47.74	25.38	8	2	24.3		垂直
6	52.97	25.36	8	2	23.7		平行
7	53.13	25.35	8	5	29.7		平行取自湖北
8	50.56	25.33	8	2	39.6		垂直取自湖北
9	51.11	25.34	4	0	33.7	①加围压至围压目标值;②施加轴向应力差至岩心破坏。	取自大同
10	52.35	25.32	4	0	40.1		取自鄂尔多斯
11	50.13	25.35	4	0	34.7		取自大同
12	53.12	25.36	0	0	39.8		取自鄂尔多斯

表 2.3　煤岩三轴力学实验结果(1)

岩心编号	杨氏模量/MPa	泊松比	剪切模量/MPa	体积模量/MPa	抗压强度/MPa
1	2854	0.38	1034	3961	42.3
2	4043	0.31	1545	3513	39.4
3	4215	0.34	1572	4412	43.1
4	4226	0.33	1592	4082	44.4
5	2914	0.32	1101	2747	30.3
6	3937	0.36	1448	4671	27.7
7	2604	0.41	926	4645	32.7
8	4213	0.31	1609	3687	45.6
9	3340	0.25	1336	2227	38.1
10	3980	0.29	1543	3159	44.3
11	4100	0.32	1553	3796	39.2
12	4190	0.33	1575	4108	45.1

对煤岩施加的围压为 10MPa、9MPa、8MPa、7MPa 和 4MPa 五种,在保持围压不变的情况下,对岩心施加孔隙压力,然后再施加轴向压力,加载速率为 0.035MPa/s,计算机每 10 秒采集一组数据,采集的数据有围压、轴压、流体压力、轴向应变、径向应变和体积应变。切割好的岩心在实验前先浸泡在 5% 的 KCl 溶液中,进行饱和流体处理,抽真空饱和水的时间为 48 小时。

煤和岩石的杨氏模量一般是指割线模量,即在单轴抗压实验中,应力-应变关系中直线段的斜率横向应变与纵向应变的比值称为泊松比。

本次实验是在模拟地层围压和孔隙流体压力的情况下进行。通过三轴应力-应变关系,由直线段的斜率确定割线模量。同时,为了考查围压和轴向加载压力下煤岩杨氏模量和泊松比的变化情况,采用三轴切线杨氏模量和泊松比公式,对线弹性变形阶段的杨氏模量和泊松比进行逐点计算,计算方法如下:

对于三轴应力下的弹性体受力的本构方程为

$$
\left.
\begin{aligned}
\varepsilon_x &= \frac{1}{E}\left[\sigma_x - \nu(\sigma_y + \sigma_z)\right] \\
\varepsilon_y &= \frac{1}{E}\left[\sigma_y - \nu(\sigma_x + \sigma_z)\right] \\
\varepsilon_z &= \frac{1}{E}\left[\sigma_z - \nu(\sigma_x + \sigma_y)\right]
\end{aligned}
\right\}
\tag{2.1}
$$

对上述方程进行变换,得到杨氏模量和泊松比的计算结果:

$$
\left.
\begin{aligned}
E &= \frac{\sigma_z(\sigma_z + \sigma_y) - \sigma_x(\sigma_y + \sigma_x)}{(\sigma_z + \sigma_y)\varepsilon_z - (\sigma_x + \sigma_y)\varepsilon_x} \\
\nu &= \frac{\sigma_x\varepsilon_z - \sigma_z\varepsilon_x}{(\sigma_z + \sigma_y)\varepsilon_z - (\sigma_x + \sigma_y)\varepsilon_x}
\end{aligned}
\right\}
\tag{2.2}
$$

因为实验中使用的岩心为圆柱形岩心,实验是一个假三轴力学实验,所以 $\sigma_x = \sigma_y$,则上式可以简化为

$$E = \frac{\sigma_z(\sigma_z + \sigma_x) - 2\sigma_x^2}{(\sigma_z + \sigma_x)\varepsilon_z - 2\sigma_x\varepsilon_x} \left.\begin{array}{c} \\ \\ \end{array}\right\}$$

$$\nu = \frac{\sigma_x\varepsilon_z - \sigma_z\varepsilon_x}{(\sigma_z + \sigma_x)\varepsilon_z - 2\sigma_x\varepsilon_x}$$

(2.3)

式中,E——杨氏模量,Pa;

ν——泊松比,无因次;

σ_x,σ_y,σ_z——岩石所受的水平方向和垂直方向的应力,Pa;

ε_x,ε_y,ε_z——岩石在水平方向和垂直方向的应变,无因次。

(4)煤岩的实验结果

本次共进行了 12 个煤样的三轴和单轴压缩实验,结果见图 2.7 至图 2.18。

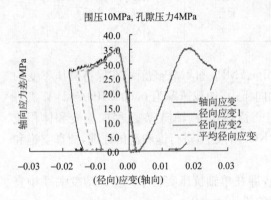

图 2.7　1 号煤样的应力-应变曲线

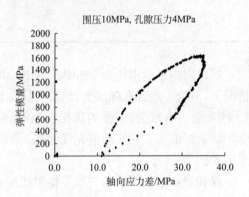

图 2.8　1 号煤样杨氏模量与轴向应力差的关系

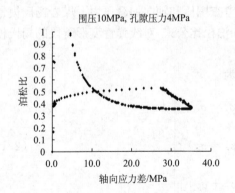

图 2.9　1 号煤样泊松比与轴向应力差的关系

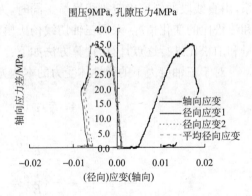

图 2.10　2 号煤样的应力-应变曲线

以上煤样的三轴压缩实验结果表明:

1)对于干燥的煤样,其应力-应变曲线几乎是一条直线,没有明显的曲线段。10 号和 12 号煤岩取自鄂尔多斯盆地井深 1100m 的煤层,煤岩在高应力下压实得非常严重,即使在无围压时其应力-应变曲线也近似为直线,表现出较好的线弹性变形,没有在浅部矿井中取的煤样单轴压缩实验中表现出来的有一个明显的非线性压实区。在施加围压情况下,

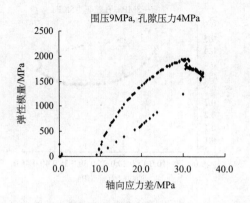

图 2.11　2号煤样杨氏模量与轴向应力差的关系

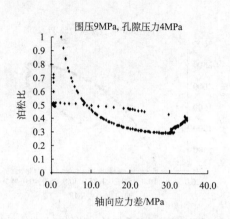

图 2.12　2号煤样泊松比与轴向应力差的关系

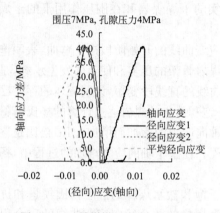

图 2.13　3号煤样的应力-应变曲线

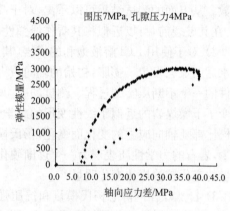

图 2.14　3号煤样杨氏模量与轴向应力差的关系

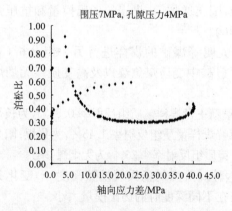

图 2.15　3号煤样泊松比与轴向应力差的关系

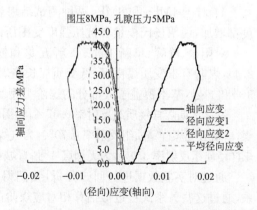

图 2.16　4号煤样的应力-应变曲线

取自大同煤矿9号和11号岩心的应力-应变曲线也表现出比较好的线性关系,说明围压对煤岩的变形有较大的影响,即使在浅层钻取的岩心也没有了压实现象。对于干燥岩心逐点求取的杨氏模量和泊松比的变化值也较小,例如12号岩心的杨氏模量和泊松比除在测试开始阶段测试仪器不稳定和后期岩石发生破坏引起结果不合理外,其值近似于一个

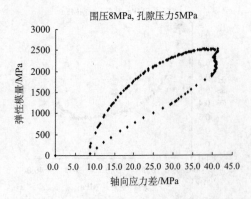

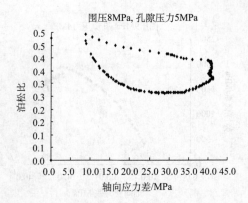

图 2.17 4 号煤样杨氏模量与轴向应力差的关系   图 2.18 4 号煤样泊松比与轴向应力差的关系

常数。从上面的测试结果可以看出,对于高度压实的干燥煤岩和在围压作用下的干燥煤样,在其破裂前,可以近似将其看作线弹性体。

2) 对于使用 KCl 溶液饱和的煤岩,其应力-应变曲线的开始阶段向上弯曲,表明饱和盐水后的煤岩发生了膨胀,初始的轴向应力是对煤岩骨架的压实和使流体发生承载,是对试件的一个不断压实的过程。测试的应力-应变曲线的直线段变短,说明流体的存在已经改变了干燥煤岩的近似于线性变形的力学性质。饱和盐水的煤岩逐点计算的杨氏模量和泊松比都随轴向应力的变化而变化,杨氏模量随轴向应力的增加而增加,而泊松比是逐渐减少,岩石的力学性质表现为一个逐渐硬化的过程。在整个轴向应力增加的过程中,杨氏模量的变化较泊松比变化明显。

3) 自然煤样的静态杨氏模量和抗压强度大于饱和盐水煤样的静态杨氏模量和抗压强度。但由于煤的非均质性非常严重,测试的各个煤样的两个径向应变曲线的重合程度没有砂岩测量结果好。

4) 对于 4MPa 和 8MPa 两种测试结果表明,围压增加后,煤岩的杨氏模量和抗压强度都增加,说明杨氏模量和抗压强度受围压的影响。

对阳泉、峰峰、阜新王营、阜新五龙和铁法大明等煤矿的煤样进行另一组分析(表2.4),煤阶有未变质煤褐煤、低变质煤长焰煤和气煤、中变质煤焦煤以及高变质煤无烟煤3 号和 2 号,基本覆盖了大部分的煤阶类型。

铁法大明煤样镜质组反射率 0.47%,为褐煤;阜新王营煤样镜质组反射率 0.54%,为长焰煤;阜新五龙煤样镜质组反射率 0.70%,为气煤;峰峰煤样镜质组反射率 1.45%,为焦煤;阳泉煤样镜质组反射率 3.0%,为无烟煤 3 号;晋城煤样镜质组反射率 4.26%,为无烟煤 2 号。

通过对实验数据进行回归分析,我们得到六种煤阶煤的杨氏模量随深度(h)变化关系,通过这些关系式可近似估算相对应煤阶的煤在不同深度时的杨氏模量大小。

褐煤: $E = 2.02 \times 10^6 \times h + 2442 \times 10^6$ (400m$\leqslant h \leqslant$1000m)

长焰煤: $E = 4.18 \times 10^6 \times h + 85 \times 10^6$ (400m$\leqslant h \leqslant$1000m)

气煤: $E = 2.71 \times 10^6 \times h + 1428 \times 10^6$ (0m$\leqslant h \leqslant$1000m)

焦煤: $E = 1.635 \times 10^6 \times h + 2212 \times 10^6$ (300m$\leqslant h \leqslant$900m)

无烟煤 3 号: $E = 0.3867 \times 10^6 \times h + 4418 \times 10^6$ (300m$\leqslant h \leqslant$900m)

无烟煤 2 号: $E = 0.5 \times 10^6 \times h + 3434 \times 10^6$ (300m$\leqslant h \leqslant$900m)

表 2.4　煤样三轴力学实验结果(2)

序号	煤样编号	模拟井深或井深/m	有效围压/MPa	试　验　结　果			
				杨氏模量/MPa	泊松比	体积压缩系数/10⁻⁴MPa⁻¹	抗压强度/MPa
1	铁法大明	400	3	3100	0.27	16.4	—
2	铁法大明	700	5	4150	0.31	4.8	—
3	铁法大明	1000	7	4310	0.33	3.62	>54
4	阜新王营	400	3	1550	0.18	14.8	—
5	阜新王营	700	5	3430	0.34	4.02	—
6	阜新王营	1000	7	4060	0.4	3.47	42
7	阜新五龙	0	0	1135	0.28	—	19.5
8	阜新五龙	400	3	2810	0.3	8.95	—
9	阜新五龙	700	5	3700	0.31	6.46	64
10	阜新五龙	1000	7	3750	0.33	4.59	83
11	峰 1	300	2	2487	0.38	21.9	21
12	峰 2	600	4	3257	0.22	7.7	34
13	峰 3	900	6	3468	0.38	6.54	41
14	阳 1	300	2	3584	0.38	5.56	43
15	阳 2	600	4	3734	0.34	5.68	46
16	阳 3	900	6	3133	0.4	16.2	52
17	陕西	500	3	2100	0.27	7.79	44
18	陕西	1000	5	2650	0.3	7.95	56
19	晋 1	300	2	4602	0.42	2.6	75
20	晋 2	600	4	4590	0.32	2.44	78
21	晋 3	900	6	4834	0.36	2.01	119
22	晋试 2 井 15 号煤	613.12	4	3282	0.4	1.8	—
23	晋试 5 井 3 号煤	841.9	6	4040	0.34	4.53	60

2. 煤岩的抗张强度

在做抗张强度(巴西)实验时,把煤样加工成直径为 50mm 左右、厚度为 25mm 左右的试件,基本保持煤样的直径与厚度之比为 2∶1。

在巴西实验机上加压直到煤样产生张性破裂,记录此时所加的压力 p,利用式(2.4)计算岩样抗张强度 C_t。计算结果如表 2.5。

$$C_t = \frac{2p}{\pi dL} \tag{2.4}$$

式中,p——煤样破坏时所受的压力,N;

　　L——煤样的厚度,m;

　　d——煤样的直径,m。

表 2.5 煤样的抗张强度

煤样编号	煤 阶	直径/mm	厚度/mm	加载方式	破裂载荷/N	抗张强度/MPa	平均值/MPa
晋 1		50.20	25.30	平行层理	2891	1.45	
晋 2	无烟煤 2 号	50.00	25.00	平行层理	4604	2.35	1.82
晋 3		50.00	24.96	垂直层理	3247	1.66	
阳 1		50.00	25.10	平行层理	3203	1.63	
阳 2	无烟煤 3 号	50.10	24.60	平行层理	1379	0.71	1.16
阳 3		50.10	25.00	垂直层理	2224	1.13	
峰 1	焦煤	49.0	25.10	平行层理	111	0.06	0.245
峰 2		49.90	25.00	垂直层理	845	0.43	

从表 2.5 中可以看出:

1) 煤岩的抗张强度都很小,三组实验得到的抗张强度都小于 2MPa,相对于常规砂岩来说,在水力压裂中更容易压开。

2) 无烟煤的抗张强度比焦煤高,主要原因是焦煤脆性大,更容易发生脆性破坏。

3) 平行层理和垂直层理情况下,煤岩的抗张强度没什么规律。

3. 煤岩的内摩擦角

为了确定煤层不同煤样的内摩擦角,将制备好的煤样放置在实验舱内,首先施加围压 σ_3 到设定值,然后施加垂直压力 σ_1 直至煤样破坏。这样可以得到煤破坏时的 σ_1 和 σ_3 值,于是在 $\sigma\tau$ 坐标系中可画出一个破坏应力圆。用相同煤的实验煤样及不同的围压值和相应的垂直压力 σ_1 的破坏实验,可取得一系列不同的 σ_1 和 σ_3 值,据此可画出一组破坏应力圆,这组破坏应力圆的包络线即为煤的抗剪强度曲线。

包络线上任意点的纵坐标代表在一定围压及垂直压力下沿剪切破坏面的抗剪强度 τ,任意点的切线与横坐标之间的夹角 φ 代表相应剪切面上的内摩擦角,切线与纵坐标相交的截距即为该剪切破坏面的黏聚力 τ。

实验证明,在围压较大时,煤包络线一般为二次曲线。表 2.6 是煤样内摩擦角计算结果。

表 2.6 煤样内摩擦角数据

煤矿	模拟井深/m	煤样编号	围压/MPa	抗压强度 σ/MPa	抗剪强度 τ/MPa	内摩擦角和黏聚力		
						一组①-②	二组②-③	三组①-③
阳泉	600	阳 1	2	43	20.5	$\varphi=11.5°$ $\tau=16.3$MPa	$\varphi=30°$ $\tau=9.8$MPa	$\varphi=22.6°$ $\tau=12.8$MPa
		阳 2	4	46	21			
		阳 3	6	52	23			
晋城	600	晋 1	2	75	36.5	$\varphi=11.5°$ $\tau=29.4$MPa	$\varphi=65.1°$ $\tau=0$MPa	$\varphi=56.4°$ $\tau=8$MPa
		晋 2	4	78	37			
		晋 3	6	119	56.5			

图 2.19 为原煤简化直线包络线,其内摩擦角 φ 和黏聚力 τ 均随着不同围压产生的剪切面而变化。换句话说,内摩擦角及黏聚力随围压大小而改变,当围压较高剪切破坏时,内摩擦角变小、黏聚力变大,反之较低围压下,内摩擦角变大,而黏聚力减小。

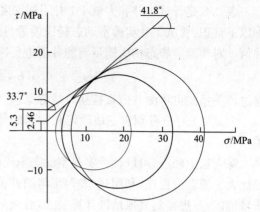

图 2.19　原煤简化直线包络线

4. 动静态力学参数的测定

根据纵波和横波的传播速度,可利用下列公式计算动态杨氏模量和泊松比。

$$E_D = \rho_b v_s^2 \frac{3v_p^2 - 4v_s^2}{v_p^2 - v_s^2} \times 10^3 \tag{2.5}$$

$$\nu_D = \frac{\frac{1}{2}v_p^2 - v_s^2}{v_p^2 - v_s^2} \tag{2.6}$$

式中,v_p——纵波速度,m/s;

$\quad v_s$——横波速度,m/s;

$\quad E_D$——动态杨氏模量,Pa;

$\quad \nu_D$——动态泊松比,无因次;

$\quad \rho_b$——煤的密度,kg/m³。

实验室中,将超声波发射接收端帽置于煤样两端,实验时就可同时得到动态和静态力学参数,表 2.7 是实验结果,从中可以看出:

同一种煤动态杨氏模量大于静态杨氏模量,泊松比变化不大(表 2.7)。四种煤动态杨氏模量与静态杨氏模量比值,阳泉为 1.68,晋城为 1.37,峰峰为 1.89,晋试 1 井为 1.32(晋试 1 井煤样为钻井取心)。

表 2.7　四种煤样静动态力学参数实验结果

序号	煤样编号	模拟井深 /m	围压 /MPa	轴向应力差 /MPa	静态 杨氏模量 /MPa	泊松比	动态 杨氏模量 /MPa	泊松比	体积压缩系数 /MPa^{-1}	抗压强度 /MPa
1	阳 5	600	4	10	3380	0.36	5681	0.34	5.48×10^{-4}	45
2	晋 5	600	4	20	4575	0.36	6272	0.34	2.27×10^{-4}	109
3	峰 5	600	4	9	2590	0.28	4904	0.36	9.79×10^{-4}	46
4	晋试 1 井 3 号煤	524.5	3	10	3971	0.30	5235	0.36	5.27×10^{-4}	43

从晋试 1 井测井曲线得出纵波与横波速度比为 1.62,实验室值为 2.13,动态杨氏模量测井值 7500MPa,泊松比为 0.19。实验室动态值为 5235MPa,泊松比为 0.36,动态杨氏模量测井值与实验室的值比为 1.43。

表 2.8 是晋试 1 井和大试 1-1 井不同深度砂、泥岩动静态参数实验数据,从中可以得到以下认识:晋试 1 井实验室动态杨氏模量与测井值(动态)有差别,实验室动态值大于测井值。对实验室静态杨氏模量与测井值进行回归分析,关系式如下:

$$E_{静态} = 0.61 E_{测井} + 1059 \times 10^6 \tag{2.7}$$

通过该关系式可将测井值直接换算成静态值。

大试 1-1 井只分别有三块砂岩和泥岩的数据,数据太少,无法得到像式(2.7)那样的关系式。

综合以上两点,可以认为实验室动态杨氏模量与测井值(动态)有差别,实验室动态泊松比大于静态泊松比,利用式(2.7)可将测井值(动态)换算成静态值。式(2.7)只适用于晋城地区,要想得到其他地区计算公式,必须采用该地区岩样进行室内动静态实验。

表 2.8 晋试 1 井和大试 1-1 井静动态力学参数实验结果

井号	深度/m	岩性	测井值		围压/MPa	实验结果				体积压缩系数 /10^{-4}MPa^{-1}	抗压强度/MPa
			杨氏模量/MPa	泊松比		静态		动态			
						杨氏模量/MPa	泊松比	杨氏模量/MPa	泊松比		
晋试 1	501.8~502	泥岩	17500	0.35	3	9925	0.15	37963	0.19	2.77	94
晋试 1	527.9~530	泥岩	22300	0.35	3	9431	0.19	32130	0.23	3.34	89
晋试 1	532.01	灰泥岩	33500	0.33	3	15992	0.07	44535	0.22	2.12	125
晋试 1	604~606.1	泥岩	50600	0.25	4	31579	0.19	76678	0.29	0.29	191
晋试 1	604.5	灰泥岩	47300	0.25	4	32343	0.14	83859	0.29	0.29	>213
晋试 1	606.75	灰泥岩	23400	0.25	4	28503	0.16	66197	0.32	0.32	168
晋试 1	610~612	泥岩	27000	0.33	4	14791	0.28	31762	0.24	0.24	81
大试 1-1	1152~1161	泥岩	28300	0.30	6	9570	0.23	32796	0.32	0.32	91
大试 1-1	1152~1161	灰泥岩	28300	0.30	6	14100	0.12	43648	0.21	0.21	108
大试 1-1	1174~1178	泥岩	25200	0.32	6	21352	0.24	38632	0.29	0.29	124
大试 1-1	1235~1250	灰泥岩	22800	0.31	7	20761	0.22	41206	0.24	0.24	175
大试 1-1	1251~1263	泥岩	30200	0.29	7	20723	0.20	45575	0.25	0.25	184
大试 1-1	1266~1269	泥岩	22300	0.35	7	23064	0.21	49164	0.26	0.26	128

5. 煤岩的水力压裂室内实验

煤层气是存在于煤层及其围岩之中的一种自生自储式非常规天然气。煤层气以吸附的形式存在于煤层的孔隙中,一般使用降压的方法开采。多数地区煤层的渗透率较低,通常小于 $1 \times 10^{-3} \mu m^2$,我国煤层渗透率一般在 $0.1 \times 10^{-3} \sim 0.001 \times 10^{-3} \mu m^2$,按油气藏渗透率划分储层的标准,煤层属于特低渗透或致密储层,所以煤层气井需要通过水力压裂进行增产改造。

水力压裂技术是在地层中压开高导流能力的裂缝,通过压开的裂缝连接天然裂缝、改变油井的流动状态,从而达到增产的目的。煤层气开发之初就将压裂技术引入到煤层气开采中,施工设计时一般套用常规油气藏的压裂设计方法。但煤层和普通油气藏的储层特点有较大的区别,从图 2.20 的两种岩石结构的对比中可以明显地看出,煤岩是带有孔隙和裂缝的双重介质。因为介质的微观结构的差异较大,所以煤层压裂不同于普通油气藏压裂。

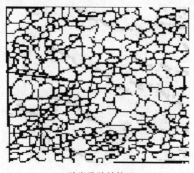

a. 砂岩孔隙结构图   b. 煤岩孔隙结构图

图 2.20　砂岩和煤岩的微观结果图

由于以前没有真三轴实验设备,岩石的三轴实验其实是假三轴实验。实验是使用圆柱岩心,在圆柱外加装胶筒,通过液压施加均等的径向压力,在轴向再施加一个压力。由于这种设备不能实现真三轴,而且使用圆柱形岩心,所以岩心尺寸较小,模拟水力压裂非常困难。该项目实验是在一台岩石真三轴实验机上进行的,可以进行岩心的真三轴实验(设备如图 2.21),最大轴压 1500kN,最大侧压 600kN。

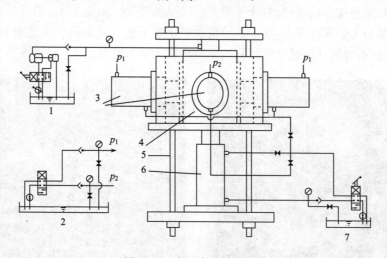

图 2.21　岩石真三轴实验机
1. 水压动力系统;2. 侧压动力系统;3. 侧压油缸(4 个);4. 侧压加载框架;
5. 加载机架;6. 轴压油缸;7. 轴压动力系统;p_1. 轴压;p_2. 围压

虽然煤层的单轴实验可以反映煤体的一些力学性质,但对于水力压裂处理的煤层,还是以水力压裂的模拟最为准确,因此在实验中引入了水力压裂的物理模拟。Beugelsdijk(2000)在其文章中定义了一个水平应力差异系数 Kh,实验分别在 Kh 为 0.25、1.0 和 2.5

这三种情况下进行。实验结果（如图 2.22）表明（粗白线表示人工裂缝，细黑线表示天然裂缝），当水平应力差异较小时，裂缝会沿天然裂缝扩展。当水平应力差异较大时，裂缝会沿垂直于最小主应力方向发展，天然裂缝对裂缝扩展的影响很小。

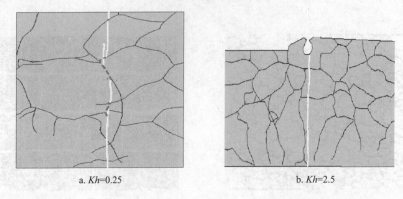

a. Kh=0.25   b. Kh=2.5

图 2.22　煤岩在不同围压下的实验结果图

　　煤岩实验结果也证实了裂缝性岩石的裂缝扩展方向是水平应力和天然裂缝的双重作用结果。分析认为，低围压时，煤岩的天然割理多在开启状态，有很强的渗流能力，而且是介质中强度较弱的地方，所以裂缝会沿天然裂缝的方向发展。高围压时，煤岩的天然割理多处于关闭状态，裂缝面之间的结合能力在围压作用下得到加强，相当于裂缝被黏合，水力裂缝的发展向垂直于最小主应力方向接近。

　　实验取得了很多有代表性的结果：压裂后的煤岩裂缝表面极其不规则，裂缝或平行于煤层的割理、或垂直穿越割理，裂缝面不光滑，呈阶梯形状（图 2.23）。形成裂缝的延伸压力很大，有时会大于破裂压力，这一方面是由于压裂形成大量煤粉使流动阻力增加，另一方面是裂缝的不规则性和裂缝壁面的不光滑增加了流动阻力。

图 2.23　煤岩在不同围压下的实验结果图

　　形成的裂缝不再是常规油藏认为的裂缝方向垂直于最小主应力方向，裂缝的方向受水平应力的影响，出现了复杂的裂缝形态。煤层不同于常规砂岩气藏储层，煤层的天然裂缝发育，基质中存在大量割理，加之煤层杨氏模量小、泊松比大，所以煤层的裂缝扩展极其复杂,呈现大量的不规则性裂缝。一般煤层压裂的裂缝是沿井筒径向放射状分布,裂缝具有阶梯性、拐角性和不对称性,而且在边界可能形成"T"形和"I"形裂缝。沁水盆地的实测结果证实了煤层压裂后的裂缝很不规则,在裂缝的类型中没有类似于常规油藏浅层形成的水平缝以及深层形成的垂直缝的特点,裂缝形态的随机性很大。煤层压裂在同一盆地同一层位没有明显的方向性,但存在同一层位在某一方向出现概率大的情况,而且与割理方向不一致。

6. 煤岩力学性质对水力压裂优化设计影响

(1) 杨氏模量对裂缝宽度的影响

在裂缝高度恒定的二维模型中,对于牛顿流体,裂缝宽度与杨氏模量的 1/4 次幂成反比,即 $W \propto E^{-1/4}$,对于非牛顿流体,裂缝宽度与杨氏模量的 $\frac{1}{2n'+2}$ 次幂成反比,即 $W \propto \frac{1}{E^{1/(2n'+2)}}$,如果 $n'=0.5$,则裂缝宽度与杨氏模量的 1/3 次幂成反比。这种情况表明,当地层的杨氏模量提高 1 倍,则裂缝宽度将减少 16%~20%。

(2) 杨氏模量对压裂压力的影响

根据二维裂缝模拟理论,对牛顿流体,压裂施工中净压力(Δp_f,裂缝中流体压力减去裂缝闭合压力)与杨氏模量的 3/4 次幂成正比,即 $\Delta p_f \propto E^{3/4}$。对非牛顿流体,净压力与杨氏模量的 $\frac{2n'+1}{2n'+2}$ 次幂成正比,即 $\Delta p_f \propto E^{(2n'+1)/(2n'+2)}$。因此,当杨氏模量增加 1 倍,净压力将增高 1.6~1.7 倍。

(3) 层与层之间的杨氏模量差异对裂缝高度延伸的影响

在地层中,如果层间地应力差异不大的情况下,杨氏模量可能成为控制裂缝延伸的一个重要因素。下面是用 TerraFrac 三维压裂设计软件模拟的各层间杨氏模量变化对裂缝几何形状影响的实例。模拟实例中,储层和上下界层的杨氏模量输入不同的值以代表不同的情况。表 2.9 列出了各层的杨氏模量以及模拟得到的缝长和裂缝上、下延伸高度。

表 2.9　各层的杨氏模量以及模拟得到的缝长和裂缝上、下延伸高度

情况	杨氏模量/MPa			全缝长/m	缝高/m		
	上层界	储层	下层界		向上延伸	向下延伸	总缝高
A	34483	6879	34483	556	12	17	29
B	34483	13739	34483	181	13	151	164
C	34483	20690	34483	161	55	127	182
D	34483	34483	34483	157	55	138	193
E	3448.3	34483	3448.3	98	61	208	269

情况 A:界层杨氏模量是储层的 5 倍;

情况 B：界层杨氏模量是储层的 2.5 倍；

情况 C：界层杨氏模量是储层的 1.67 倍；

情况 D：界层杨氏模量与储层相同；

情况 E：界层杨氏模量是储层的 1/10。

模拟中的其他输入参数，如各层的地应力、断裂韧性、滤失特性、厚度及压裂液的流变性和施工排量等都相同。

通过表 2.9 可以发现：

1) 上下界层的弹性模量与储层的弹性模量相差越大，水力压裂裂缝越长；

2) 上下界层的弹性模量相同的情况下，水力裂缝缝高更容易向下延伸，随着储层与界层的弹性模量的比值越来越小，裂缝缝高向下延伸的距离越来越大。

(4) 煤岩压裂的特殊性

煤岩在结构上、岩石力学性质和物理性质上表现出不同于常规砂岩储层的特殊性，使得煤岩压裂诱发的裂缝具有一些不同于常规水力裂缝的特点。通过大量的岩石力学参数测定、煤岩人工裂缝启裂模拟实验和裂缝导流能力实验表明：

a. 裂缝延伸受地应力和天然裂缝双重控制

当水平应力差异较小时，裂缝会沿天然裂缝扩展。当水平应力差异较大时，裂缝会沿垂直于最小主应力方向发展。压裂后的煤岩裂缝表面极其不规则，裂缝或平行于煤层的割理、或垂直穿越割理，裂缝面不光滑，呈阶梯形状。

b. 煤岩具有低强度、低杨氏模量、高泊松比特性

煤岩的这些力学性质特点对裂缝的发育和几何尺寸产生了重要影响。一方面，由于强度低，特别是抗张度低，使得煤岩容易开裂；另一方面，由于泊松比较高又使得地层侧向压力增大，导致地层难以开裂。所以煤岩破裂的难易程度还要视具体情况实际计算才能得出结论。根据实践经验，煤层的井底作业压力梯度要比同等深度的常规砂岩高得多(煤岩的井底施工压力梯度范围是 0.031～0.056MPa/m)。但有一点是肯定的，煤岩的低杨氏模量和高泊松比将导致裂缝的长度减小，宽度增大。这是因为岩石的杨氏模量是反映岩石本身在受力与变形条件下的力学性质参数，对裂缝破裂和几何尺寸具有重要影响。根据兰姆方程，在岩石中形成水力裂缝的宽度与其杨氏模量成反比。杨氏模量越小，压开的裂缝宽度越大，这是煤层压裂裂缝较宽的主要原因。由于宽度的增加，在相同的施工规模条件下，裂缝长度增加将受到限制。因此，同常规砂岩压裂结果相比，煤层中更易形成短宽裂缝。

c. 裂缝呈不规则性

煤层不同于常规砂岩气藏储层，煤层的天然裂缝发育，基质中存在大量割理，加之煤层杨氏模量小、泊松比大，所以煤层的裂缝扩张极其复杂，呈现大量的不规则性裂缝。煤层水力压裂时常出现一些垂直裂缝与水平裂缝共存，或多条垂直(水平)裂缝存在的现象，即所谓的复杂裂缝系统。这种现象的出现是由于煤岩本身割理存在，煤岩与上下顶底板岩性有较大的力学性质差异，以及煤岩易碎性产生的大量煤粉引起裂缝端部堵塞等因素综合影响的结果。在对煤层水力压裂后，通过开采煤矿直接进行巷道挖掘观察，观察到在煤层压后形成"T"型裂缝(顶部为水平裂缝、煤层部位为垂直裂缝)的情况。

（二）煤岩的导流能力实验

支撑剂是用于支撑张开的裂缝，以便在停泵和压裂液滤失后，形成一条通往井筒的导流通道。支撑剂形成导流能力的高低是压裂成功的关键。

Cobb 研究了时间对裂缝导流能力的影响认为短期导流能力尽管是在较高的压力和温度下并在流体介质中进行评价的，但还是不能说明支撑剂的长期性能。在较短时间内，导流室可以达到适宜的温度和稳定的压力，但支撑剂重新结合、矿物运移以及其他相关的现象却没有足够的时间来发生（Cobb and Farrell,1986）。

Much 通过实验模拟发现，传统的根据应力大于平均导流能力的方法得出的导流能力偏高。应在模拟油层环境温度下测试裂缝的导流能力，导流能力也应考虑压力和时间等因素的影响。钢板实验得出的导流能力由于没有考虑支撑剂的嵌入影响，其结果偏高。并且发现在闭合压力超过 54.4MPa 时，中硬的砂岩的支撑剂嵌入对裂缝导流能力影响最大（Much，1987）。Parker 认为，时间、温度、压力、胶液、滤饼等因素是评价导流能力时应考虑的主要因素，并且认为，无论是用何种支撑剂，低支撑剂浓度都将由于胶液滤饼的存在而导致导流能力下降，期望获得较高的导流能力，高浓度支撑剂是必要的（Parker，1987）。

Penny 和 Liang 通过实验发现，井下压力、温度、嵌入以及压裂液滤饼和添加剂的性质极大地影响着支撑剂的导流能力和渗透率（Penny and Liang，1995）。

以上所述均为砂岩地层压裂的导流实验，对于煤岩这种低强度的岩石，压裂后支撑剂的嵌入和裂缝面的破裂非常严重，通过实验方法了解这些因素对压裂裂缝导流能力的影响是非常必要的。Penny 对支撑砂进行了长期导流实验，回归了煤岩支撑裂缝渗透率和支撑剂嵌入的数学公式，用实验的测量结果指导压裂设计（Penny，1991）。这也是目前报道的唯一对煤层压裂裂缝导流能力实验结果的文献。

在国内，目前还没有见到对煤层压裂裂缝导流实验的报道，压裂过程中在裂缝中是否有煤粉产生一直是一个猜测。以下使用美国岩心公司的导流仪，研究了支撑剂浓度、闭合压裂和压裂液对裂缝导流能力的影响，确定在压裂施工中是否真正存在煤粉的污染和压裂液对裂缝导流能力的影响。

1. 实验装置简介

实验使用 FCS-100 型裂缝导流仪（图 2.24），图 2.25 为 FCS-100 导流仪工作原理，API（美国石油协会）支撑剂导流室按照 API 标准设计（图 2.26）。该仪器可以模拟地层条件，对不同类型支撑剂进行短期或长期导流能力评价。仪器最高实验温度 150℃，最大闭合压力 200MPa。

图 2.24　FCS-100 型导流仪实物图

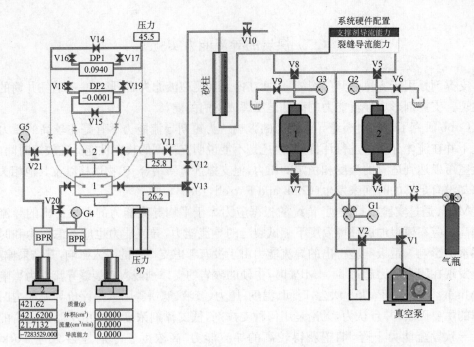

图 2.25　FCS-100 型导流仪工作原理

V1 至 V21 为阀门 1~21；G1 至 G5 为压力表 1~5；DP1 至 DP2 为导流室 1~2；BPR 为压力管线

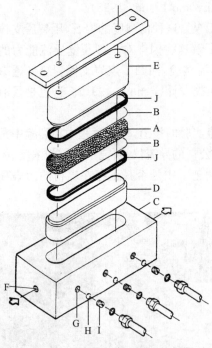

图 2.26　API 支撑剂导流室解剖图

A. 支撑剂填充层 17.78cm×3.81cm×W_f(cm)；B. 金属板；C. 导流室主体；D. 下活塞；E. 上活塞；F. 测试液进/出口；G. 压差输出口；H. 多孔金属滤网；I. 调节螺丝；J. 方型密封圈

2. 实验原理

实验原理可用达西定律表示：

$$k = 10^5 \frac{Q\mu L}{A\Delta p} \qquad (2.8)$$

式中，k——支撑裂缝渗透率，μm^2；

Q——裂缝内流量，m^3/s；

μ——流体黏度，$mPa \cdot s$；

L——测试段长度，m；

A——支撑裂缝截面积，m^2；

Δp——测试段两端的压力差，Pa。

FCS-100 型导流仪使用 API 标准导流室，并严格按照 API 的程序操作，支撑裂缝渗透率及支撑剂充填层导流能力计算公式可以进一步表达为下面形式：

支撑裂缝渗透率

$$k = \frac{5.411 \times 10^4 \mu Q}{\Delta p W_f} \qquad (2.9)$$

支撑剂充填层导流能力

$$kW_f = \frac{5.411 \times 10^4 \mu Q}{\Delta p} \qquad (2.10)$$

式中,W_f——充填裂缝缝宽,m;

其他参数同上。

3. 短期导流能力的评价方法及其局限性

实验室评价支撑剂导流能力一般都采用短期评价的方法,但短期导流能力并不能表明支撑剂在地下的真实导流能力,表示的应该为瞬时导流能力。

(1) API 推荐短期导流能力评价方法

API 推荐的短期导流能力评价方法也是我国石油天然气的行业标准(SY/T6302-1997),该标准推荐了实验方法和实验仪器。其目的是为了建立标准的步骤和条件,以便在实验室条件下对各种压裂用支撑材料进行短期导流能力的评价。该实验可以对不同支撑剂在一定条件下的导流能力进行对比,为选择支撑剂材料提供一个衡量的标准。

a. 实验条件

用 NaCl 溶液作为实验液体,环境温度为 24℃,采用 API 推荐的实验仪器。

b. 实验程序

按照此程序实验时,需要在试样上加足够长时间的闭合压力以使支撑剂充填层达到半稳态,在一定的闭合压力下液体通过支撑剂充填层。在不同闭合压力条件下液体通过支撑剂充填层时,要测量支撑剂充填缝宽、压差和流量,从而计算出支撑剂充填层导流能力和渗透率。每个闭合压力下进行了三种流量实验,实验结果是三种流量实验的平均值。

c. 实验要求

在一定流量和室温条件下,不能存在非达西流或惯性影响。闭合压力从一个值增加至另一个值时,必须等候一定时间以使支撑剂充填层达到半稳态。

d. 短期导流能力评价方法的局限性

短期导流能力的评价方法可以为用户在实验室条件下对比不同支撑剂的性能,为选择支撑材料提供参考依据。但该方法并不能获得油藏条件下的支撑裂缝的导流能力的绝对值,也不能为长期导流能力提供一个参考。

(2) 实验对比短期导流能力和长期导流能力

导流能力的长期值和短期值相差多大一直没有一个定量的对比,为了确定煤岩导流实验使用长期导流实验结果还是短期导流实验结果,先使用普通砂岩岩样研究长期导流能力和短期导流能力的差别。

图 2.27 和图 2.28 分别为闭合压力 30MPa 和 40MPa 下,石英砂-核桃壳短期和长期导流能力实验曲线。从结果可以看出:在闭合压力增加的短时间内,导流能力下降较快,随后导流能力逐步趋于稳定。在 40MPa 闭合压力作用下,经过 25 个小时后,导流能力已经非常小,比加压前下降了 80% 以上。图 2.29 和图 2.30 为改变支撑剂的组成成分后,在闭合压力 30MPa 和 40MPa 下石英砂-核桃壳短期和长期导流能力实验曲线,实验测试在 20 小时以后,导流能力趋向稳定。通过以上实验可以看出,在 5 小时左右测试的裂缝短期导流能力不能代表支撑剂在裂缝中压实后的导流情况,短期导流能力只能用于比较不同铺砂浓度导流能力的相对差别。如果要真实反映裂缝中的导流能力,使用长期导流

能力的测试结果更合理。因此对煤岩进行导流能力测试时,同一闭合压力下的测试时间取 24 小时,测试裂缝的长期导流能力,从而测定裂缝的稳定导流能力。

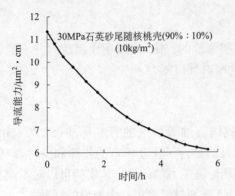

图 2.27　30MPa 石英砂-核桃壳
（90％：10％）短期导流能力

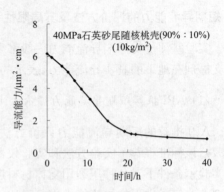

图 2.28　40MPa 石英砂-核桃壳
（90％：10％）长期导流能力

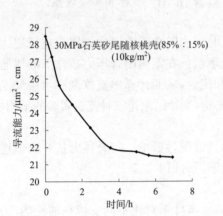

图 2.29　30MPa 石英砂-核桃壳
（85％：15％）短期导流能力

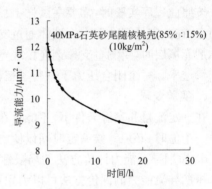

图 2.30　40MPa 石英砂-核桃壳
（85％：15％）长期导流能力

4. 实验条件和岩样制备

为了真实地反映支撑剂在地下裂缝的实际情况,模拟温度取 50℃,选用长期导流能力测试,每个测试压力点都测量 24 小时。我国煤层气井的井深可达 1200m,因此在模拟中选取的最大闭合压力为 40MPa,支撑剂选用现在普遍采用的 20～40 目石英砂进行实验。实验中的流体选择为 4％NaCl 盐水,流体速度 2～5mL/min。实验使用从大同煤矿 200m 地下所取岩心加工成岩片,实验试件的尺寸为长 17.7cm,宽 3.8cm,厚 1～2cm,端部成半圆形(如图 2.31)。

由于煤层的天然裂缝非常发育,获得完整无损的岩心非常困难,对破坏不是非常严重的岩心,使用化学胶将断裂裂缝黏结,磨平黏结处后进行实验。

本次进行了 5 组煤样的导流实验,实验情况如表 2.10。

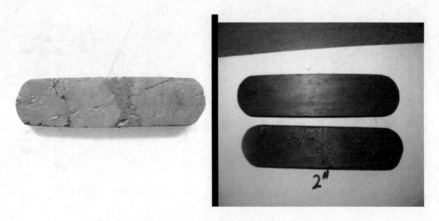

图 2.31 煤岩裂缝导流实验的岩样照片

表 2.10 导流能力测试情况

序号	材料	铺砂浓度/(kg/cm²)	实验用流体
1	钢板	5	清水
2	煤	5	清水
3	煤	10	清水
4	煤	5	0.4%压裂液
5	煤	5	清水

5. 实验结果

图 2.32 至图 2.37 为测试结果。将测试结果进行曲线回归,对于 $5\mathrm{kg/m^2}$ 铺砂浓度下的测试结果表明,裂缝的导流能力随闭合压力按指数方程回归,曲线拟合的相关性都在 0.98 以上,说明 $5\mathrm{kg/m^2}$ 低铺砂浓度下的导流能力随闭合压力增加呈现指数递减的趋势。但对于 $10\mathrm{kg/m^2}$ 铺砂浓度下,指数曲线拟合的相关性降低到 0.93。

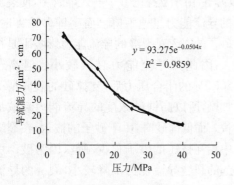

图 2.32 钢板长期导流能力($5\mathrm{kg/m^2}$)

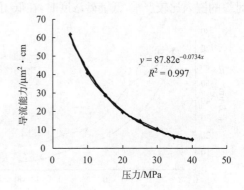

图 2.33 2号煤岩长期导流能力($5\mathrm{kg/m^2}$)

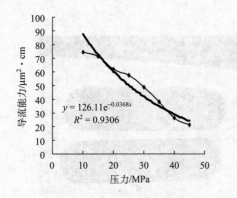

图 2.34　3 号煤岩长期导流能力(10kg/m²)

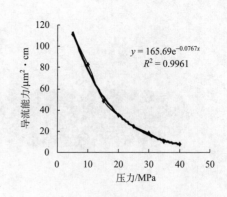

图 2.35　4 号煤岩长期导流能力(5kg/m²)

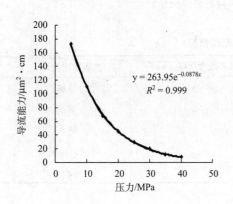

图 2.36　5 号煤岩长期导流能力(5kg/m²)

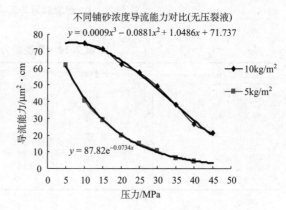

图 2.37　不同铺砂浓度条件煤岩长期导流能力

通过实验分析,可以得到以下认识:

1) 高铺砂浓度有利于形成高导流能力裂缝。图 2.37 为两种铺砂浓度下的煤岩裂缝的导流能力对比分析曲线,实验结果表明,10kg/m² 的导流能力明显大于 5kg/m² 的导流能力,在 20MPa 前,10kg/m² 的铺砂浓度的导流能力的衰减情况小于 5kg/m² 的导流能力,这主要是煤的嵌入比较严重,低铺砂浓度时,在低闭合压力下,由于支撑的砂子嵌入煤岩中,使裂缝的导流能力迅速下降。而高铺砂浓度时,砂子的嵌入对裂缝的导流能力影响不是很大,因此其导流能力衰减较小。但高于 20MPa 的闭合压力后,支撑砂的破碎情况加剧,所以高铺砂浓度的导流能力衰减加快。而低铺砂时,由于砂子的嵌入,在裂缝中相互挤压的砂子很少,所以因为破碎引起的裂缝导流能力下降较小,裂缝的导流能力也下降减慢。

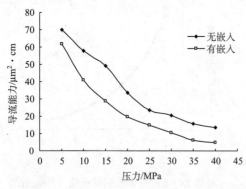

图 2.38　煤岩 20~40 目 5kg/m² 铺砂浓度
嵌入情况对比图

2) 煤岩裂缝中支撑剂嵌入较严重。图 2.38 是 5kg/m² 铺砂浓度下使用钢板和煤样做实验测得的裂缝导流能力对比图,从结果可以看出使用钢板测得的导流能力大于使用煤样测得的裂缝导流能力,说明煤岩中存在砂子的嵌入情况。图 2.39 和图 2.40是煤样实验前后的情况,可以看出煤岩中的支撑剂嵌入情况非常严重,在煤岩表面形成了明显的小坑,降低了裂缝的实际宽度,说明测试的导流能力的对比结果是合理的。图2.41 和图 2.42 是砂岩岩样实验时支撑剂的压入情况。对比图 2.40 与图 2.42 可以看出煤岩的嵌入比砂岩严重很多。

图 2.39　实验前煤样表面

图 2.40　实验后煤样的嵌入情况

图 2.41　实验前砂岩表面

图 2.42　实验后砂岩中的嵌入对表面的影响

3) 支撑剂嵌入和煤粉形成对裂缝导流能力伤害严重。实验表明,由于煤岩抗压(张)强度低,支撑剂嵌入严重,裂缝起裂和延伸过程中产生的大量煤粉返排后堆积在裂缝中,对裂缝导流能力伤害严重。

（三）煤岩实验的成果和认识

通过对煤岩的力学实验和导流能力实验我们取得了下列一些认识。

（1）部分地区煤样的三轴压缩力学结果表明：

1）对于干燥的煤样，其应力-应变曲线几乎是一条直线，没有明显的曲线段。对于高度压实的干燥煤岩和在围压作用下的干燥煤样，在其破裂前，可以近似将其看作线弹性体。

2）对于使用 KCl 溶液饱和的煤岩，其应力-应变曲线的开始阶段向上弯曲，表明饱和盐水后的煤岩发生了膨胀，初始的轴向应力是对煤岩骨架的压实和使流体发生承载，是对试件的一个不断压实的过程。在整个轴向应力增加的过程中，杨氏模量的变化较泊松比变化明显。

3）自然煤样的静态杨氏模量和抗压强度大于饱和盐水煤样的静态杨氏模量和抗压强度。但由于煤的非均质性非常严重，测试的各个煤样的两个径向应变曲线的重合程度没有砂岩测量结果好。

4）4MPa 和 8MPa 两种测试结果表明，围压增加后，煤岩的杨氏模量和抗压强度都增加，说明杨氏模量和抗压强度受围压的影响。

5）煤的杨氏模量为 $1135\sim4602$MPa，泊松比为 $0.18\sim0.42$，平均为 0.33；抗压强度为 $19.5\sim119$MPa，大部分在 40MPa 与 60MPa 之间；体积压缩系数为 $1.80\times10^{-4}\sim202\times10^{-3}$MPa。在无煤心的情况下，可根据经验关系式计算杨氏模量，泊松比和体积压缩系数可取平均值。随着围压的增加，杨氏模量增加，体积压缩系数减小，而泊松比的变化无规律。

（2）煤的抗张强度较小，随煤阶降低而减弱，平均为 1.1MPa。

（3）孔隙压缩系数是计算地应力大小的一个重要参数，实验说明，由于解理发育变化，煤的孔隙压缩系数在 0.12 与 0.96 之间，变化较大。

（4）实验室模拟地层条件实验表明，煤的静态杨氏模量约为动态杨氏模量的 1/2。

（5）实验室中测试表明，静态杨氏模量和测井动态杨氏模量有相关关系。

（6）进行裂缝优化设计时，力学参数是重要的输入参数。它影响裂缝宽度和压裂压力的计算。在地应力变化不大的情况下，对裂缝高度及几何形状有显著影响。

（7）压裂后的煤岩裂缝表面极其不规则，裂缝或平行于煤层的割理、或垂直穿越割理，裂缝面不光滑，呈阶梯形状。

（8）形成裂缝的延伸压力很大，有时会大于破裂压力，这一方面是由于压裂形成大量煤粉使流动阻力增加，另一方面是裂缝的不规则性和裂缝壁面的不光滑增加了流动阻力。

（9）形成的裂缝不再是常规油藏认为的裂缝方向垂直于最小主应力方向，裂缝的方向受水平应力的影响。煤层不同于常规砂岩气藏储层，煤层的天然裂缝发育，基质中存在大量割理，加之煤层杨氏模量小、泊松比大，所以煤层的裂缝扩展极其复杂，呈现大量的不规则性裂缝。

（10）煤层压裂中，煤粉的生成是不可避免的。不同闭合压力对煤层裂缝导流能力的影响非常大。煤粉和闭合压力使裂缝的导流能力迅速减小。煤阶的不同影响了煤中天然裂缝的多少,这直接影响了裂缝的导流能力。因此在相同铺砂浓度下,裂缝的导流能力也不同。

(11) 高铺砂浓度有利于形成高导流能力裂缝。

(12) 煤岩裂缝中支撑剂嵌入较严重。

二、水力压裂井压裂裂缝展布特征

实验模拟给出煤岩力学参数以及微观、小尺度水力压裂裂缝延伸规律,而井资料可以给出实际地质条件下的裂缝延展特征,更有利于指导水力压裂优化设计的改进。

中国石油近年在山西大宁-吉县地区、沁水盆地晋城地区、陕西吴堡地区、河北大城地区对大量的煤层气井进行了压裂施工,其中大宁-吉县和沁水盆地晋城地区具有压裂效果,也是目前煤层气主要试采区,获得的资料相对比较系统,由此主要对上述两个地区水力压裂施工参数进行统计分析,其他地区参数作为辅助。

共统计两个地区 15 口井 26 井层水力压裂,其中清水压裂 11 层,活性水压裂 5 层,冻胶压裂 10 层。压裂液用量 285.4~564m³,平均 375.1m³;前置液比例 12.8%~52%,平均 36.7%;加砂量 14.7~51.1m³,平均 36.5m³,加砂强度 2.3~17m³/m,平均 7.8m³/m;压裂施工排量 4.0~7.2m³/min,平均 5.9m³/min。

一般来说,煤层水力裂缝较为复杂,应综合应用应力剖面、井温测井、地面电位、井间地震、动态观测、压力曲线拟合和试井解释等方法进行煤层气井水力裂缝诊断,以增加评估的可靠性。

(一) 水力压裂裂缝方位和缝长诊断

1. 水力压裂裂缝方位诊断

电位法测试技术是以传导类电法勘探的基本理论为依据,通过测量注入到目的层内的高电离能量的工作液所造成的地面电场形态的变化,来解释裂缝方位及相关参数。在压裂施工中,如果所用的压裂液相对于地层为一良导体,即液体电阻率与地层介质电阻率相比差异较大,这时向地层供电,这部分压裂液在地层中即可看成一个场源,由于它的存在将使原电场的分布形态发生变化,即大部分电流集中到低阻带,造成低阻带周围介质的电流密度发生变化,因此,在压裂井周围环形布置多组测量电极,采用高精度的电位梯度观测系统观测压裂前后电位梯度变化并经过一定的数据处理,就可得到裂缝的方位和长度。

大宁-吉县地区、晋城地区和大城地区水力压裂裂缝方位测定统计结果表明,虽然由于局部构造应力和煤层割理发育情况的影响,裂缝方位角有一定变化,但总体上水力裂缝方位主要受地应力控制,这三个地区的裂缝方位基本为北东方向(图 2.43)。

2. 水力压裂裂缝动态缝长诊断

从大宁-吉县地区和晋城地区 13 口井 16 井层的地面电位测试解释结果来看(表 2.11),出现的裂缝形态总体为对称不等长或不对称不等长,诊断缝半长在 44~106.6m,平均裂缝半长 65.8m。

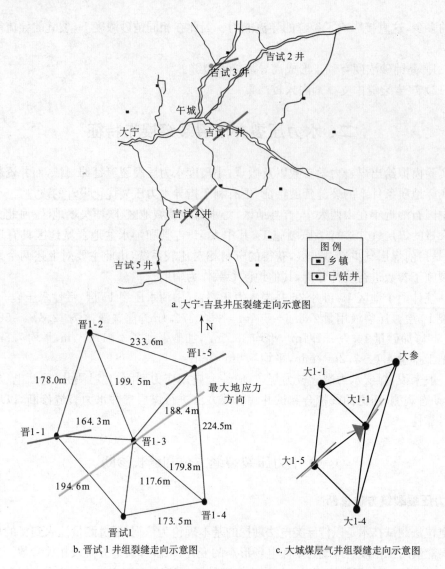

a. 大宁-吉县井压裂缝走向示意图

b. 晋试1井组裂缝走向示意图

c. 大城煤层气井组裂缝走向示意图

图 2.43　水力压裂裂缝方位监测图

表 2.11　利用地面电位测试裂缝方位、长度的统计结果

井号	煤层号	射孔顶界 /m	厚度 /m	裂　缝　诊　断				
				缝高 /m	缝方位	缝半长 /m	缝方位	缝半长 /m
1井	5	977.8	5.4	14	NE45°	69	SW45°	53
2井	8	1051.6	8.8	13	NE45°	89	SW45°	66
3井	8	1267.7	6.7	20.5	NE79°	72		
4井	8	1134.9	9.3		NE37°	68	SW37°	44
5井	5	904.4	7	16	NE86°	65	SW86°	54
6井	5	1128.2	5.6		NE75°	48.2	SW75°	83.9
7井	5	1011.2	7.2	35	NE75°	58.7	SW75°	93.5
8井	5	967	6.6	24	NE75°	短	SW75°	106.6

| 井号 | 煤层号 | 射孔顶界 /m | 厚度 /m | 裂 缝 诊 断 |||||
				缝高 /m	缝方位	缝半长 /m	缝方位	缝半长 /m
J1井	3	521.6	5.8	14	NE55°	82	SW55°	65
J2井	3	514.2	6.4	17	NE105°	58	NW85°	75
J13井	3	837.8	5.4	20	NE105°	55	NW55°	67
J13井	15	941.8	5.2		NE80°	50	NW70°	76
J4井	3	525.6	6.4		NE80°	54	SW80°	73
J4井	15	612.8	3.2	8	NE80°	57	SW80°	62
J5井	3	539	5.4		NE65°	51	SW65°	60
J5井	15	626.4	3	10	NE65°	53	SW65°	65

从水力压裂裂缝监测解释结果和压裂施工曲线可以看出,煤层压裂的水力裂缝方向和形状与砂岩相比都是不太规则的,而且破裂压力梯度较高,多数大于2MPa/100m,一般为2~3MPa/100m(表2.12),施工曲线拟合分析表明裂缝在起裂和延伸过程中出现多裂缝现象,割理发育煤层产生多裂缝的概率高。

表 2.12　大宁-吉县水力压裂井破裂压力梯度

井号	层位	深度 /m	破裂压力 /MPa	破裂压力梯度 /(MPa/100m)
3井	5	1166.6~1201.5	34.78	2.9
3井	8	1267.7~1277.3	29.63	2.3
5井	5	904.4~915.5	19.76	2.2

大宁试验区煤心测试结果天然裂缝密度达到300条/m。天然裂缝在有一定施工压力条件下同时张开并延伸,相互之间争夺缝宽、支撑剂和压裂液,形成复杂的水力裂缝网,大大限制了裂缝长度方向的延伸。多裂缝系统对裂缝长度的影响比人们所想象的要大得

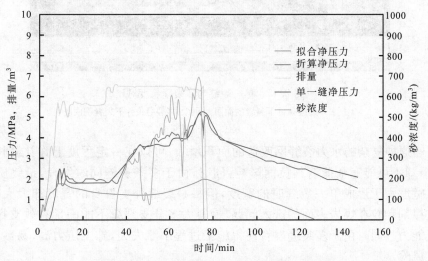

图 2.44　通过多裂缝拟合得到的净压力拟合图

多,图 2.44 是某探井压裂后通过多裂缝拟合得到的净压力拟合图。图 2.45 是单一裂缝与多裂缝长度对比图。可见,如果考虑多裂缝系统,得到的裂缝支撑长度为 80m 左右,而如果不考虑多裂缝系统,理想条件下单一两翼对称的裂缝长度为 200m 左右,两者显然相去甚远。研究结果也表明,不能将常规油气层的压裂理论套用到煤层压裂中。

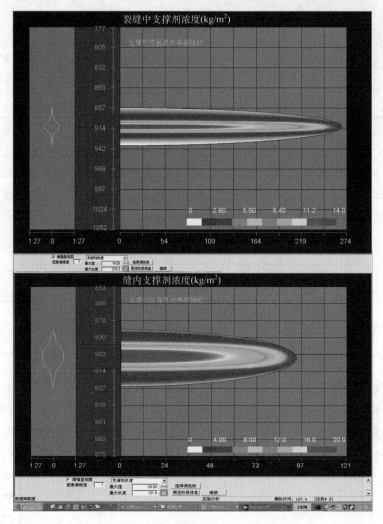

图 2.45　单一裂缝与多裂缝长度对比
上图:单裂缝条件下裂缝剖面图;下图:多裂缝条件下裂缝剖面图

　　虽然这种复杂的水力裂缝网改造的面积增大,可以在一定程度上弥补缝长延伸的不足,但却不可能完全抵消其负面影响,同时,由于多条裂缝同时发育,最终所形成的裂缝总宽度大于形成单一裂缝时的宽度,但每一裂缝分支自身的宽度却大大降低,再加上支撑剂颗粒在煤岩表面的嵌入问题,使得大多分支裂缝不能满足有效支撑所要求的导流能力。同时由于多裂缝发育使得施工过程中滤失大,施工压力高,易砂堵,增大了施工风险。

3. 对产量有贡献的有效缝长的预测

统计了大宁-吉县和晋城地区 8 口井 10 井层的地面电位解释缝长和注入-压降试井解释缝长，有如下认识：

1）电位测试缝长为动态缝长，结果显示动态缝半长为 50～80m。根据水力压裂常规计算方法，支撑缝长一般为动态缝长的 80%，则电位测得的支撑缝半长为 40～60m。

2）对于抗压强度高于煤岩的砂岩，由于支撑剂嵌入和液体伤害等因素影响，有效裂缝长度仅为支撑缝长的 2/3 左右。

3）试井解释缝半长 20～50m，基本代表有效缝长。

4）多裂缝造成裂缝缝长减小，有效性下降。综合考虑煤岩的力学性质、裂缝曲折、多裂缝和煤粉伤害等因素，预计裂缝有效缝长远小于电位测试结果，约为 20～30m。

（二）水力压裂裂缝缝高诊断

裂缝缝高的上下延伸程度对裂缝缝长增长的影响显著，而上下隔层与产层间的地应力差值是控制缝高增长的主要因素。

根据长源距声波测井曲线的纵横波声波时差数，对晋城地区 6 口煤层气井的地应力剖面进行了研究，研究结果表明，煤层与上下隔层间的地应力差最大不超过 4MPa，一般在 2～4MPa，因此很难将水力压裂裂缝完全控制在煤层内（图 2.46）。

对于深度不大的施工井，井温测井目前是较好的测定缝高的方法。井温测试的目的主要是判断水力裂缝存在位置和裂缝在煤层位置的垂向延伸情况。煤层温度较低，一般需要通过微差井温来判断缝高。根据山西大宁-吉县、晋城，陕西吴堡和河北大成 4 个地区的井温测井解释结果，获得了一定量的裂缝缝高参数。

参数统计表明，由于地应力差较小，缝高没有被完全控制在煤层，裂缝向上、向下延伸较大，整个裂缝高约为煤层厚度的 1.7～4.8 倍。大宁-吉县地区裂缝向上、向下延伸程度相对较小，吴堡地区裂缝向上、向下延伸程度较大（表 2.13）。

通过大量的现场压裂井实际资料分析，得到以下裂缝展布规律认识：

裂缝延伸方向主要受构造应力控制。山西大宁-吉县地区、晋城地区，陕西吴堡地区和河北大城地区 26 个井层的水力压裂裂缝方位测定统计结果表明，虽然由于受局部构造应力和煤层割理发育情况的影响，裂缝方位角有一定变化，但大多数井水力裂缝方位主要受地应力控制，基本为北东方向。但裂缝扩展不完全受地应力控制，还受主天然裂缝控制，裂缝扩展规律复杂。

存在明显的多裂缝现象。施工曲线拟合分析表明裂缝在起裂和延伸过程中出现多裂缝和裂缝曲折现象，降低了有效缝长。

裂缝缝长短，且缝高延伸超出煤层。由于煤层杨氏模量低，裂缝宽度大而缝长短，支撑缝半长一般为 50～80m。煤层与顶底层的地应力差小，一般为 2～4MPa，缝高在煤层上下有一定延伸。

压裂缝不规则。出现的裂缝形态总体为对称不等长或不对称不等长。裂缝或平行于煤层的割理、或垂直穿越割理，裂缝面不光滑，呈阶梯形状。

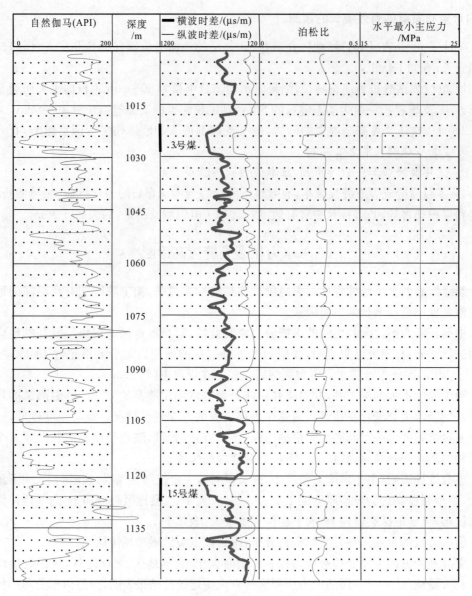

图 2.46 晋城某井地应力剖面解释成果图

表 2.13 大宁-吉县、晋城地区井温测井的结果

井号	煤层号	射孔井段 /m	井温异常段 /m	解释缝高 /m	射孔厚度 /m
1井	5	977.8～987.4	975～989	14	1.46
	8	1050.6～1059.4	1048～1061	13	1.67
3井	5	1166.6～1201.5	1165～1170	5	—
	8	1267.7～1277.3	1263.5～1284.0	20.5	3.06
4井	5	1061.6～1070.6	1034.0～1073.0	39	4.81
	8	1134.9～1144.2	1119	—	—
5井	5	904.4～915.5	903～919	16	2.29

井号	煤层号	射孔井段 /m	井温异常段 /m	解释缝高 /m	射孔厚度 /m
J1 井	15	612.8～616.0	610～623	13	4.06
	3	523.0～525.6	523	—	—
J2 井	15	606.2～609.4	604～615	11	3.44
	3	519.6～525.0	517～530	13	2.41
J13 井	15	604.0～607.0	—	—	—
	3	519～524.4	517～535	18	3.33
J4 井	15	603.0～605.6	—	—	—
	3	518.6～524.0	515～530	15	2.78
J5 井	15	626.4～629.4	624～633	9	3
	3	539～544.4	537～560	23	4.26
J6 井	15	606.6～609.6	602～620	18	6
J7 井	3	514.2～520.6	511～528	17	2.66
J8 井	3	509.2～515.2	500～516	16	2.67
J9 井	3	521.6～527.4	因井温低，曲线未见异常段		
	15	613.8～619.7	612～630	18	3.46
J10 井	3	837.8～843.2	831.5～851.5	20	3.7
	15	941.8～947.0	砂面煤层未测出，但 3 号煤层处有异常		
J11 井	3	1023～1029	1015～1035	20	3.33

三、水力压裂裂缝展布模型

岩石是一种非均匀的各向异性材料，内含微裂纹、宏观的裂纹、孔穴、甚至节理等。对缺陷十分敏感的材料呈现脆性特征，而对缺陷不敏感的材料呈现韧性特征。材料是韧性还是脆性，可根据裂纹扩展前裂纹尖端是否产生塑性区以及所产生塑性区的大小而定。脆性材料的裂缝扩展前，裂缝尖端不产生塑性或仅产生非常小的塑性区，其断裂在发生时外部没有明显的特征，表现为突发性，断裂传播的速度非常快。因此脆性材料在断裂前的微裂纹发展、汇合所表现的力学行为是我们关心的重点。

（一）煤岩的本构模型

实验表明，一般岩石内部都存在一些裂纹。对于没有宏观裂纹的岩石，实际内部存在微裂纹的岩石在加载荷后，由于微裂纹处存在应力集中，微裂纹会开启并扩展，微裂纹的尺寸大约与晶粒尺寸是同等级的，有沿晶破坏发展和穿晶破坏发展两种方式。当材料内的应力达到一定值后，微裂纹会相互沟通，使得岩石突发破坏。对于有宏观裂纹的岩石，岩石在加载荷后微裂纹网络从宏观裂纹尖端处扩展，并且这些裂纹既受最大主应力控制，又受岩石的各种非均匀特性控制，是大区域地扩展，而不是沿一条轨道。随着载荷的增加，微裂纹网络增大，微裂纹的分叉也不断增加，直至突发破坏。目前还没有合适的模型来有效地模拟岩石破坏过程规律。

岩石的非弹性响应十分复杂，表现出金属、合金和聚合物所未遇到过的某些不寻常的、非常难以解决的特点。这主要是由于存在于材料中的空洞、裂纹、晶粒、胶结、分层等细观结构对材料响应的显著影响引起的，也是由于流体压力对材料响应的影响引起的。它所表现出的材料特性主要有：

1）非弹性体积变化，剪切增强压实，扩容，以及由于裂纹和孔洞的存在引起的依赖于压力的屈服；

2）由于内摩擦引起的流动中可能的非正交性；

3）脆性应变软化，裂纹和空洞也可能引起非线性响应，而卸载行为通常是非线性的。

岩石类脆性材料，在宏观裂纹出现之前已经产生了微裂纹与微孔洞，材料中的这些微观缺陷的出现和扩展称为损伤。损伤力学（damage mechanics）是研究受损材料的损伤演变规律及其破坏的理论。损伤理论是对经典力学的渗透，在一定程度上弥补了其微观和细观研究的不足，从某种程度上说岩石材料的破坏就是损伤积累的过程。其核心问题是建立损伤模型，即确定损伤变量及其转化问题。

对岩石材料损伤部分的处理主要有以下方法：认为损伤部分不能承受任何应力（包括压应力），这有利于建模的顺利进行；不考虑受损伤的岩土类材料的承受剪切载荷能力，并假设其承受静水压力的能力是完好材料的一部分（即其体积模量是完好材料的体积模量乘以一个常数）；假设损伤部分材料还能承受一部分压应力和剪切应力；在承受体积压应变时不考虑有损伤部分材料的存在。当前，岩石损伤建模问题集中在三个方面：从连续介质损伤力学出发建模；在损伤的细观机理上利用统计数学建立岩石损伤模型；在对损伤变量的定义和对实验数据的拟合基础上建立岩石损伤模型。

对于损伤变量可以有各种定义，由于材料的损伤是引起材料的细观结构和某些宏观物理性能变化的原因，因此可以从细观和宏观两方面选择度量损伤的基准。从细观方面，可以选用孔隙数目、长度、面积、体积等；从宏观方面，可以选用弹性系数、屈服应力、伸长率、密度、电阻、超声波速和声发射率等，相应于这些度量损伤的基准，可以建立不同的损伤本构模型，得到不同的损伤演化方程。常用损伤变量大致有四种类型，即标量型、矢量型、二阶张量型和四阶张量型。

1. 损伤本构模型

（1）微观模型

微观模型在原子结构层次研究损伤的物理过程以及物质结构对损伤的影响，用经典或量子统计力学方法来推测宏观上的损伤行为。由于理论上尚未趋于完备，统计计算量又过于浩繁，因此这种基于统计方法的微-宏观结合理论目前只能是定性而有限度地预测某些损伤现象。

（2）细观模型

细观损伤力学，从颗粒、晶体、孔洞等细观结构层次研究各类损伤的形态、分布及其演化特征，从而预测物体的宏观力学特征。

细观损伤力学一方面主要是研究细观损伤结构与力学之间的定量联系，用数值方法或者分析方法去分析一个确定的体积 V，确定 V 内含有一个或几个孔洞或者裂纹，然后假设材料损伤的过程是由这些 V 生长连通确定的。Gurson（1977）等假设基体为刚塑性体，对确定体积中有孔洞情况采用分析方法进行了比较系统的研究；Horn 和 Nemat-Nasser（1983）、Nemat-Nasser 和 Obata（1988）等假设基质为各向同性弹性体，对确定体积中有裂纹情况进行了研究建模；Tu 和 Lee（1991a，b）等对裂纹处于各向异性脆性体情况采用分析方法进行了研究建模。Bazant 和 Prat（1988）、Bazant 和 Ozbolt（1990）把微平面理论应用于损伤材料建模，微平面法最早是由 Taylor 在处理晶体塑性时提出，后被 Batdorf 和 Budiansky 发展，其方法是用材料中某方向微平面上的应力应变关系表征材料的非弹性行为，微平面的体积应变和体积应力、偏应变和偏应力及剪应变和剪应力各自为一一非线性对应关系，与其他应变和应力无关。对任一应变率，由用宏观应力和应变表示的能量耗散率与用微观应力和应变表示的能量耗散率相等来求得材料的弹性张量。

细观损伤力学另一方面主要是研究细观损伤结构的演化和发展，用统计物理数学理论研究细观损伤的演化和发展，又称统计细观损伤力学。对大多数材料，其脆性断裂强度因不同的样品可有很大的变化，这种差异起源于材料内部的无序性，针对此情况 Weibull（1938）、Sahimi 和 Arbabi（1993）提出了材料的最弱链强度理论及 Weibull 统计假设理论，杨友卿（1999）、曹文贵等（1998）、Khoroshun 和 Nazarenk（2001）用 Weibull 统计假设进行了岩石损伤本构模型的建模，谢和平（1990a，b）采用统计数学理论进行了损伤岩石的建模。Curran 等（1973）基于对动态破坏试样的显微观察指出，材料的损伤状态取决于其内部微缺陷的统计分布规律及演化规律，并提出了成核与扩展（NAG）模型，柯孚久等（1990，1991）、Bai 等（1994）发展了该模型。

20 世纪 80 年代中后期至 90 年代初，Krajcinovc（1985）、Halt（1985）、Krajcinovc 和 Sumara（1989）、Krajcinovc 等（1991）、Atkinson 和 Meredith（1987）、杨光松（1989）等对细观损伤力学的发展做出了贡献。

目前，细观损伤力学的发展面临两个难题，其一是材料的细观结构（各种组构的形态、方向和分布）和细观损伤的数学描述；其二是细观结构演变及损伤演化的运动学与力学参数之间的定量联系。

细观模型略去了损伤的物理过程细节，为损伤变量和损伤演变赋予某一真实的几何形状和物理过程，使它们不再仅仅是笼统而抽象的数学符号和方程，也避免了连续体损伤力学中那些唯象假设，从几何和热力学过程上考虑各种类型损伤的形状和分布，并预测它们在不同介质中的产生、发展和最后的破坏过程。细观模型所赋予真实的几何形状和物理过程的研究方法并不是对每种材料都适用，一般不具有代表性。

（3）宏观模型

宏观损伤力学，即通常所说的连续介质损伤力学（CDM），基于连续介质力学与不可逆热力学理论，认为包含各类缺陷、结构的介质是一种连续体；损伤作为一种均变量在其中连续分布；损伤状态由损伤变量进行描述；然后在满足力学、热力学基本公设和定理的条件下，唯象地推求损伤体的本构方程和损伤演化方程。宏观模型已经被广泛应用于工程实际，解释若干材料损伤和破坏现象。

目前，CDM 理论基本上都用损伤张量进行表述。理论上讲，损伤张量阶次的增加可以更多地考虑损伤的影响因素，损伤分析自然也就越来越细。但损伤本构模型中的损伤变量的阶次不具任意性,最高为八阶,另外还可以是四阶、二阶或零阶(吕运水、陈幸福,1989)。CDM 中引入损伤张量的最大优点是可以方便地处理各向同性或各向异性材料的各向异性损伤。采用 CMD 建模的缺点是所建议的自由比能函数和损伤势函数缺乏力学依据,为此力学界开始探讨在引进细观力学基础上提出考虑各向异性的自由比能函数和损伤势函数,但对塑性的考虑还是很少见到。在 CDM 建模过程中,由自由比能函数确定损伤本构关系,由损伤势函数确定损伤演化方程,因此自由比能函数和损伤势函数的确定是最关键的两步。

2. 岩石损伤本构理论

(1) 连续损伤理论

1958 年,苏联学者 Kachanov 在研究金属材料蠕变问题时,提出了"连续性因子"和"有效应力"概念。1963 年,苏联学者 Rabotnov 提出"损伤因子"概念。Dougill 于 1976 年最早将损伤力学引入岩石材料。1977 年,法国学者 Lemaitre 和 Chaboche 等运用连续介质力学的方法,基于不可逆过程热力学原理,真正地建立起了"损伤力学"学科。随后 Dradon 于 1979 年根据断裂方面的概念,研究了岩石的脆塑性损伤行为,建立了相应的连续介质模型。Krajcinocic 于 1981 年运用热力学等理论对岩石类脆性材料的本构方程进行了较为全面的研究。连续损伤理论就是以连续介质力学和热力学为基础,通过热力学理论建立自由能和耗散势方程,由其导出损伤能量释放率,再使用断裂准则确定损伤演变方程。

王学滨等(2004)研究了单轴拉伸条件下损伤变量的局部化特征,将岩石的本构关系取为双线性应变软化,得到局部损伤变量与非局部损伤变量的关系为

$$\overline{D} = D(y) + \frac{1}{2}l^2 \frac{\mathrm{d}D^2(y)}{\mathrm{d}y^2} \tag{2.11}$$

式中,$\overline{D}$——非局部损伤变量;

$D(y)$——局部损伤变量;

l——内部长度参数。

这样定义的优越性是可以保证局部损伤变量的最大值为 1,意味着在损伤局部化区域的中部试样完全被拉断,与人们的常识相符。秦跃平推导出单轴压缩下的损伤演化(秦跃平,2001)

$$D = 1 - \exp\left(-\frac{E_0}{2Y}\varepsilon^2\right) \tag{2.12}$$

式中,E_0——初始弹性模量;

Y——外界做功量与损伤的比例

D——损伤变量;

ε——应变量。

(2) 几何损伤理论

几何损伤理论由 Sumio Murakami 和 Nobutato Ohno 等针对金属材料创立并发展而来。该理论认为材料的损伤由微缺陷造成,损伤的大小和演化与微缺陷的尺寸、形状、密度及其分布有关。Kawamoto 等将其引入到岩体损伤力学中来(杨更社、张长庆,1998),形成了节理岩体损伤力学的基本框架。

对于岩体中只有一组裂隙的情况,损伤变量的定义为

$$D = 1 - \exp\left(-\frac{\pi}{4}\lambda d^2\right) \tag{2.13}$$

式中,λ——裂隙面密度;

d——裂隙面直径。

对于岩体中有多种裂隙的情况,损伤变量为

$$D = \sum_{i=1}^{n} D_i n_i \otimes n_i \tag{2.14}$$

$$D = 1 - \exp\left(-\frac{\pi}{4}\lambda_i d_i^2\right) \tag{2.15}$$

式中,D_i,λ_i,d_i——分别为第 i 组裂隙的损伤变量、裂隙面密度和裂隙面直径;

n_i——第 i 组裂隙的单位法向矢量;

$\otimes$——张量积。

三维情况下的有效应力为

$$\sigma^* = \frac{1}{2}(\sigma\varphi + \varphi\sigma) \tag{2.16}$$

式中,σ^*——有效应力;

σ——表现应力;

$\varphi = (1-D)^{-1}$,可以将其看作为一种"损伤算子"。

(3) 分形损伤理论

谢和平首次提出运用分形几何理论定量地描述损伤,基于岩石微观断裂机理和蠕变损伤理论的研究,把岩石蠕变大变形有限元分析和损伤分析结合起来,形成了岩石分形损伤力学(谢和平,1990a,b,1994,1995,1997)。高峰等(1999)通过砂岩单轴压碎实验,运用分形几何方法对岩石初始损伤与岩石破碎的相关性进行了初步探讨。赵永红(1997)通过定义岩石构元中破裂面的分维值为各向同性损伤变量,各个方向上裂纹面的累加量为各向异性损伤变量,并根据裂纹发育特征提出了损伤变量演化方程,从而建立起岩石脆性变形破坏过程的分维损伤本构模型。各向同性损伤变量 φ_0 为

$$\varphi_0 = \left\langle \frac{D-D_0}{D_c} \right\rangle, \sigma_c > \sigma > \sigma_0 \tag{2.17}$$

式中,$\langle x \rangle$——某数 x 的 Macauley 约定(当 $x \leqslant 0$ 时,$\langle x \rangle = 0$;当 $x > 0$ 时,$\langle x \rangle = x$);

D——随应力变化的裂纹分维值;

D_c——材料产生宏观破坏时达到的分维值;

σ_0,D_0——分别为材料开始损伤时对应的应力值和构元裂纹分维值;

σ_c,D_c——材料破坏时对应的应力值和构元裂纹分维值。

各向异性损伤变量可以用张量形式写为

$$\varphi_{ij} = \sum_{i=1}^{n} \frac{A_k}{A_c} n_i^{(k)} \otimes n_j^{(k)} \tag{2.18}$$

式中,n——材料构元中微裂纹数;

$n_i^{(k)}$——第 k 个裂纹面的单位法向矢量;

A_k——面积;

A_c——材料破坏时构元中所有方向上的微裂纹的面积之和。

杨双锁等(1996)依据分形几何学的基本观点对岩石中的裂隙分布进行了观测研究，提出了描述裂隙分布规律的分形维数及度量裂隙发育程度的指数，并建立了裂隙发育指数与岩石单轴抗压强度之间的相关规则。

（4）基于 CT 的损伤理论

在利用 CT 技术进行岩石损伤检测时，主要包括岩石的初始损伤检测及岩石在荷载作用下的损伤过程的检测。岩石的初始损伤就是岩石在加载前，岩石内部存在的空洞及微裂纹，可用 CT 机进行扫描，以测得空洞的大小、形状、分布和微裂纹的分布、密度等。

杨更社等于 1995 年在国内最早应用医用 CT 对岩石的初始损伤特性进行研究，给出了用 CT 数表示的岩石损伤变量公式，并对单轴压缩荷载作用下砂岩的损伤扩展机理进行了 CT 实时初步试验研究[①]。杨更社对陕西黄陵矿区 4 种不同性质岩石（石灰岩、砂岩、页岩、煤样）的初始细观损伤进行了分析，结果显示，煤样的 CT 数分布最为复杂，其 CT 数分布的峰值起伏较大，说明了在煤样中裂隙、层理、空洞等都是引起损伤的主要因素，石灰岩、页岩、砂岩的 CT 数分布中的峰值间起伏较小，最高峰值占有明显的主导地位，特别是石灰岩和砂岩几乎为单一的分布规律，这说明在石灰岩和砂岩中，引起损伤的主要因素是矿物间的空洞。这些特性规律和 CT 图像所反映的损伤现象是一致的，但 CT 数的定量分析及分布规律更能揭示岩石的损伤本质特性。岩石损伤扩展过程 CT 识别的关键在于岩石损伤扩展过程的即时 CT 扫描，需要在岩石受载过程中边加载、边扫描。在损伤初始阶段，扫描层面内的 CT 数不断减小，说明岩石内部损伤结构不断变化，而扫描层面内的方差不断增大，说明岩石内部新损伤裂纹和空洞不断产生，岩石内部损伤结构的各向异性程度增大。对三轴受力状态下的损伤扩展也具有同样的变化规律。任建喜等(2000a，b，2002)同时还进行了三轴和单轴压缩及卸荷作用下岩石损伤扩展规律的 CT 实时试验，引入初始损伤影响因子及闭合影响系数即

$$D = \frac{\alpha_c}{m_0^2} \left(1 - \frac{1000 + H_{cm}}{1000 + \alpha_0 H_{cm0}} \right) \tag{2.19}$$

式中，α_c——闭合影响系数；

m_0——CT 机的空间分辨率；

H_{cm}——某一应力状态下的 CT 数；

α_0——无损岩石的闭合影响系数；

H_{cm0}——无损岩石的 CT 数。

（5）基于超声波的损伤理论

超声波穿透岩石后，携带了大量的声学参数（超声波速度、衰减系数、波形、频率、频谱、振幅等），而基于不同的声学参数可以定义不同的损伤变量，进而得到不同的损伤演化方程。用岩石在未受荷载条件下的超声波速定义岩石的初始损伤变量（赵明阶、徐蓉，2000）为

---

① 杨更社. 1995. 岩体损伤力学特性及细观损伤的 CT 识别

$$D = 1 - \left(\frac{V_p}{V_{pf}}\right)^2 \tag{2.20}$$

式中,V_p——各向同性微裂隙岩石的声波速度,m/s;

$\quad\quad V_{pf}$——岩石母体(无损伤)的声波波速,m/s;

$\quad\quad D$——岩石的损伤变量。

岩石损伤变量 D 随初始损伤变量 D_0 的应力变化的隐含关系式

$$F(D_0, D, \widetilde{m}_1, \sigma_1) = 0 \tag{2.21}$$

式中,$\widetilde{m}_1 = (E_0, \upsilon, K_{1c}, \varphi)$,表示不随应力变化的岩石细观参数,$E_0, \upsilon$ 分别为岩石母体的弹性模量和泊松比,K_{1c}, φ 分别为岩石的断裂韧度和内摩擦角;

$\quad\quad D_0 = 1 - \left(\frac{V_{p0}}{V_{pf}}\right)$,$V_{p0}$ 为岩石未受载时的声速,m/s。

陈耕野等(1995)在分析岩石裂隙损伤声波衰减基础上,提出损伤参量 D 与衰减系数 α 的关系式,建立了表达缺陷尺度与数量分布特征的裂隙集合,实验结果表明,用能量法表征岩石试件损伤声波衰减与应力关系能够反映岩石裂隙损伤繁衍的规律。通过引入损伤参量 φ 或 $D=1-\varphi$ 表示岩石微裂隙演变对宏观性质的影响。D 值域取 $0\sim1$,$D=0$ 时无裂隙损伤,$D=1$ 时为破坏状态。具体形式为

$$D = L/L_m \tag{2.22}$$

式中,L——裂隙累计长度,cm;

$\quad\quad L_m$——裂隙累计极限长度,cm。

衰减系数 α 由两个相对独立部分组成,即

$$\alpha = \alpha_1 + \alpha D = \frac{\alpha_1}{1 - D} \tag{2.23}$$

式中,α_1——岩石介质衰减系数。

用品质因数 Q 表达的衰减形式为

$$Q = \pi f / V\alpha \tag{2.24}$$

式中,V——声波传播速度,m/s;

$\quad\quad f$——频率,kHz。

初始损伤时 $D=D_0$,$\alpha=\alpha_0$,$L=L_0$。对应于最大品质因数 Q_m,在裂隙下降阶段,Q 下降量为 $\Delta Q = Q_m - Q = Q_1(D - D_0)$,其中 $Q_1 = \pi f / V\alpha_1$。

(6)基于扫描电镜的损伤研究

自从 Sprunt 和 Brace 将扫描电镜观测技术引入到岩石损伤检测领域以来,许多学者在这方面做了大量的研究。但是多数研究成果都是对岩石的损伤及变形破坏过程进行定性的分析,定量分析还远远不够,这样就使得扫描电镜成为一种观测岩石损伤的工具,而不能用它的某个参数来定义损伤变量或者是推导损伤演化方程,其检测的力学机制就变得很模糊。与 CT 及超声波相比,后两者的研究更深入,它们分别在各自的基础上逐渐形成一套完整的体系。如用 CT 的某些参数所定义的损伤变量以及所推导的损伤演化方程,用超声波的某些参数(如波速、声衰减等)所定义的损伤变量及所推导的损伤演化方程,所得结果与实际较为吻合。

通过对岩石损伤理论研究成果的分析，可以看出目前的研究存在的问题是：用什么量作为基准量来定义损伤变量？通常基准量可分为两类，即细观基准量（空隙的数目、长度、面积、体积；空隙的形状、配列、由取向所决定的有效面积）和宏观基准量（弹性常数、屈服应力、拉伸强度、延伸率；密度、电阻、超声波速度、声发射等）。对于细观基准量，其不能直接与宏观的力学量建立物性关系；对于宏观基准量，其虽便于工程实际应用，但要建立其与岩石材料内部损伤缺陷的联系却比较困难。

目前的研究主要以连续损伤模型和几何损伤模型为主，而基于 CT 和超声波的损伤理论研究较少，对于基于超声波的损伤理论，大多以纵波波速来定义损伤变量，而以其他声学参数定义损伤变量的较少。

由于损伤变量的定义没有严格的标准，所以就出现了多种损伤变量共存的局面，但对于同一问题，很少用不同的损伤变量定义去推导不同的损伤演化方程，因此也就无法相互进行比较，进而选择最优的方案。

鉴于以上不足之处，有必要在今后开展以下几方面的工作：

1) 要加强宏观的基准量与岩石内部的损伤缺陷的联系，用细观的基准量定义损伤使之比较精确，用宏观的物理量反映损伤以便于实际应用；

2) 在用超声波声学参数定义损伤变量时，尽量尝试用不同的参数建立损伤演化方程，比较其优劣，从而找出合适的声学参数；

3) 有必要对相同的问题开展不同角度的研究，如可以选择不同的损伤变量，进而将得出的结果进行比较，从而作出合理的选择。

对于煤岩，我们将利用几何损伤力学、细观力学和连续介质力学方法探讨岩石力学的建模问题。因此研究对象为假定损伤煤岩是各向同性和均质的，煤岩中的损伤对煤岩的宏观力学性质影响结果是各向同性和均质的，可以采用各向同性损伤本构模型描述，而应变考虑的是小应变范围，不考虑温度变化产生的影响。

利用所建立的本构关系，构建应力场、温度场、流场三场耦合方程，研究煤层水力压裂的裂缝演化过程。

3. 损伤力学的基本概念

从煤岩试件在单轴拉伸和单轴压缩下的应力应变曲线可以看出如下特点：①拉伸试件的压力应变曲线在应力达到抗拉强度后有下降线；②在单轴压缩实验中也有下降段，且在曲线上升段其弹性模量不断下降；③在应力越过峰值后卸载，其斜率小于初始斜率，这种现象称为刚度退化；④从受压试件由 X 射线进行投射的结果可以看到材料内部的微小裂痕（损伤）随着应力的增大而增大。

从力学角度研究这种有缺陷材料的力学性能通常有两种方法：断裂力学和损伤力学。断裂力学是研究一条或几条裂缝在一定应力状态下失稳的条件。但是，从上面分析的煤岩受力性能可以发现，煤岩不但在受拉时产生裂缝，而且在受压时有刚度退化的现象。其内部微小裂痕呈随机分布，但从总体上随着应力的增长或变形的增大而增长。在这种情况下，断裂力学的研究内容和方法很难处理，因为这种内部损伤不能总是简化为一条或几条裂缝。于是，近几十年来许多学者将损伤力学用于煤岩，并取得了很多成果。

损伤力学不仅研究存在微裂缝和微空洞的有损伤材料，而且研究这些损伤的扩展与演变,直至宏观破坏形成的全过程。损伤力学引入了损伤内变量,仍可把煤岩视作连续介质处理,所以损伤力学也常称为连续损伤理论。将连续损伤理论用于煤岩时又常称作煤岩损伤力学。

材料内容有了微孔洞、微裂缝,我们就说材料有了损伤,这些空隙、裂缝的面积或体积可以作为损伤状态的量度。与塑性应变、温度应变等类似,损伤变量也是一种内变量,其变化反映了物质内部的变化。下面介绍损伤力学中常用到的几个重要概念。

(1) 损伤变量和有效应力

假设一均匀单轴受拉杆件。在未施加荷载时,杆件面积为 A,在作用有应力后,杆件受损伤,面积变为 A^*,则杆件的净面积或有效面积变为 $A_n = A - A^*$。在均匀拉伸状态下,损伤变量定义为

$$D = \frac{A^*}{A} = \frac{A - A_n}{A} = 1 - \frac{A_n}{A} \text{ 或 } A_n = (1 - D)A \qquad (2.25)$$

显然,$D = 0$ 时对应于无损伤状态,$D = 1$ 时对应于完全损伤(断裂)状态。$0 < D < 1$ 对应于不同程度的损伤状态。

令 $\sigma = \dfrac{F}{A}$ 为横截面上的名义应力;$\tilde{\sigma} = \dfrac{F}{A_n}$ 为净截面上的应力,并定义为有效应力。由 $F = \sigma A = \tilde{\sigma} A_n$ 得

$$\tilde{\sigma} = \frac{\sigma}{1 - D} \qquad (2.26)$$

测定断面损伤有多种方法,大致可分为微观方法和宏观方法两大类。在微观方面有超声波、红外、紫外线探测和受力后切片电镜扫描等,其中声波发射法使用较多。宏观方法往往是测定某一物理量,然后推求其损伤程度。主要有:①用声波传递速度 v_s(横波波速)、v_p(纵波波速)与弹性模量 E 的关系,由测定的 v_s、v_p 来推求 E 的变化,进而求出 D 值;②利用构件的自振频率或其他振动特性的变化来推断 D;③利用应变等价原理,由单轴应力实验测定受损材料的弹性模量 $\tilde{E}$ 值,进而求得 D 值。

(2) 应变等价原理

材料有损伤后,其损伤度理论上可以直接测定,例如截出断面后进行孔洞、裂缝测定并累计,但实际操作极为困难。一般常用的方法是利用应变等价原理进行间接测定。这一原理假设应力 σ 作用在受损材料上的应变与有效应力作用在无损材料上的应变等价,即

$$\varepsilon = \frac{\sigma}{\tilde{E}} = \frac{\tilde{\sigma}}{E} = \frac{\sigma}{(1 - D)E} \qquad (2.27)$$

或

$$\sigma = (1 - D)E\varepsilon \qquad (2.28)$$

式(2.27)和式(2.28)表示了一维问题中受损材料的本构关系,式中 $\tilde{E} = (1 - D)E$ 为受损材料的弹性模量。由此可得

$$D = 1 - \frac{\widetilde{E}}{E} \tag{2.29}$$

对 $\sigma = (1-D)E\varepsilon$ 取微分,得

$$\frac{\mathrm{d}\sigma}{\mathrm{d}\varepsilon} = \frac{\mathrm{d}E}{\mathrm{d}\varepsilon}(1-D)\varepsilon + E(1-D) - E\varepsilon\frac{\mathrm{d}D}{\mathrm{d}\varepsilon} \tag{2.30}$$

在实验中当加载到某一值后卸载,假定损伤完全不可逆,卸载过程中损伤值不变,即有 $\frac{\mathrm{d}D}{\mathrm{d}\varepsilon} = 0$,因为卸载时有

$$\frac{\mathrm{d}\sigma}{\mathrm{d}\varepsilon} = E(1-D) \tag{2.31}$$

即

$$D = 1 - \frac{1}{E}\frac{\mathrm{d}\sigma}{\mathrm{d}\varepsilon} \tag{2.32}$$

可知

$$\widetilde{E} = \frac{\mathrm{d}\sigma}{\mathrm{d}\varepsilon} \tag{2.33}$$

可见受损材料的弹性模量 $\widetilde{E}$ 即为卸载时压力应变曲线的斜率,$\widetilde{E}$ 也可称为卸载时的弹性模量。根据这一原理,可作材料的拉伸加载、卸载实验,根据卸载时的斜率确定 $\widetilde{E}$。进而可以求得损伤变量 D。或者,在实测 σ-ε 的解析曲线后,由 $\frac{\mathrm{d}D}{\mathrm{d}\varepsilon}$ 求得 $\widetilde{E}$ 值,据此也可推求出 D 值。

(3) 有效应力张量

多轴应力作用下,如果认为是各向同性的,则可将单轴应力下的有效应力推广表示为张量,即

$$\tilde{\sigma} = \frac{\sigma}{1-D} \tag{2.34}$$

实际上,材料的损伤是各向异性的。在这种情况下,损伤变量也应该用张量表示。设在材料内取一微元,微元内有一面,其面积为 A,法向单位矢量为 n,则截面的面积矢量为

$$A = An = A_i e_i \qquad i = 1, 2, 3 \tag{2.35}$$

式中,e_i——直角坐标系的单位矢量;

A_i——面积在三个坐标系平面内的投影面积。

当材料损伤后,微元体上法线为 $\tilde{n}$ 的面积矢量为

$$\widetilde{A} = \widetilde{A}\tilde{n} = (1-D)A_i e_i \tag{2.36}$$

式中,D_i——A 面法线方向的损伤变量。

现定义一个二阶对称张量 $\psi = I - D$,I 为单位张量,使

$$\widetilde{A} = \psi A \tag{2.37}$$

设有效应力张量为 $\tilde{\sigma}$,定义柯西应力张量为 σ,则有

$$P = \sigma A = \tilde{\sigma}\tilde{A} = \tilde{\sigma}\psi A = \tilde{\sigma}(I-D)A \qquad (2.38)$$

故

$$\sigma = \tilde{\sigma}\psi = \tilde{\sigma}(I-D) \qquad (2.39)$$

或

$$\tilde{\sigma} = (I-D)^{-1}\sigma \qquad (2.40)$$

由于损伤张量不一定对称,这给计算带来很多麻烦。取

$$\tilde{\sigma} = \frac{1}{2}\left[\sigma(I-D)^{-1} + (I-D)^{-1}\sigma\right] = (I-D)^{-\frac{1}{2}}\sigma(I-D)^{-\frac{1}{2}} \qquad (2.41)$$

若应力张量与有效应力张量主轴重合,为简化可取

$$(I-D)_{ij} = \begin{cases} \dfrac{1}{1-D_i} & i=j=1,2,3 \\ 0 & i \neq j \end{cases} \qquad (2.42)$$

称 $D_i(i=1,2,3)$ 为主损伤变量,不考虑耦合效应,则有

$$\tilde{\sigma}_1 = \frac{\sigma_1}{1-D_1} \quad \tilde{\sigma}_2 = \frac{\sigma_2}{1-D_2} \quad \tilde{\sigma}_3 = \frac{\sigma_3}{1-D_3} \qquad (2.43)$$

(二) 数 值 方 法

20 世纪 60 年代和 70 年代中期发展了各种二维模型,80 年代中后期又出现了各种拟三维模型和全三维模型。

1. 二维裂缝模型

20 世纪 80 年代初期以前,国内外水力压裂的施工设计都使用裂缝延伸的二维 (2D) 数学模型。在二维压裂模型中,可变量为宽度和长度(或裂缝半径)。最常用的是 PKN、KGD 和 Penny 模型,其中前两个模型都假定裂缝在延伸过程中裂缝高度始终保持不变,通常为产层的有效厚度,裂缝垂直方向上没有流体流动。这些模型之间也存在一些差异。

(1) KGD 模型

1955 年 Khristianovich 和 Zheltov (1955a,b)首先提出了 KGD 模型,图 2.47 为该裂缝模型的示意图。该模型假设无限大各向同性均匀介质在垂直于水平平面为平面应变变形,在 $x=L(t)$ 处,使裂缝进一步开启的应力是有限值。而不同于经典的 Griffith (1921) 裂纹尖端处的应力状态。根据泵入压裂液的体积平衡条件来计算裂缝的长度 $L(t)$。Geertsma 和 DeKlerk (1969) 考虑流体滤失的情况,发展了这一模型。Daneshy (1973, 1978)将 Non-Newtonian 流体的效应和支撑剂的输运算法加入该模型。

KGD 模型的假设条件主要有三条:

1) 假设裂缝高度恒定;

2) 仅在水平面考虑岩石的刚度;

3）通过计算垂直方向上各个宽度不同的细窄矩形裂缝内流动阻力来确定扩展方向的液体压力梯度。

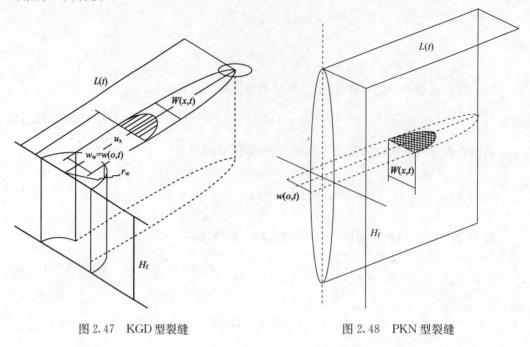

图 2.47　KGD 型裂缝　　　　　　　　　　图 2.48　PKN 型裂缝

（2）PKN 模型

此模型也是一种等高模型，1961 年由 Perkins 和 Kern（1961）首次提出。他们假定产层的上下邻层的应力非常高，阻止裂缝进入上下邻层，裂缝被限制在给定的油层范围内。在正交于裂缝延伸方向的垂直平面上处于平面应变状态，因而每个垂直截面的变形与其他截面无关，裂缝呈椭圆形扩展，Nordgren（1972）发展了这一模型，考虑了流体的滤失。图 2.48 为该裂缝模型的示意图。PKN 模型的假设条件为：

1）裂缝有一个固定高度，与缝长无关；

2）与裂缝扩展方向垂直的横截面中的压力 p 为常数；

3）垂直平面存在岩石刚度，它抵抗在压力 p 作用下产生的形变。即每一个垂直横截面独立变形，不受邻近截面的影响。

Carter（1957）首先考虑了滤失问题的处理。他的处理是基于这样的实验观察，即液体滤失主要是压裂液体与裂缝面接触的时间的函数。Carter 的模型仅限于等高的裂缝而且流体是准静态的。Williams（1970）考虑了动态滤失的情况。

Geertsma（1962）、Geertsma 和 Haafkens（1976）对上述两个模型做了对比，指出KGD 模型适用于长、高比小于 1 的模型，而 PKN 模型适用于长、高比大于 1 的模型。对于一组给定的条件，PKN 模型预示着裂缝压力将按缝长的 1/4 次方比例增长，而 KGD 模型预示着裂缝压力将按缝长的 1/2 次方比例减少（Smith，1985；Nolte，1988）。这两种模型的正确性取决于对裂缝形状的假设以及对缝高的预测是否合理，如果裂缝的垂向止裂效果好，一般都能得到比较好的预测效果。

（3）Penny 模型

Penny 模型 1976 年由 Abe 等（1976）提出。该模型假设垂直裂缝从一点以平面放射状向外扩展。流体在这样的裂缝中呈径向流动。裂缝边缘附近存在一个自由的流体区域,裂缝延伸压力由断裂韧性决定。

2. 三维裂缝模型

二维模型最大的缺陷是要设定裂缝的高度是恒定的,根据体积守恒的方法求出裂缝的长度和宽度,因此初选的裂缝高度对最后计算的裂缝准确性影响很大。但大量的室内实验和矿场试验表明,水力压裂时,地层中产生的裂缝高度往往不是定值,而是随时间和位置的不同而发生变化。因此,对于大多数的地层,需要根据三维模型做出既合理又经济的压裂设计。

1978 年 Simonson 等发表裂缝延伸的三维数学模型后,世界上许多国家,尤其是美国的学者相继提出了许多裂缝延伸的三维数学模型。其中一类主要研究裂缝的三维延伸和裂缝中的一维流动问题,这类模型叫做拟三维模型。另一类为真三维模型,考虑三个方向上的裂缝扩展及两个方向上的流体流动。拟三维模型和真三维模型统称为裂缝延伸的三维数学模型。由于真三维模型十分复杂,目前国内外的压裂施工设计通常只使用拟三维模型。

（1）拟三维模型

一般来说拟三维模型虽然考虑了裂缝高度上的变化,但大多数拟三维模型还是从二维线弹性解出发,并没有考虑岩石的全三维弹性变形,而且大多数拟三维模型忽略了垂直方向的流体流动。

1982 年,Van Eekelen (1982)提出了一种拟三维模型。用具有恒定高度的二维 PKN 模型导出长度扩展速度,垂直方向上的扩展由二维 KGD 模型计算,并假设垂向流体压力保持不变,因此,尽管其裂缝高度是随时间变化的,但模型中缝长的扩展速度与实际裂缝高度无关。该模型考虑了岩石产层与上、下遮挡层之间弹性模量的变化,把高度延伸近似处理成当量弹性模量的均质油层中裂缝的延伸。当量弹性模量的大小取决于产层与遮挡层各自的弹性模量、产层的厚度以及裂缝高度。

Advani 等（1982）、Van Eekelen (1982)、Mendelsohn (1984)研究了层状地层中垂直横截面的延伸。层状地层中,产层和上下边界层的最小主应力不相等,忽略了垂直方向上的流体流动,即假定裂缝内垂直方向上压力恒定。并利用有限元法处理高度、压力、宽度和裂缝尖端应力强度因子。对于每一时间段利用 PKN 模型使用有限元法求得压力和裂缝的高度,由垂向横截面尖端的应力强度因子与岩石的断裂韧性相等得到裂缝高度,根据算得的高度和用有限元法得到的压力对宽度进行修正,最后由压裂液的体积平衡关系求出新的裂缝长度。

Cleary (1980)、Palmer 和 Carrol (1983)、Settari 和 Cleary (1984)基于 PKN 模型的长度延伸模型提出了一个拟三维模型。Cleary 在 1980 年给出了 PKN 和 KGD 二维模型的广义形式,并根据自相似的裂缝延伸（即裂缝的开口形状不随时间而变化）假设,裂缝的长度扩展利用 PKN 模型,垂向扩展利用 KGD 模型,采用 PKN 模型做了裂缝端部净压力不为零的修正。根据相应断裂准则和有限差分方法求解横向流动方程,采用奇异积分方程求解垂直方向上包括应力和岩石性质差异的弹性应力问题,利用裂缝延伸判据确定裂缝水平和垂直方向的扩展。

Palmer 等 1983 年开始研究拟三维模型,于 1985 年提出了一个较完善的拟三维裂缝延伸模型(Palmer and Carrol,1983;Palmer and Craig,1985)。该模型考虑了地层垂直方向上各层中最小水平地应力的差异,认为在较狭长的裂缝中,压裂液只沿缝长方向流动,而忽略了垂直方向上流动压力的变化。Palmer 等用 PKN 模型中的压降方程描述裂缝中的压力分布情况,并把裂缝沿长度方向分成若干段,在各段的横截面上应用断裂力学中的裂缝延伸判据(即裂纹尖端处的应力强度因子等于岩石的断裂韧性)建立裂缝的高度方程。同时,也建立起作为缝高和缝内净压函数的裂缝宽度分布方程。然后以迭代方式求解上述三个方程和流体流动的连续性方程。最后求出裂缝的高度分布和各横截面上的裂缝的宽度分布。此外,该模型还包括了压裂液的初滤失,适用于牛顿型和幂律型压裂液。其不足之处是没有考虑各层间岩石的弹性模量和断裂韧性的差异,注入排量不能随时间变化。

国内许多学者也开展了拟三维模型的研究工作(杨利波,1988)。陈勉等(1994)研究了层状地层中水力压裂裂缝形态的计算模型,对分层地层中断裂应力强度因子的计算方法进行了探讨。并利用细观力学中微极理论的观点,提出了水力裂缝延伸与阻挡的判断准则。陈治喜(1996)从岩石的断裂韧性角度出发计算了裂缝的垂向延伸高度并系统地研究了水力压裂的力学机理。

拟三维模型能反映裂缝的三维形态,比二维模型更接近实际,与全三维模型相比其计算速度快,所用时间少,不足之处是大都采用二维弹性理论推导裂缝的宽度方程,未能真实地反映岩石的三维变形,并且假设裂缝内的流体为一维流动,这样在裂缝垂向延伸较大的情况下是不适用的。

(2) 全三维模型

目前,几乎所有的全三维模型均是从无限大、均匀、各向同性的三维岩石变形和二维流体流动出发来建立裂缝控制方程。由于裂缝宽度相对于裂缝面积很小,因此穿过裂缝宽度的流体压力和密度变化就很小,故假设裂缝在宽度方向的流速为零,同时认为流体在裂缝中的流动为定常层流流动。全三维模型分别模拟了裂缝的垂向延伸和水平延伸,较为真实地反映了裂缝的几何形态。全三维模型真实地反映了岩石的三维变形和缝内流体二维流动。

Kassir 和 Sih (1966)对无限大均匀各向同性介质含有一平面椭圆裂缝,从三维弹性方程出发,引入位移函数,推导出裂缝附近的应力分布。Clifton 和 Abou-Sayed (1981,1984)提出把任意形状的裂缝受任意压力分布的弹性问题归结为仅涉及裂缝表面的二维积分方程,利用变分方法(或数值积分)处理积分方程。流体流动假设为不可压缩非牛顿流体的二维层流,利用 Carter 滤失理论处理液体向地层的滤失,裂缝扩展利用断裂准则,并设裂缝端部的有限区域内不含压裂液。

Cleary 和 Lam (1983,1986)的模型与 Clifton 等的模型相似,只是在求解裂缝表面积分方程和对裂尖区的处理方法上有所不同,Cleary运用了所谓"局部插值模式"处理裂缝扩展,对新的扩展区域不需要重新生成网格,只需要添加一些网格来进行处理。

Bouteca(1984)在实验室内首次证明了水压过程中裂缝是沿椭圆裂缝延伸,Bouteca假设裂缝是椭圆形状,建立了一套简捷实用的全三维裂缝形态预测模型。

国内对全三维模型的研究很少。1989年,孙聚晨等在水力压裂裂缝垂向延伸研究的基础上,与美国德州大学合作开展了全三维水力压裂设计程序的研究及编程工作。

关于煤层压裂的裂缝扩展主要是沿用砂岩的压裂模型。乌效鸣和屠厚泽(1995)、乌效鸣(1996)编写了煤层压裂的设计软件,裂缝尺寸计算使用的是砂岩压裂裂缝几何尺寸的解析解的方法,没有考虑煤岩的天然裂缝和煤层分层应力的不同对裂缝延伸的影响。郭大立(2001)和申晋等(1997)使用数值的方法模拟煤岩裂缝的扩展,但均使用连续介质模型,也没有考虑天然裂缝的影响。

随着计算机技术进入各个学科领域,近年来裂缝扩展的数值分析方法有了迅速的发展。主要有有限差分法(FDM:finite difference method)、有限元法(FEM:finite element method)、边界单元法(BEM:boundary element method)、无限单元法(IEM:infinite element method)、刚体弹簧模型或刚性有限元法(RBSM:rigid body spring model or RFEM:rigid finite element method)、离散元法(DEM:discrete element method)、非连续变形分析(DDA:discontinuous deformation analysis)、流形方法(MM:manifold method)、无单元法(meshless elementfree method)及其各种耦合方法。

这些数值方法可大致分为连续变形分析方法和非连续变形分析方法两大类。连续变形分析法主要有有限差分法、有限元法、边界单元法、无限单元法等,其重点在于分析岩土介质的连续变形特性,其中以有限元法应用最为广泛。这些连续性分析方法,特别是有限元法仍处在不断地更新和发展之中。非连续变形分析方法主要有界面单元有限元法、刚体弹簧模型或刚性有限元法、基于块体理论的非连续变形分析、流形方法、无单元法及耦合方法等,这些方法是近年才逐渐发展起来的,并开始应用到各种工程领域的计算分析中。

有限元分析可以处理复杂的边界条件以及材料的非均匀性和各向异性,还可以有效地模拟材料的非线性应力应变关系,得到围岩的整体应力场、位移场,从而得出围岩的可能破坏部位,并对围岩的力学特性有全面了解。但如何从有限元分析的结果得出合适的衡量围岩稳定程度的定量指标还需进一步研究。有限元法在连续分析方面取得了很大成功,但同时也遇到了本身不可克服的困难,如前处理困难,计算应力应变解答不连续,难以进行任意路径开裂计算等。为了充分考虑岩土介质的非连续性、非均匀性、多相性等特点,有限元法仍需要不断地更新和发展。

由于当前的一些商业软件在进行多场耦合作用下裂缝扩展问题研究时都存在一定的局限,比如裂缝扩展路径需要人为预先定义等。因此,本章拟从力学模型出发,自行编制程序,进行流、固、热联合作用下水力压裂过程的有限元数值模拟。商业软件很多求解算法对用户是不透明的,自行编制软件进行数值分析有助于研究各种参数对裂缝扩展的影响,深入探讨水力压裂技术的内在力学机制。

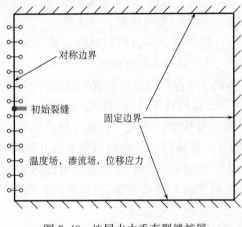

图 2.49　地层水力垂直裂缝扩展
平面应变模型(水平截面)

（三）模型和控制方程

图 2.49 是地层水力垂直裂缝扩展平面应变模型,在温度场、渗流场和应力场共同作用下裂缝扩展。研究将工程水力压裂看作一准静态渐进过程,给出传热、渗流、位移应力各自物理场的控制方程和边界条件,不同物理场之间的耦合方程以及裂缝扩展准则方程。模型考虑油层介质物性参数的非均质分布,能实现裂缝沿任意方向扩展,并假定可渗透介质一直是完全饱和的。对应的有限元网格图如图 2.50 所示。

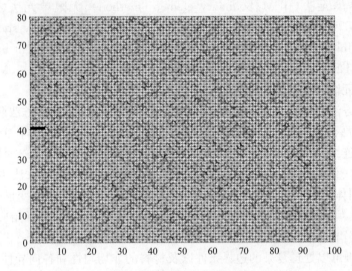

图 2.50　垂直裂缝平面应变模型有限元网格图

模型采用三角形单元划分网格,不预设裂纹路径,裂纹扩张路径为破坏的岩石单元。岩石单元为线弹性模型,泊松比 0.25,密度 2500kg/m³。岩石的左面为对称面,位移边界条件取为对称边界条件,渗流边界条件取为不可渗透条件;上、下、右三个面的位移边界条件取为固定边界条件,渗流边界条件取为可渗透边界条件,外界流体孔隙压力为 10MPa。初始裂纹上加载 20MPa 的流体孔隙压力。

模型中的控制方程有传热方程、渗透方程、力场方程。

模型主要的控制方程就是力场方程,在力场方程中,通过计算稳态温度场,确定了由温度引起的温度热膨胀应力以及单元渗透场引起的预应力。

在此模型中,渗透率对温度场的分布有影响,热传导系数以及渗透率与单元的破坏有关。

(1) 传热方程

$$K \nabla^2 T = 0 \qquad (2.44)$$

式中,K——热传导系数,$W/(m \cdot K)$;

　　T——温度,℃;

　　∇——拉普拉斯算子。

式(2.44)是地层的稳态热传导方程,表示地层的温度 T 不随时间的变化而变化,只是坐标的函数。软件编制中,采用的是二维问题的稳态热传导方程。

K 表示的是地层的导热系数,可以是各向同性,也可以是各向异性。

(2) 渗透方程

$$k \nabla^2 p = 0 \qquad (2.45)$$

式中,k——渗透率,$10^{-3} \mu m^2$;

　　p——渗透压,Pa。

在渗透方程中,表示的是不可压缩流体在地层中的稳定渗流方程。它适用的条件是:①单相均质流体;②线性运动规律;③不考虑多孔介质及液体的压缩性;④稳定渗流。

式(2.45)是一个二阶椭圆型偏微分方程,又称拉普拉斯方程,可以用直角坐标表示,也可以用圆柱坐标和球坐标系表示。

(3) 力场方程

平衡方程:

$$\frac{\partial \sigma_{ij}}{\partial x_j} + b_i = 0 \quad (i,j = 1,2,3) \qquad (2.46)$$

几何方程:

$$\varepsilon_{ij} = \frac{1}{2}(u_{i,j} + u_{j,i}) \qquad (2.47)$$

本构方程:

$$\sigma'_{ij} = \sigma_{ij} - p\delta_{ij} = [D \cdot (\varepsilon_{ij} - \varepsilon_T) + \sigma_0] - p\delta_{ij} \qquad (2.48)$$

式中,σ_{ij}——应力,Pa;

　　x_j——节点的空间坐标,m;

　　b_i——体积力,N/m^3;

　　ε_{ij}——应变,无因次;

　　$u_{i,j}, u_{j,i}$——位移,m;

　　σ'_{ij}——有效应力,Pa;

　　δ_{ij}——Kronecker 常数;

　　p——孔隙水压力,Pa;

　　D——弹性矩阵;

　　ε_T——热膨胀应变,无因次;

　　σ_0——预应力,Pa。

上述本构方程在一般应力应变方程基础上增加了初始地应力项、边界渗透压项和热应变项，以表征它们之间的耦合作用。

（4）裂缝扩展准则

采用线弹性理论中的最大拉伸强度准则：

$$\sigma_1 > \sigma_t \tag{2.49}$$

式中，σ_1——最大主应力，Pa；

σ_t——破坏应力，Pa。

单元应力状态达到极限导致破坏以后，对破坏单元采用特性退化和重建的办法进行处理。采用位移加载方式，对于每一步给定的位移增量，首先进行应力计算，然后根据破坏准则来检查模型中是否有破坏单元，如果没有，继续增加一个位移增量进行下一步应力计算；如果有破坏单元，则根据单元的破坏状态进行退化处理，然后重新进行当前步的应力计算。重复上述过程，直至产生宏观破坏。

（5）破坏处理

单元应力状态达到上述极限导致破坏以后，其杨氏模量设定为初始平均杨氏模量的 1/50，渗透率设定为初始平均渗透率的 1000 倍，热传导系数设定为初始平均热传导系数的 50 倍。单元本身并不从模型中剔除。按照新的材料物性参数重新迭代计算，直到系统达到平衡，没有新的单元破坏，再进入下一个载荷增量步。

（6）多场耦合

1）渗透率与温度场分布有关；
2）渗透率与应力场单元破坏有关；
3）热传导系数与应力场单元破坏有关；
4）应力本构方程包括温度场引起的热膨胀预应变项；
5）应力本构方程包括渗透场引起的预应力项。

在计算过程中，考虑了温度场变化对渗透率的影响以及温度场变化产生的温度应力，完成温度场与渗流场、温度场与应力场的耦合。

计算温度变化以后，计算渗透场，同时加入前一步计算的温度场变化对渗透场的影响，计算出渗透场产生的附加应力，同时计算出由于渗透率的变化对温度场产生的影响。最后计算应力场，根据应力破坏准则计算是否有单元破坏，同时计算出应力的变化对温度场和渗透场产生的影响。

三场之间的直接影响关系如图 2.51 所示，图中箭头表示影响因素，三场求解时是完全耦合的。

多场耦合作用求解策略是解耦迭代求解，计算流程图如图 2.52 所示。

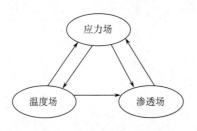

图 2.51　三物理场相互作用关系图

（7）岩层介质非均匀分布

强度弱的岩层介质杨氏模量低，渗透率高，热传导系数高。杨氏模量服从 Weibull 随机分布规律，参数 m 愈大，均匀性愈强，随机分布密度函数为

$$f(E,m) = \frac{m}{E_0}\left(\frac{E}{E_0}\right)^{m-1} \exp\left[-\left(\frac{E}{E_0}\right)^m\right]$$

$$(2.50)$$

式中，E——杨氏模量，Pa；

E_0——平均杨氏模量，Pa；

m——Weibull 随机分布系数。

（四）数值模拟求解算法

基于前述控制方程边界条件，推导出有限元列式，利用 MATLAB 自行编制有限元求解程序和后处理程序。

程序是二维准静态的，因此以下推导均以二维的情况为例，将其扩展到三维并无特

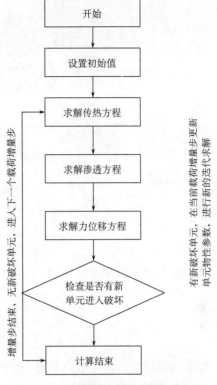

图 2.52　多物理场作用下裂缝扩展

殊困难。本程序主要求解三个物理场，分别是温度场、渗流场和位移应力场，对应的方程分别是传热方程、渗流方程和应力位移方程。

1. 设置程序计算的初始值

固定边界上温度恒定为 60℃，射孔位置注入的压力液温度为 10℃，对称边界上无法向热流通过。

固定边界上渗透压恒定为 10MPa，射孔位置处渗透压为工作载荷，对称边界上压力平衡，渗流速度为 0。

固定边界上位移为 0，对称边界上法向位移为 0。上述本构方程在一般应力应变方程基础上增加了初始地应力项、边界渗透压项和热应变项，以表征它们之间的耦合作用。

设定煤岩的弹性模量、泊松比以及材料非均质系数以及破坏应力值。同时还需要设定水力压裂时的水力载荷以及初始地应力的大小。

2. 温度场、渗流场和应力场的计算

（1）单元插值函数的确定

本程序采用平面三节点三角形单元，推导的应力位移场、温度场、渗流场的有限元离散方程中，插值函数采用统一的形式。

应力位移场每个单元有三个节点、六个自由度，表示为

$$a^e = \begin{bmatrix} a_i \\ a_j \\ a_k \end{bmatrix} = \begin{bmatrix} u_i & v_i & u_j & v_j & u_m & v_m \end{bmatrix}^{\mathrm{T}} \tag{2.51}$$

$$u = N_i u_i + N_j u_j + N_m u_m \tag{2.52}$$

$$v = N_i v_i + N_j v_j + N_m v_m \tag{2.53}$$

$$a_i = x_j y_m - x_m y_j \quad b_i = y_j - y_m \quad c_i = x_m - x_j \tag{2.54}$$

$$a_j = x_m y_j - x_i y_m \quad b_j = y_m - y_i \quad c_j = x_i - x_m \tag{2.55}$$

$$a_m = x_i y_j - x_j y_i \quad b_m = y_i - y_j \quad c_m = x_j - y_i \tag{2.56}$$

三角形面积

$$\Delta = \frac{1}{2} \begin{vmatrix} 1 & x_i & y_i \\ 1 & x_j & y_j \\ 1 & x_m & y_m \end{vmatrix} = \frac{1}{2}(b_i c_j - c_i b_j) \tag{2.57}$$

为避免三角形面积出现负值,三个节点 i,j,k 的次序应按逆时针方向循环。令

$$\left. \begin{array}{l} N_i = (a_i + b_i x + c_i y)/2\Delta \\ N_j = (a_j + b_j x + c_j y)/2\Delta \\ N_m = (a_m + b_m x + c_m y)/2\Delta \end{array} \right\} \tag{2.58}$$

温度场与渗流场每个节点只有一个自由度,每个单元只有三个自由度,插值函数采用和位移应力场相同的形式即可。

插值函数具有如下性质:

a. 在节点上插值函数的值有

$$N_i(x_i, y_i) = \begin{cases} 1 & \text{当 } i = j \\ 0 & \text{当 } i \neq j \end{cases} \quad (i, j, m) \tag{2.59}$$

即有 $N_i(x_i, y_i) = 1$, $N_i(x_j, y_j) = N_i(x_m, y_m) = 0$。也就是说在 i 节点上 $N_i = 1$,在 j, m 节点上 $N_i = 0$。由式(2.52)和式(2.53)可见,当 $x = x_i$, $y = y_i$ 即在节点 i,应有 $u = u_i$,因此也必然要求 $N_i = 1$, $N_j = N_m = 0$。其他两个形函数也具有同样的性质。此性质称为 Kronecker delta 性质。

b. 在单元任一点各插值函数之和应等于1,即

$$N_i = N_j = N_m = 1 \tag{2.60}$$

c. 对于现在的单元,插值函数是线性的,在单元内部及单元的边界上插值函数也是线性的,可由节点上的位移值唯一地确定。由于相邻单元公共节点的节点位移是相等的,因此保证了相邻单元在公共边上的连续性。

(2) 煤岩水力压裂温度场的有限元计算

1) 导热的基本方程及边界条件

根据热传导理论,正交各向异性固体中导热的微分方程为

$$\frac{\partial}{\partial x}\left(k_x \frac{\partial T}{\partial x}\right) + \frac{\partial}{\partial y}\left(k_y \frac{\partial T}{\partial y}\right) + \frac{\partial}{\partial z}\left(k_z \frac{\partial T}{\partial z}\right) + q_v = \rho c_p \frac{\partial T}{\partial t} \tag{2.61}$$

式中,T——物体的瞬时温度,℃;

t——过程进行的时间,s;

k_x,k_y,k_z——材料三个主轴方向的导热系数,W/(m·℃);

ρ——材料的密度,kg/m³;

c_p——材料的定压比热,J/(kg·℃);

q_v——材料的内热源强度,W/m³。

这里假设材料的导热系数、密度和定压比热为常数,即与温度和时间有关。

假设物体的材料是各向同性的,即 $k_x=k_y=k_z=k$,式(2.61)化为

$$k\left(\frac{\partial^2 T}{\partial x^2}+\frac{\partial^2 T}{\partial y^2}+\frac{\partial^2 T}{\partial z^2}\right)+q_v=\rho c_p\frac{\partial T}{\partial t} \qquad (2.62)$$

或

$$\nabla^2 T+q_v/k=(1/\alpha_T)\partial T/\partial t \qquad (2.63)$$

式中,$\alpha_T=k/\rho c_p$——温度系数,m²/s;

k——材料的热导率,W/(m·K);

∇^2——拉普拉斯算子。

$$\nabla^2=\partial^2/\partial x^2+\partial^2/\partial y^2+\partial^2/\partial z^2 \qquad (2.64)$$

假设在物体中没有热源,则式(2.63)化为傅里叶(Fourier)方程:

$$\nabla^2 T=(1/\alpha_T)\partial T/\partial t \qquad (2.65)$$

假设物体处于稳态温度场,则式(2.63)化为泊松(Poisson)方程:

$$\nabla^2+q_v/k=0 \qquad (2.66)$$

在没有热源和处于稳态温度场时,式(2.63)化为拉普拉斯(Laplace)方程:

$$\nabla^2 T=0 \qquad (2.67)$$

2) 稳态温度场的有限元计算

本程序求解的传热问题是一稳态热传导问题,且仅有第一类边界条件,即温度边界条件,它是强制边界条件,为了运算方便,对二维温度场问题,选用最简单的线性的插值函数。

单元上的温度 T 是 x,y 的线性函数,其表示如下:

$$T(x,y)=a_1+a_2 x+a_3 y \qquad (2.68)$$

式中三个常数 a_1,a_2,a_3 可由三个节点 i,j,k 的坐标及相应的节点温度 T_i,T_j,T_k 来表示,单元内任意点的温度值如下:

$$T=\frac{1}{2\Delta}\left[(a_i+b_i x+c_i y)T_i+(a_j+b_j x+c_j y)T_j+(a_m+b_m x+c_m y)T_m\right] \qquad (2.69)$$

则式(2.69)可写成矩阵形式:

$$T=\begin{bmatrix}N_i & N_j & N_m\end{bmatrix}\begin{Bmatrix}T_i\\T_j\\T_m\end{Bmatrix}=[N]\{T\} \qquad (2.70)$$

上式中的 N 是形函数,只与单元的几何形状有关,而且是坐标的线性函数。形函数

将单元内的任意点的温度值与节点温度值联系起来。

将上式对 x,y 求偏导,可得

$$\left\{\begin{matrix} \dfrac{\partial T}{\partial x} \\ \dfrac{\partial T}{\partial y} \end{matrix}\right\} = \frac{1}{2\Delta}\begin{bmatrix} b_i & b_j & b_m \\ c_i & c_j & c_m \end{bmatrix}\left\{\begin{matrix} T_i \\ T_j \\ T_m \end{matrix}\right\} \tag{2.71}$$

可见温度梯度是一个与坐标无关的常数。一个单元只有一个常数的温度梯度,不同的单元往往有不同的温度梯度,即它们在接触线上是不相等的,因而有关节点的线性插值函数的一阶导数是不连续的。

鉴于以上分析,这里特别指出,单元划分时应使研究的温度梯度在单元内部接近一个常数,在急变区应划分小单元,变化缓区应划分大单元。

传热系数是各向同性的,其基本方程为

$$\left.\begin{matrix} K\nabla^2 T = 0 \\ T = \overline{T} \quad (\Gamma_T) \\ K\dfrac{\partial T}{\partial n} - \overline{q} = 0 \quad (\Gamma_q) \end{matrix}\right\} \tag{2.72}$$

式中,$\overline{T}$——边界温度;

$\overline{q}$——边界上热流温度。

上式的伽辽金提法在温度在边界条件上满足强制边界条件的情况下,可以表示为

$$\int_\Omega \delta T\left(K\frac{\partial^2 T}{\partial x^2} + K\frac{\partial^2 T}{\partial y^2} + Q\right)\mathrm{d}\Omega - \int_{\Gamma_q}\delta T\left(K\frac{\partial T}{\partial n} - \overline{q}\right)\mathrm{d}\Gamma = 0 \tag{2.73}$$

对上式进行分部积分,得到它的弱形式,并注意到在 Γ_T 上有 $\delta T = 0$,有

$$\int_\Omega\left(-K\frac{\partial \delta T}{\partial x}\frac{\partial T}{\partial x} - K\frac{\partial T}{\partial y}\frac{\partial T}{\partial y} + \delta TQ\right)\mathrm{d}\Omega + \int_{\Gamma_q}\delta T\overline{q}\,\mathrm{d}\Gamma = 0 \tag{2.74}$$

由上式可以得到二维热传导问题的变分原理:

$$\left.\begin{matrix} \delta\Pi(T) = 0 \\ \Pi(T) = \int_\Omega\left[\frac{1}{2}\left(\frac{\partial T}{\partial x}\right)^2 + \frac{1}{2}\left(\frac{\partial T}{\partial y}\right)^2 - TQ\right]\mathrm{d}\Omega - \int_{\Gamma_q}T\overline{q}\,\mathrm{d}\Gamma \end{matrix}\right\} \tag{2.75}$$

将插值函数 $T = NT^e$ 带入上式,得到稳态热传导问题的有限元求解方程:

$$\left.\begin{matrix} KT = P \\ K_{ij} = \sum\limits_e\int_{\Omega^e}\left(K_x\dfrac{\partial N_i}{\partial x}\dfrac{\partial N_j}{\partial x} + K_y\dfrac{\partial N_i}{\partial y}\dfrac{\partial N_j}{\partial y}\right) \\ P_i = \sum\limits_e\int_{\Gamma_q^e}N_i q\,\mathrm{d}\Gamma \end{matrix}\right\} \tag{2.76}$$

(3) 煤岩水力压裂渗流方程的有限元计算

对于计算的煤岩,我们采用二维的模型来求解。对二维煤岩的渗流问题,常用的有三角形单元、矩形单元或四边形单元,其中三角形单元适应不规则边界的特点较强,计算比较简单。考虑此特点,我们以三角形单元来进行描述。在建立各单元的方程时,首先要假

定一种插值函数式来近似表达单元内任意点的未知变量分布。为了运算方便,对二维渗流问题,选用最简单的线性的插值函数。其表示如下:

$$p(x,y) = a_1 + a_2 x + a_3 y \qquad (2.77)$$

式中三个常数 a_1, a_2, a_3 可由三个节点 i, j, k 的坐标及相应的节点压力 p_i, p_j, p_k 来表示,单元内任意点的压力值如下:

$$p = \frac{1}{2\Delta}\big[(a_i + b_i x + c_i y)p_i + (a_j + b_j x + c_j y) + (a_m + b_m x + c_m y)\big] \qquad (2.78)$$

则式(2.78)可写成矩阵形式:

$$p = \begin{bmatrix} N_i & N_j & N_m \end{bmatrix} \begin{Bmatrix} p_i \\ p_j \\ p_m \end{Bmatrix} = [N]\{p\} \qquad (2.79)$$

上式中的 N 是形函数,只与单元的几何形状有关,而且是坐标的线性函数。形函数将单元内的任意点的压力值与节点压力值联系起来。

将上式对 x, y 求偏导,可得

$$\begin{Bmatrix} \dfrac{\partial p}{\partial x} \\ \dfrac{\partial p}{\partial y} \end{Bmatrix} = \frac{1}{2\Delta} \begin{bmatrix} b_i & b_j & b_m \\ c_i & c_j & c_m \end{bmatrix} \begin{Bmatrix} p_i \\ p_j \\ p_m \end{Bmatrix} \qquad (2.80)$$

可见压降是一个与坐标无关的常数。一个单元只有一个常数的压降,不同的单元往往有不同的压降,即它们在接触线上是不相等的,因而有关节点的线性插值函数的一阶导数是不连续的。

鉴于以上分析,这里特别指出,单元划分时应使研究的压力值在单元内部接近一个常数,在急变区应划分小单元,变化缓区应划分大单元。

本程序的渗流场的基本控制方程为

$$\left. \begin{aligned} & K \nabla^2 P = 0 \\ & P = \bar{P} \quad (\Gamma_P) \\ & K \frac{\partial P}{\partial n} - \bar{q} = 0 \quad (\Gamma_q) \end{aligned} \right\} \qquad (2.81)$$

上式的伽辽金提法在渗透压在边界条件上满足强制边界条件的情况下,可以表示为

$$\int_\Omega \delta P \left(K \frac{\partial^2 P}{\partial x^2} + K \frac{\partial^2 P}{\partial y^2} \right) \mathrm{d}\Omega - \int_{\Gamma_q} \delta P \left(K \frac{\partial P}{\partial n} - \bar{q} \right) \mathrm{d}\Gamma = 0 \qquad (2.82)$$

对上式进行分部积分,得到它的弱形式,并注意到在 Γ_T 上有 $\delta T = 0$,有

$$\int_\Omega \left(-K \frac{\partial \delta P}{\partial x} \frac{\partial P}{\partial x} - K \frac{\partial P}{\partial y} \frac{\partial P}{\partial y} \right) \mathrm{d}\Omega + \int_{\Gamma_q} \delta P \bar{q} \, \mathrm{d}\Gamma = 0 \qquad (2.83)$$

由上式可以得到二维渗流问题的变分原理:

$$\left. \begin{aligned} & \delta \Pi(P) = 0 \\ & \Pi(P) = \int_\Omega \left[\frac{1}{2}\left(\frac{\partial P}{\partial x} \right)^2 + \frac{1}{2}\left(\frac{\partial P}{\partial y} \right)^2 \right] \mathrm{d}\Omega - \int_{\Gamma_q} P \bar{q} \, \mathrm{d}\Gamma \end{aligned} \right\} \qquad (2.84)$$

将插值函数 $P=NP^e$ 带入上式,得到稳态热传导问题的有限元求解方程:

$$
\left.
\begin{aligned}
KP &= R \\
K_{ij} &= \sum_e \int_{\Omega^e} \left(K_x \frac{\partial N_i}{\partial x} \frac{\partial N_j}{\partial x} + K_y \frac{\partial N_i}{\partial y} \frac{\partial N_j}{\partial y} \right) \\
R_i &= \sum_e \int_{\Gamma_q^e} N_i q \, \mathrm{d}\Gamma
\end{aligned}
\right\}
\tag{2.85}
$$

将插值函数 $T=NT^e$ 带入上式,得到稳态热传导问题的有限元求解方程:

$$
\left.
\begin{aligned}
KP &= R \\
K_{ij} &= \sum_e \int_{\Omega^e} \left(K_x \frac{\partial N_i}{\partial x} \frac{\partial N_j}{\partial x} + K_y \frac{\partial N_i}{\partial y} \frac{\partial N_j}{\partial y} \right) \\
P_i &= \sum_e \int_{\Gamma_q^e} N_i q \, \mathrm{d}\Gamma
\end{aligned}
\right\}
\tag{2.86}
$$

(4)煤岩水力压裂应力场的有限元推导

传热和渗透方程完全是通常的基本形式,其有限元列式比较容易,可以参见一般的教材。由于力场方程较为复杂,耦合了渗透压、初始应力、热应变等,将其有限元列式简要推导如下:

应力(总应力)应变关系写作

$$
\sigma = [D \cdot (\varepsilon - \varepsilon_T) + \sigma_0]
\tag{2.87}
$$

其中热应变项

$$
\varepsilon_T = \alpha_T (T - T_0) \begin{bmatrix} 1 & 1 & 0 \end{bmatrix}^{\mathrm{T}} \frac{-b \pm \sqrt{b^2 - 4ac}}{2a}
\tag{2.88}
$$

利用最小位能原理,不考虑体积力和边界力,问题的泛函表达式为

$$
\prod(u) = \int_{\Omega} \left(\frac{1}{2} \varepsilon^{\mathrm{T}} D \varepsilon - \varepsilon^{\mathrm{T}} D \varepsilon_T + \varepsilon^{\mathrm{T}} \sigma_0 \right) \mathrm{d}\Omega + 外力项
\tag{2.89}
$$

由泛函变分等于 0 可以得到刚度方程。刚度方程中刚度系数矩阵与一般平面应变问题完全相同,差别在于载荷向量不同,初始应力和热应力会产生附加的载荷项。其附加载荷项为

$$
P_{\varepsilon_T + \sigma_0} = \int_{\Omega} B^{\mathrm{T}} (D \varepsilon_T - \sigma_0) \mathrm{d}\Omega
\tag{2.90}
$$

以上式中,σ——应力,Pa;

$\quad\quad D$——单元弹性矩阵,无因次;

$\quad\quad \varepsilon$——应变,无因次;

$\quad\quad \varepsilon_T$——热应变,无因次;

$\quad\quad \sigma_0$——初始应力,Pa;

$\quad\quad \alpha_T$——热膨胀系数,1/℃;

$\quad\quad T$——温度,℃;

$\quad\quad T_0$——初始温度,℃;

$\quad\quad B$——单元应变矩阵,无因次。

1) 计算应变矩阵与应力矩阵

由于对煤岩的计算采用二维模型,采用的单元为最常用的三角形三节点单元,典型的三节点三角形单元的节点编号为 i,j,m,以逆时针方向编码为正向。每个节点都有两个位移分量 u,v。

确定了单元的位移以后,可以利用几何方程和物理方程求得单元的应变和应力。

$$\varepsilon_{ij} = \frac{1}{2}(u_{i,j} + u_{j,i}) \tag{2.91}$$

其展开形式为

$$\left.\begin{aligned}
\varepsilon_{11} &= \frac{\partial u_1}{\partial x_1} \\[2mm]
\varepsilon_{22} &= \frac{\partial u_2}{\partial x_2} \\[2mm]
\varepsilon_{33} &= \frac{\partial u_3}{\partial x_3} \\[2mm]
\varepsilon_{12} &= \frac{1}{2}\left(\frac{\partial u_1}{\partial x_2} + \frac{\partial u_2}{\partial x_1}\right) = \varepsilon_{21} \\[2mm]
\varepsilon_{23} &= \frac{1}{2}\left(\frac{\partial u_2}{\partial x_3} + \frac{\partial u_3}{\partial x_2}\right) = \varepsilon_{32} \\[2mm]
\varepsilon_{31} &= \frac{1}{2}\left(\frac{\partial u_3}{\partial x_1} + \frac{\partial u_1}{\partial x_3}\right) = \varepsilon_{13}
\end{aligned}\right\} \tag{2.92}$$

利用式(2.92)和式(2.52)可以得到

$$\varepsilon = \begin{bmatrix} \varepsilon_x \\ \varepsilon_y \\ \varepsilon_z \end{bmatrix} = Lu = LNa^e = L[N_i \quad N_j \quad N_m]a^e$$

$$= [B_i \quad B_j \quad B_m]a^e = Ba^e \tag{2.93}$$

式中,B——应变矩阵;

L——平面问题的微分算子。

$$L = \begin{bmatrix} \dfrac{\partial}{\partial x} & 0 \\[3mm] 0 & \dfrac{\partial}{\partial y} \\[3mm] \dfrac{\partial}{\partial y} & \dfrac{\partial}{\partial x} \end{bmatrix} \tag{2.94}$$

应变矩阵的分块子矩阵为

$$B_i = LN_i = \begin{bmatrix} \dfrac{\partial}{\partial x} & 0 \\[3mm] 0 & \dfrac{\partial}{\partial y} \\[3mm] \dfrac{\partial}{\partial y} & \dfrac{\partial}{\partial x} \end{bmatrix} \begin{bmatrix} N_i & 0 \\[2mm] 0 & N_i \end{bmatrix} = \begin{bmatrix} \dfrac{\partial N_i}{\partial x} & 0 \\[3mm] 0 & \dfrac{\partial N_i}{\partial y} \\[3mm] \dfrac{\partial N_i}{\partial y} & \dfrac{\partial N_i}{\partial x} \end{bmatrix} \quad (i,j,m) \tag{2.95}$$

对式(2.58)求导可得

$$\frac{\partial N_i}{\partial x} = \frac{1}{2\Delta}b_i \quad \frac{\partial N_i}{\partial y} = \frac{1}{2\Delta}c_i \tag{2.96}$$

代入式(2.95)可得

$$B_i = \frac{1}{2\Delta}\begin{bmatrix} b_i & 0 \\ 0 & c_i \\ c_i & b_i \end{bmatrix} \quad (i,j,m) \tag{2.97}$$

三节点单元的应变矩阵为

$$B = \begin{bmatrix} B_i & B_j & B_m \end{bmatrix} = \frac{1}{2\Delta}\begin{bmatrix} b_i & 0 & b_j & 0 & b_m & 0 \\ 0 & c_i & 0 & c_j & 0 & c_m \\ c_i & b_i & c_j & b_j & c_m & b_m \end{bmatrix} \tag{2.98}$$

式中，b_i,b_j,b_m,c_i,c_j,c_m 由式(2.54)至式(2.56)确定，它们是单元形状的参数。当单元的节点坐标确定后，这些参数都是常量，因此 B 是常量阵。当单元的节点位移 a^e 确定后，由 B 转换求得的单元应变都是常量，也就是说在载荷作用下单元中各点具有同样的 ε_x 值、ε_y 值和 γ_{xy} 值。因此，三节点三角形单元称为常应变单元。在应变梯度较大的部位，单元应该适当的加密，否则将不能反映应变的真实变化而导致较大的误差。

单元的应力可以根据物理方程求得。

物理方程：

$$\sigma_{11} = 2G\delta_{ik} + \lambda\delta_{ij}\varepsilon_{kk} \tag{2.99}$$

式中，$\delta_{ij} = \begin{cases} 1 & \text{当 } i=j \\ 0 & \text{当 } i\neq j \end{cases}$

展开为

$$\left.\begin{aligned} \sigma_{11} &= 2G\varepsilon_{11} + \lambda(\varepsilon_{11} + \varepsilon_{22} + \varepsilon_{33}) \\ \sigma_{22} &= 2G\varepsilon_{22} + \lambda(\varepsilon_{11} + \varepsilon_{22} + \varepsilon_{33}) \\ \sigma_{33} &= 2G\varepsilon_{33} + \lambda(\varepsilon_{11} + \varepsilon_{22} + \varepsilon_{33}) \\ \sigma_{12} &= 2G\varepsilon_{12} \quad \sigma_{23} = 2G\varepsilon_{23} \quad \sigma_{31} = 2G\varepsilon_{31} \end{aligned}\right\} \tag{2.100}$$

上面两式中，G——剪切模量，$G = \dfrac{E}{2(1+\upsilon)}$；

λ——拉梅常数，$\lambda = \dfrac{E\upsilon}{(1+\upsilon)(1-2\upsilon)}$。

将式(2.100)代入式(2.87)可以得到

$$\sigma = \begin{Bmatrix} \sigma_x \\ \sigma_y \\ \tau_{xy} \end{Bmatrix} = D\varepsilon = DBa^e = Sa^e \tag{2.101}$$

式中，$S = DB = D\begin{bmatrix} B_i & B_j & B_m \end{bmatrix} = \begin{bmatrix} S_i & S_j & S_m \end{bmatrix}$，$S$ 称为应力矩阵。

$$S_i = DB_i = \frac{E}{2(1-v^2)\Delta}\begin{bmatrix} b_i & vc_i \\ vb_i & c_i \\ \dfrac{1-v}{2}c_i & \dfrac{1-v}{2}b_i \end{bmatrix} \tag{2.102}$$

上式与应变矩阵 B 相同,应力矩阵 S 也是常量阵,即三节点单元中各点的应力是相同的。

在很多情况下,不单独定义应力矩阵 S,而直接用 DB 进行应力计算。

2) 应力场的有限元计算

传热和渗透方程完全是通常的基本形式,其有限元列式比较容易。力场方程较为复杂,耦合了渗透压、初始应力、热应变等,其有限元列式推导如下:

首先考虑平衡方程

$$\sigma_{ij,j} + \hat{f}_i = 0 \quad (在区域 V 内) \tag{2.103}$$

和边界条件

$$\sigma_{ij}n_j - t_i = 0 \quad (在力的边界 S\sigma 上) \tag{2.104}$$

$$u_i = \bar{u}_i \quad (在位移边界 Su 上) \tag{2.105}$$

区域 V 内平衡方程权函数取真实位移的变分 δu_i,力边界条件的权函数取 $-\delta u_i$,可以得到与微分方程等价的积分公式如下:

$$\int_V (\sigma_{ij,j} + f_i)\delta u_i \mathrm{d}V - \int_{S_\sigma}(\sigma_{ij}n_j - t_i)\delta u_i \mathrm{d}S = 0 \tag{2.106}$$

对上式体积分中的第一项进行分部积分,并注意在位移边界条件上 $\delta v_i = 0$,我们可以得到

$$\int_V \sigma_{ij,j}\delta u_i \mathrm{d}V = \oint_S \sigma_{ij}n_j\delta u_i \mathrm{d}S - \int_V \sigma_{ij}\delta u_{i,j}\mathrm{d}V = \int_{S_\sigma}\sigma_{ij}n_j\delta u_i \mathrm{d}S - \int_V \sigma_{ij}\delta u_{i,j}\mathrm{d}V \tag{2.107}$$

把式(2.107)代入式(2.106),得到经过分部积分后的"弱"形式:

$$\int_V \sigma_{ij}\delta\varepsilon_{ij}\mathrm{d}V = \int_{S_\sigma}t_i\delta u_i\mathrm{d}S + \int_V \hat{f}_i\delta u_i\mathrm{d}V \tag{2.108}$$

写成矩阵形式:

$$\int_V \delta\varepsilon^{\mathrm{T}}\sigma\mathrm{d}V = \int_{S_\sigma}\delta u^{\mathrm{T}}t\mathrm{d}S + \int_V \delta u^{\mathrm{T}}\hat{f}\mathrm{d}V \tag{2.109}$$

式中,σ 和 $\delta\varepsilon$——分别为应力矩阵和虚应变矩阵;

t、$\hat{f}$ 和 δu——分别是表面力向量、体积力向量和虚位移向量。

3) 引入地应力及流体孔隙压力

在多孔介质应力渗流耦合分析中多使用有效应力,有效应力和总应力的关系为

$$\bar{\sigma} = \sigma + p_{\mathrm{w}}m \tag{2.110}$$

式中,$\bar{\sigma}$——有效应力矩阵;

p_{w}——流体孔隙压力;

$m = [1,1,1,0,0,0]^{\mathrm{T}}$。

有效应力的矩阵表达式可以写成

$$\bar{\sigma} = D\bar{\varepsilon} + \bar{\sigma}_0 = D\left(\varepsilon + \frac{p_w - p_w^0}{3K_g}m\right) + \bar{\sigma}_0 = D\varepsilon + \frac{Dm}{3K_g}p_w - \frac{Dm}{3K_g}p_w^0 + \bar{\sigma}_0 \quad (2.111)$$

式中，D——弹塑性矩阵；

$\quad\quad\bar{\varepsilon}$——有效应变矩阵；

$\quad\quad K_g$——多孔介质固体骨架体积模量；

$\quad\quad p_w^0$——流体初始孔隙压力；

$\quad\quad \bar{\sigma}^0$——地应力矩阵。

由式(2.110)、式(2.111)可以得到

$$\sigma = \bar{\sigma} - p_w m = D\varepsilon + \left(\frac{Dm}{3K_g} - m\right)p_w = \frac{Dm}{3K_g}p_w^0 + \sigma^0 = D\varepsilon + \left(\frac{Dm}{3K_g} - m\right)p_w + \sigma^0$$

$$(2.112)$$

式中，$\sigma^0 = \bar{\sigma}^0 - \dfrac{Dm}{3K_g}p_w^0$，为初始应力矩阵。

4）引入热应力

热应力

$$\varepsilon_0 = \alpha(\varphi - \varphi_0)\begin{bmatrix} 1 & 1 & 0 & 0 \end{bmatrix} \quad (2.113)$$

得到最后的总应力的表达式为

$$\sigma = D(\varepsilon - \varepsilon_0) + \left(\frac{Dm}{3K_g} - m\right)p_w + \sigma^0 \quad (2.114)$$

将式(2.114)代入式(2.109)得到

$$\int_V \delta\varepsilon^{\mathrm{T}}\left[D(\varepsilon - \varepsilon_0) + \left(\frac{Dm}{3K_g} - m\right)p_w + \sigma^0\right]dV - \int_{S_\sigma}\delta u^{\mathrm{T}}t dS - \int_V \delta u^{\mathrm{T}}\hat{f}dV = 0$$

$$(2.115)$$

上式可以写成

$$\int_V \delta\varepsilon^{\mathrm{T}}D\varepsilon dV + \int_V \delta\varepsilon^{\mathrm{T}}\left[-D\varepsilon_0 + \left(\frac{Dm}{3K_g} - m\right)p_w + \sigma^0\right]dV - \int_{S_\sigma}\delta u^{\mathrm{T}}t dS - \int_V \delta\varepsilon^{\mathrm{T}}\hat{f}dV = 0$$

$$(2.116)$$

提出变分号，在二维的情况下，得到

$$\delta\left\{\int_\Omega \frac{1}{2}\varepsilon^{\mathrm{T}}D\varepsilon t\, dx dy + \varepsilon^{\mathrm{T}}\left[-D\varepsilon_0 + \left(\frac{Dm}{3K_g} - m\right)p_w + \sigma^0\right]dV - \int_{S_\sigma}u^{\mathrm{T}}t dS - \int_V u^{\mathrm{T}}\hat{f}dV\right\} = 0$$

$$(2.117)$$

所以得到该变分的泛函为

$$\Pi_p = \int_\Omega \frac{1}{2}\varepsilon^{\mathrm{T}}D\varepsilon t\, dx dy + \varepsilon^{\mathrm{T}}\left[-D\varepsilon_0 + \left(\frac{Dm}{3K_g} - m\right)p_w + \sigma^0\right]dV - \int_{S_\sigma}u^{\mathrm{T}}t dS - \int_V u^{\mathrm{T}}\hat{f}dV$$

$$(2.118)$$

引入插值函数，则有 $u = Na^e$，$\varepsilon = Ba^e$，代入式(2.118)，得到离散后的有限元方程为

$$\Pi_p = \sum_e \Pi_p^e = \sum_e \left(a^{e\mathrm{T}}\int_{\Omega_e}\frac{1}{2}B^{\mathrm{T}}DBt\, dx dy a^e\right)$$

$$-\sum_e \left(a^{e\mathrm{T}} \int_{\Omega_e} N^{\mathrm{T}} ft \,\mathrm{d}x\mathrm{d}y \right) - \sum_e \left(a^{e\mathrm{T}} \int_{S_\sigma^e} N^{\mathrm{T}} Tt \,\mathrm{d}S \right)$$

$$-\sum_e \left(a^{e\mathrm{T}} \int_{\Omega_e} B^{\mathrm{T}} D\varepsilon_0 \,\mathrm{d}x\mathrm{d}y \right) - \sum_e \left(a^{e\mathrm{T}} \int_{\Omega_e} B^{\mathrm{T}} \left[\left(\frac{Dm}{3K_g} - m \right) p_w + \sigma^0 \right] \mathrm{d}x\mathrm{d}y \right)$$

$$\tag{2.119}$$

令 $K^e = \displaystyle\int_{\Omega^e} B^{\mathrm{T}} DBt \,\mathrm{d}x\mathrm{d}y$;

$\quad P_f^e = \displaystyle\int_{\Omega^e} N^{\mathrm{T}} ft \,\mathrm{d}x\mathrm{d}y$;

$\quad P_S^e = \displaystyle\int_{S_\sigma^e} N^{\mathrm{T}} Tt \,\mathrm{d}S$;

$\quad P_T^e = \displaystyle\int_{\Omega_e} B^{\mathrm{T}} D\varepsilon_0 \,\mathrm{d}x\mathrm{d}y$;

$\quad P_\sigma^e = \displaystyle\int_{\Omega_e} B^{\mathrm{T}} \left[\left(\frac{Dm}{3K_g} - m \right) p_w + \sigma^0 \right] \mathrm{d}x\mathrm{d}y$;

$\quad P^e = P_f^e + P_S^e + P_T^e + P_\sigma^e$。

将单元位移列阵表示为结构节点位移列阵:

$$a^e = Ga \tag{2.120}$$

这样式(2.119)可表示为

$$\Pi_p = a^{\mathrm{T}} \frac{1}{2} \sum_e (G^{\mathrm{T}} K^e G) a - a^{\mathrm{T}} \sum_e (G^{\mathrm{T}} P^e) \tag{2.121}$$

并令 $K = \displaystyle\sum_e G^{\mathrm{T}} K^e G$, $P = \displaystyle\sum_e G^{\mathrm{T}} P^e$,这样式(2.121)可表示为

$$\Pi_p = \frac{1}{2} a^{\mathrm{T}} Ka - a^{\mathrm{T}} P \tag{2.122}$$

根据变分原理,泛函取驻值的条件是它的一次变分为零,所以有

$$\frac{\partial \Pi_p}{\partial a} = 0 \tag{2.123}$$

这样得到最后的有限元求解的离散方程为

$$Ka = P \tag{2.124}$$

3. 单元判断

通过三场耦合计算得到煤岩水力压裂时每个单元的应力值,通过破坏准则判断单元是否发生破坏,如果单元发生破坏,破坏的单元的性质将发生改变,水力压裂载荷不变,进行重新迭代计算,直至没有单元发生破坏时再增加水力压裂载荷,直至压裂结束。

(五) 垂直和水平裂缝数值模拟分析

1. 垂直裂缝平面模型

垂直裂缝平面应变模型有 8181 个节点,16000 个三角形单元。地应力为 X 方向

25MPa,Y 方向 25MPa。初始地层压力为 10MPa,水力总载荷为 60MPa,从 10MPa 开始逐步施加,载荷增量步为 1MPa。本研究未考虑温度场效应。初始裂缝长度 5m,为模拟横向尺寸的 1/20。

研究的目的在于数值模拟水力裂缝扩展过程,得到裂缝扩展长度、宽度随载荷变化的关系。

由于计算规模的限制,单元尺寸比实际裂缝宽度大得多。此计算用单元破坏来模拟裂缝空间,但裂缝宽度并不等于单元厚度。裂缝宽度等于破坏单元两侧节点沿裂缝面法向的差值。

2. 垂直裂缝平面模型数值模拟结果及分析

图 2.53 为裂缝扩展长度随水力载荷变化曲线,从图中可以得出当前工况下起裂压力为 31MPa。随着水压力载荷增加,裂缝不断扩展,裂缝长度非线性增长,增长速度随裂缝长度增加而变慢,这是由于水力载荷随着裂缝长度衰减造成的。该示例中裂缝扩展最大长度为 46m。

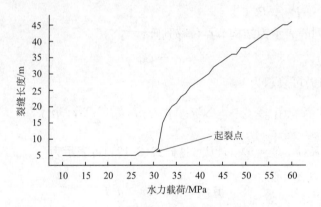

图 2.53　裂缝长度随载荷增加变化曲线

图 2.54 为顶端(对称面上)裂缝宽度随水力载荷变化曲线。无论起裂前还是起裂后,随着载荷增加最大裂缝宽度近似线性增长。在起裂载荷附近,载荷增加裂缝宽度快速增长。施加全部载荷时裂缝最大宽度为 31mm。

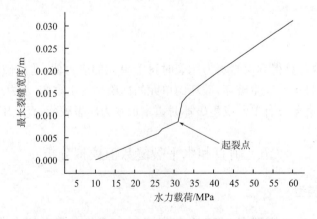

图 2.54　最大裂缝宽度随载荷增加变化曲线

图 2.55 是四个不同载荷步下的裂缝形态图。在当前地应力条件下,裂缝沿直裂缝面扩展。图中颜色显示的是杨氏模量值,破坏的单元杨氏模量很低,显示为黑色。

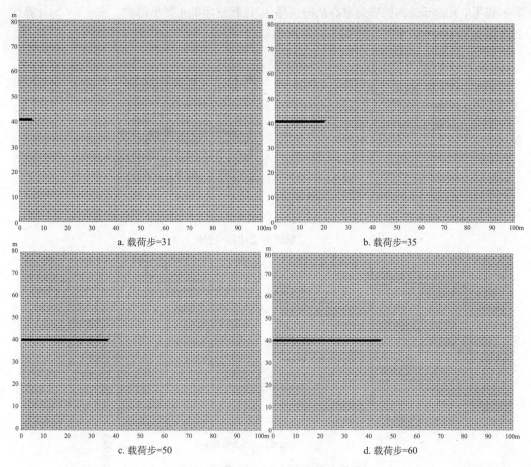

a. 载荷步=31   b. 载荷步=35

c. 载荷步=50   d. 载荷步=60

图 2.55 不同载荷步下的裂缝形态图

图 2.56 是载荷增量步 45 (水力载荷为 45MPa)时流固耦合模拟中水力载荷(渗透压)在裂缝面上的分布曲线。水力载荷在顶端为施加工作载荷 45MPa,随着裂缝面衰减,到达边界处为远场渗透压 10MPa。由于已破坏和未破坏单元渗透率不同,所以在裂尖两侧衰减速度不同。具体数值取决于已破坏和未破坏单元渗透率之间的比例关系,本书设置为破坏单元渗透率是未破坏单元渗透率的 50 倍。裂尖在 45 载荷步时位于 $X=33$m 处。

关于裂缝宽度计算,不是直接以破坏单元宽度作为裂缝宽度,而是以破坏单元在裂缝面的法向位移来度量,如图 2.57 所示,裂缝宽度为上下裂缝面节点法向位移之差。左侧阴影为破坏单元变形前,虚线为变形后。

图 2.58 为载荷增量步 45 时,裂缝上下表

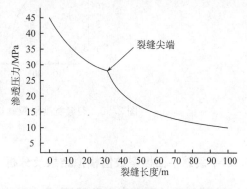

图 2.56 水力载荷在裂缝面上的分布曲线

面法向位移随裂缝长度变化曲线。基于模型的对称性,法向位移也是对称的,上表面Y方向位移向上,下表面Y方向位移向下,即由于水压力载荷撑开一条裂缝。33m处为裂尖,裂尖后未破坏单元由于法向拉应力也有法向位移,但比起破坏单元要小得多。图2.59为计算的裂缝宽度变化曲线。最大裂缝宽度为22mm,对应载荷为45MPa的最大裂缝宽度。

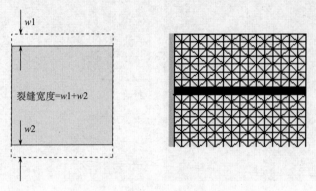

图2.57 裂缝宽度计算示意图

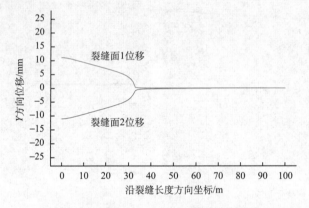

图2.58 裂缝上下表面法向位移分布曲线

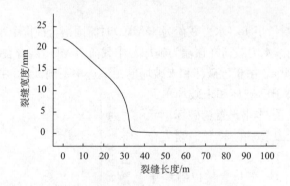

图2.59 裂缝宽度沿裂缝长度变化曲线(载荷增量步45)

3. 水平裂缝平面模型数值模拟结果及分析

水平裂缝扩展面为水平面,取垂直对称截面进行二维平面应变模型分析。

模型如图 2.60 所示,有 4141 个节点,8000 个三角形单元。地应力为 X 方向 30MPa,Z 方向 25MPa。初始渗透压为 10MPa,水力总载荷为 60MPa,从 10MPa 开始逐步施加,载荷增量步为 1MPa。初始裂缝长度 5m,为模拟横向尺寸的 1/20。

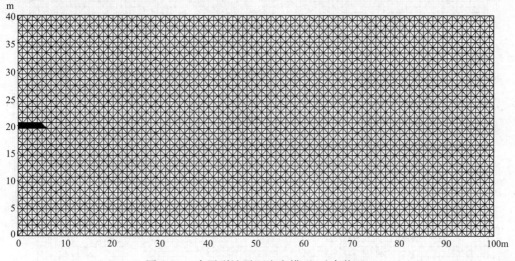

图 2.60　水平裂缝平面应变模型(垂直截面)

图 2.61 和图 2.62 分别是裂缝长度和最大宽度随水力载荷变化曲线。起裂压力为 34MPa,加载到 60MPa 时的裂缝长度为 26m,此时最大裂缝长度为 22mm。

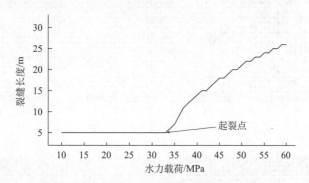

图 2.61　水平裂缝长度随水力载荷变化曲线

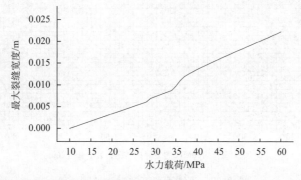

图 2.62　水平裂缝最大宽度随水力载荷变化曲线

图 2.63 是水力载荷为 34MPa、45MPa 和 60MPa 的裂缝扩展图。

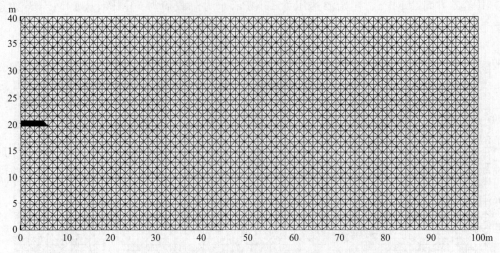

a. 水力载荷为34MPa的裂缝扩展图，裂缝长度6m

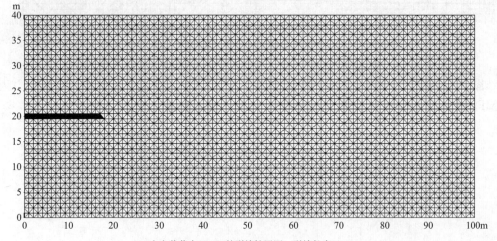

b. 水力载荷为45MPa的裂缝扩展图，裂缝长度18m

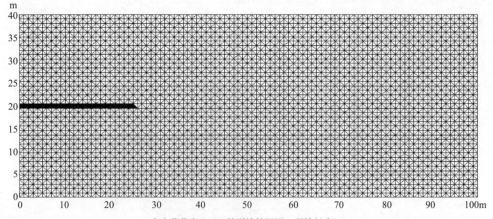

c. 水力载荷为60MPa的裂缝扩展图，裂缝长度26m

图 2.63　不同载荷下的裂缝扩展过程

（六）地应力对裂缝扩展影响数值模拟分析

1. 地应力变化对裂缝扩展长度的影响

前面垂直裂缝扩展分析中，所模拟的平面模型是垂直裂缝的水平截面，X 和 Y 方向的地应力均为水平方向的地应力，数值均为 25MPa。在一些地质岩层中，水平面的地应力并不一定是各向同性的，下面模拟地应力对裂缝扩展的影响。其他工况参数同上节，研究 X 和 Y 方向地应力分别在 15～40MPa 范围内变化时，裂缝扩展及裂缝形态的变化。

图 2.64 中黑色方块符号代表 X 方向地应力保持 25MPa 不变，Y 方向地应力从 15MPa 到 40MPa 之间变化时，裂缝扩展长度变化曲线。Y 方向地应力阻碍了裂缝扩展，随着 Y 方向地应力增大，裂缝扩展长度减小。图 2.64 中圆代表 Y 方向地应力保持 25MPa 不变，X 方向地应力从 20MPa 到 40MPa 之间变化时，裂缝扩展长度变化曲线。X 方向在该范围内变化对裂缝扩展长度影响不显著。由理论分析知道，裂缝沿 X 方向扩展，主要是受到 Y 方向拉应力而进行 I 型延伸，所以 Y 方向地应力影响较大。但 X 方向地应力也存在一定的影响，因为破坏准则是以主应力为标准，而不是单纯以 Y 方向应力为破坏标准。

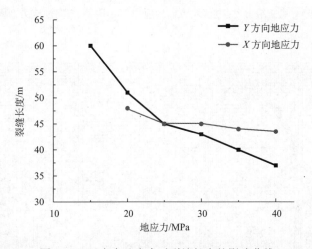

图 2.64　Y 方向地应力对裂缝长度的影响曲线

2. 裂缝分岔模拟分析

进一步的模拟发现，地应力对裂缝扩展的影响不仅在于裂缝扩展长度的变化，而且对裂缝形态也有很大的影响。当 X 和 Y 方向地应力相差较大时，裂缝有可能不沿原来的直方向扩展，而发生拐弯、分岔等现象。

图 2.65 是 X 方向地应力为 15MPa，Y 方向地应力为 30MPa，载荷为 60MPa 时的裂缝扩展模拟。由于 Y 方向有较大压缩的地应力，裂缝较难沿直裂缝（即 X 方向）继续扩展，直裂缝分岔，形成两支裂缝继续扩展。图 2.66 是 X 方向地应力为 15MPa，Y 方向地应力为 40MPa，载荷为 60MPa 时的裂缝扩展模拟。此时两个方向地应力差别更大，分岔裂缝形态也发生了一定变化。

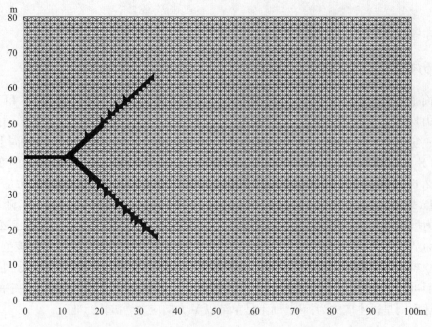

图 2.65　直裂缝分岔扩展(X 方向地应力 15MPa,Y 方向地应力 30MPa)

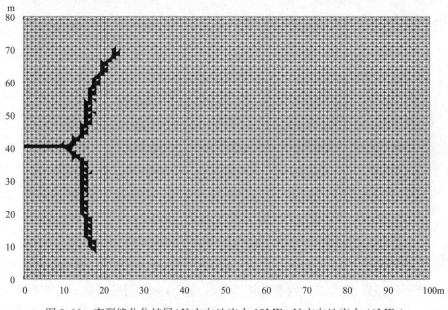

图 2.66　直裂缝分岔扩展(X 方向地应力 15MPa,Y 方向地应力 40MPa)

　　当两个方向地应力差别不大,或者 Y 方向地应力比 X 方向地应力更小时,直裂缝沿原来的方向继续扩展。当 Y 方向地应力比 X 方向地应力大到一定程度时,裂缝开始分岔,并且随着地应力差别增大,离开原来扩展方向的角度越大。

　　研究中用单元破坏的方法研究裂缝扩展的优点在于不需要预先指定裂缝扩展路径或者可能的扩展路径,完全实现裂缝沿任意方向扩展。这要求单元划分非常稠密,导致计算量非常大,同时裂缝扩展过程又是一强非线性过程,需要反复迭代求解。我们目前的工作主要是发展这一方法,并进行探索性的研究,发现裂缝扩展的规律,求解规模局限在20000单元。进一步需要研究的是,采用大规模并行计算,模拟百万以上的单元,数值结果将更为准确。

受到单元划分和计算规模的限制,裂缝分岔角度分析也受到一定影响。理论上,随着两个方向地应力对比变化,裂缝分岔角度可以从 0°到 90°连续变化。

(七)天然裂缝存在对裂缝扩展影响数值模拟分析

若天然裂缝与主裂缝平行并位于主裂缝面上,显然天然裂缝将与主裂缝汇合,主裂缝会继续按照原来的规律扩展。模拟两种天然存在的裂缝,分别与主裂缝正交和斜交,如图2.67所示。模拟初始主裂缝扩展过程中遇到天然裂缝以后的扩展情况。

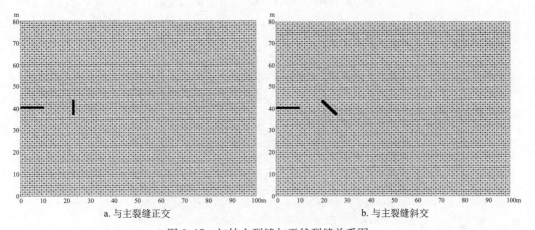

a. 与主裂缝正交　　　　　　　　　b. 与主裂缝斜交

图 2.67　初始主裂缝与天然裂缝关系图

图 2.68 显示不同地应力情况下,垂直天然裂缝对初始主裂缝扩展的影响。

当 X 方向地应力较大,Y 方向地应力较小时,裂缝易于沿着 X 方向扩展,所以主裂缝碰到天然裂缝以后沿着天然裂缝到边界后转弯,沿着 X 方向继续扩展,达到53m,无天然裂缝时该地应力工况的裂缝扩展长度是57m。该天然裂缝不利于裂缝扩展,主要是因为一部分水力载荷损失在非主裂缝路径上,见图2.68a。

当 X 方向地应力较小,Y 方向地应力较大时,裂缝可能发生分岔,如图 2.65 和图 2.66。当两方向地应力差别更大时,分岔裂缝与主裂缝角度也更大。图 2.68b、c 模型在主裂缝与到达天然裂缝以前没有发生分岔,只是形成了一定的锯齿型。分析原因,主要是受天然裂缝的影响,天然裂缝的存在影响了渗透压的分布,从而使得主裂缝继续沿直线前进。

图 2.69a 是地应力 25/25 工况,初始主裂缝先同天然裂缝汇合,达到天然裂缝末端时转弯,沿着初始扩展方向(X 方向)前进。

图 2.69b 是地应力 15/35 工况,Y 方向地应力较大,初始主裂缝先同天然裂缝汇合后,沿两个方向达到天然裂缝末端,裂缝形态变得复杂。一端沿天然裂缝方向继续扩展,另一端扩展方向由天然裂缝135°转到90°,后再转到45°方向,与上节无天然裂缝相同的方向。

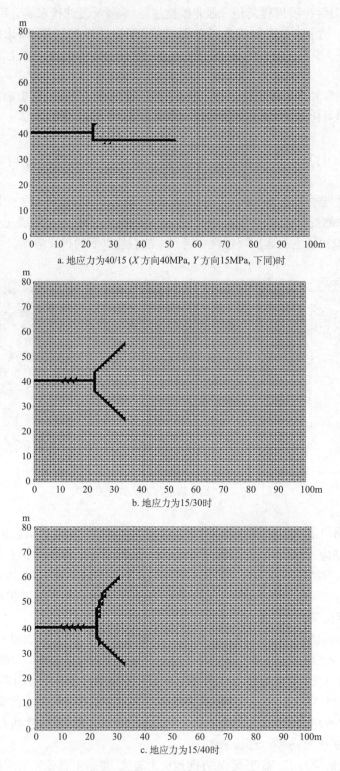

a. 地应力为40/15 (X 方向40MPa, Y 方向15MPa, 下同)时

b. 地应力为15/30时

c. 地应力为15/40时

图 2.68 不同地应力情况下垂直天然裂缝的扩展情况

图 2.69c 是地应力 40/15 工况，X 方向地应力较大，主裂缝到达天然裂缝末端后转向沿着水平方向扩展。

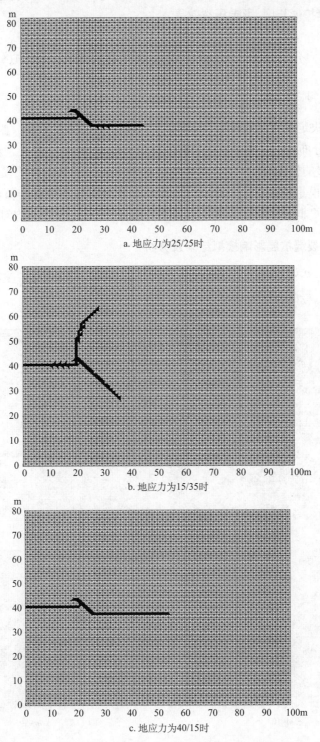

a. 地应力为25/25时

b. 地应力为15/35时

c. 地应力为40/15时

图 2.69　不同地应力情况下存在斜天然裂缝的扩展情况

以上分析表明，天然裂缝的存在对裂缝形态影响比较复杂，裂缝形态与天然裂缝位置、角度、地应力状态等多方面因素有密切的关系。很多情况下天然裂缝会造成水力载荷的损失，减小裂缝扩展长度，影响压裂效果。

（八）介质的非均匀特性对裂缝扩展影响数值模拟分析

1. 岩石介质非均匀性表征

岩石的强弱决定了其杨氏模量、渗透率、热传导系数等物性参数。假定岩石的杨氏模量服从 Weibull 分布，而渗透率、热传导系数与杨氏模量直接相关。对所有单元施加 Weibull 随机分布的杨氏模量，保证其平均值是给定岩石的平均杨氏模量值。单元杨氏模量为平均杨氏模量的 w 倍，渗透率与热传导系数分别为各自平均值的 $1/w$。Weibull 随机分布函数中的非均匀参数 m 决定了非均匀程度，m 越大介质越均匀。

2. 非均匀参数对裂缝扩展影响模拟结果及分析

图 2.70 是 m 分别为 3,5,10,50 四种岩石介质的均匀程度图，X、Y 两方向地应力均为 25MPa，水力总载荷为 60MPa。

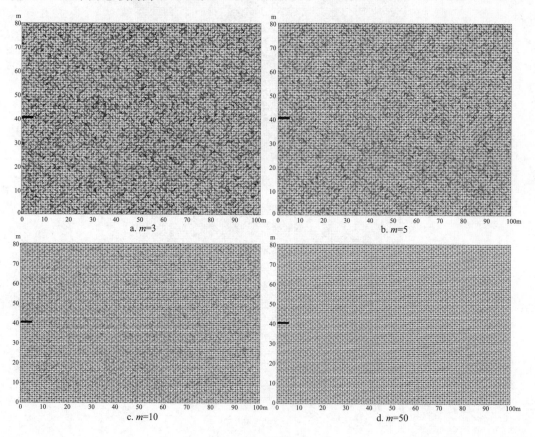

图 2.70 岩石介质的非均匀性

图 2.71a 的 *m* 为 3,均匀性较差,裂缝扩展路径曲折,不规则。随着介质均匀性提高,图 2.71b 和 2.71c 的裂缝扩展路径稍微偏离原来的直裂缝方向。图 2.71d 的 *m* 为 50,均匀性较好,裂缝扩展路径和长度与前面研究的完全均匀介质完全相同。

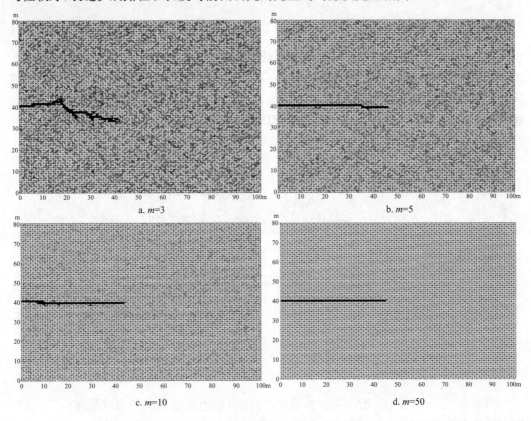

图 2.71   非均匀岩石介质裂缝扩展图

当岩石非均匀性较强时,裂缝扩展路径上会遇到一些局部强度较弱的区域,裂缝容易偏离原来的路径,而沿着强度较弱的方向前进,从而可能导致裂缝形态复杂。非直裂缝可能导致水力载荷损失,减小裂缝扩展长度,从而影响压裂效果。

（九）非均匀温度场对裂缝扩展影响数值模拟分析

1. 温度场影响模型

非均匀温度场对裂缝扩展影响是多方面的,本研究主要考虑两方面,一是温度场分布影响渗透率,从而影响水力载荷的部分,进而对裂缝扩展产生影响;二是非均匀温度场产生热应力,影响裂缝扩展。

岩层的初始温度设定为 60℃,注入的压裂液的温度设定为 10℃,热应力的计算以 60℃ 为基准点,设定热膨胀系数为 $10^{-5}/℃$,假定 50℃ 的温差导致岩石渗透率降低 20% 并随温度线性变化。

模拟垂直裂缝,地应力状态是两方向均为 25MPa,总载荷是 60MPa,直裂缝扩展。研究分四个工况:①考虑渗透率随温度变化及热应力;②不考虑渗透率随温度变化,考虑热应力;③考虑渗透率随温度变化,不考虑热应力;④不考虑渗透率随温度变化,不考虑热应力。以此分别探讨温度场两方面的影响。

2. 数值模拟结果分析

图 2.72 显示上述四个工况下裂缝扩展长度随载荷变化曲线。图 2.73 显示上述四个工况下最大裂缝扩展宽度随载荷变化曲线。从对比曲线图可以看出,渗透率的变化和热应力效应都引起裂缝扩展长度和宽度的增加,而热应力的影响尤其显著。考虑热应力和渗透率的温度敏感性后,起裂压力降为 21MPa。

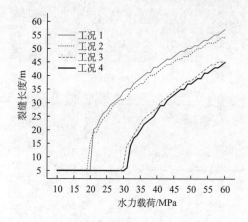 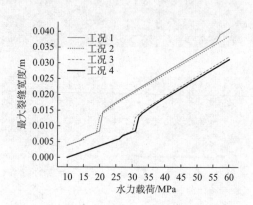

图 2.72　裂缝扩展长度随载荷变化曲线　　　　图 2.73　裂缝最大宽度随载荷变化曲线

图 2.74 分别是四个工况下裂缝扩展图,考虑热应力和渗透率的温度敏感性后,裂缝形态并没有发生变化,依然是直裂缝扩展,但是扩展长度发生了显著的变化。

初始裂缝附近区域的温度由于传热而下降,于是岩石遇冷收缩,但是由于远场边界条件固定,所以在岩石中产生拉伸的应力。热应力效应相当于岩层中有初始张应力,与初始地应力是相反的。地应力阻碍裂缝扩展,而热应力有利于裂缝的扩展。

渗透率对温度的敏感性对裂缝扩展影响不显著,但也存在一定的影响。由于缺乏相应的物性参数随温度变化数据,这里假设温度降低时渗透率也降低,并且假设从 60℃降为 10℃时,渗透率下降 20%。将渗透方程形式改写为 $\nabla\cdot(k(x,y)\cdot(\nabla\cdot p))=0$,可以看出 $k(x,y)\cdot(\nabla\cdot p)=\text{const}$,所以渗透率下降导致压力梯度增加。在裂缝尖端附近,岩石温度降低,渗透压梯度增大,故而局部有效载荷增大,促进了裂缝的扩展。

（十）水力压裂软件在水力压裂中的应用

编制的水力压裂软件主要用来进行水力压裂数值模拟,模拟水力压裂时不同情况下裂缝的走向、裂缝扩展长度、裂缝宽度、水力载荷分布以及应力状态,用以指导煤岩的水力压裂。

所编制的软件可考虑以下 5 种裂缝扩展影响因素:

1) 温度变化;

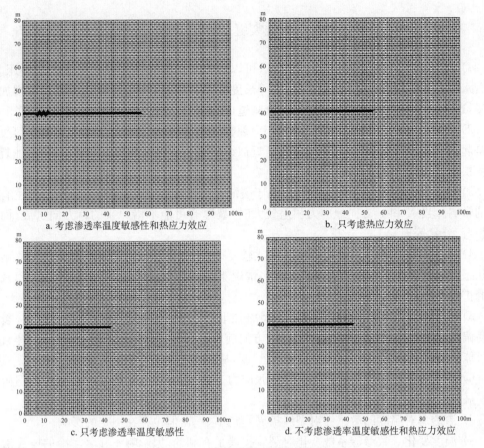

图 2.74 不同工况下裂缝扩展图

2）不同的水平主应力；

3）压裂过程中裂缝碰到天然裂缝；

4）压裂过程中碰到天然溶洞；

5）岩石的非均质性。

本软件能够对以上任意一种情况在保证其他几种情况不变的条件下，对水力压裂进行数值模拟，同时也可以同时对几种情况的变化进行数值模拟。

在煤岩的水力压裂数值模拟中，我们主要进行了以下模拟：

1）建立垂直裂缝和水平裂缝的平面应变模型，数值模拟并分析了垂直和水平裂缝扩展过程，包括裂缝扩展长度、宽度、水力载荷分布、应力状态等。

2）模拟了地应力对裂缝扩展的影响，裂缝趋于沿最小主应力方向前进，而初始地应力对应力状态有非常重要的影响，裂缝易于沿垂直于地应力小的方向扩展。地应力的变化可能导致裂缝分叉、拐弯。

3）模拟了天然裂缝对主裂缝扩展的影响，主裂缝遇到天然裂缝后，一般会沿着天然裂缝扩展，达到天然裂缝末端后，扩展方向由多方面因素决定，包括初始主裂缝方向、天然裂缝方向、地应力工况等。

4）模拟了岩石介质非均匀性对裂缝扩展的影响。

5）模拟研究了非均匀温度场对水力裂缝扩展的影响。

（十一）水力压裂裂缝展布数值模拟结论

1）通过对煤岩垂直裂缝的数值模拟，可以得出不同煤岩在不同情况下的起裂压力。随着水压力载荷增加，裂缝不断扩展，裂缝长度非线性增长，增长速度随裂缝长度增加而变慢，这是由于水力载荷随着裂缝长度衰减造成的。

2）可以得出垂直裂缝顶端（对称面上）裂缝宽度随水力载荷变化规律。无论起裂前还是起裂后，随着载荷增加最大裂缝宽度近似线性增长。在起裂载荷附近，载荷增加裂缝宽度快速增长。

3）地应力对裂缝扩展的影响不仅在于裂缝扩展长度的变化，而且对裂缝形态也有很大的影响。当 X 和 Y 方向地应力相差较大时，裂缝有可能不沿原来的直方向扩展，而发生拐弯、分岔等现象。

4）天然裂缝的存在对裂缝形态影响比较复杂，裂缝形态与天然裂缝位置、角度、地应力状态等多方面因素有密切的关系。很多情况下天然裂缝会造成水力载荷的损失，减小裂缝扩展长度，影响压裂效果。

5）当岩石非均匀性较强时，裂缝扩展路径上会遇到一些局部强度较弱的区域，裂缝容易偏离原来的路径，而沿着强度较弱的方向前进，从而可能导致裂缝形态复杂。非直裂缝可能导致水力载荷损失，减小裂缝扩展长度，从而影响压裂效果。

6）热应力效应相当于岩层中有初始张应力，与初始地应力是相反的。地应力阻碍裂缝扩展，而热应力有利于裂缝的扩展。

7）渗透率对温度的敏感性对裂缝扩展影响不显著，但也存在一定的影响。

8）温度变化导致渗透系数变化对裂纹扩展是有利的，但影响不显著。冷的压裂液会导致地层中出现拉伸的热应力，促进了裂纹扩展，提高了裂纹扩展长度和最大裂纹宽度，并且影响较为显著，在实际分析中应加以重视。

四、提高水力压裂效果的措施和技术优选

对于低渗、特低渗煤层气井，水力压裂改造是提高其产能的主要措施之一，而对于这类储层的改造，必须获得足够长的支撑裂缝和一定的裂缝导流能力，才能有效扩大流体渗流面积，提高产能。在实验研究、实际井规律总结及数学模拟研究的基础上，我们提出从以下两个方面提高煤层气井水力压裂效果：

1）通过控制缝高，防止高度过度延伸以及控制多裂缝来增加有效缝长；

2）降低储层二次伤害，提高裂缝导流能力。

（一）增加煤层气井水力压裂有效缝长技术

对于低孔低渗煤层气井，只有通过水力压裂措施来对储层进行深度改造，从而扩大气井渗流面积，改善渗流通道，提高气井产能。目前的水力施工监测和检测结果表明，水力压裂动态裂缝长度小于 100m，一般为 50～80m，支撑缝长为 40～60m，考虑了各种伤害因素的影响后，对产能有贡献的实际有效缝长预计约在 20～40m，因此如何提高有效支撑缝长就变得

十分重要。增加有效支撑缝长的方法主要为控制缝高过度延伸、防止多裂缝生成。

1. 控制缝高技术

产层与上下隔层间的地应力差是控制裂缝高度延伸的主控因素,但这一参数是无法改变和控制的,在地应力差值一定的条件下,可以通过控制压裂液黏度、施工排量参数,采取组合前置液、混气前置液等技术手段来实现对裂缝高度延伸的控制。

(1) 控制压裂液黏度

压裂液黏度影响裂缝垂向延伸程度,黏度越大,垂向延伸越严重,因此,适当降低压裂液黏度可以起到控制裂缝高度的作用。这是清洁压裂液黏度低可以控制缝高的机理,也是采用低聚合物浓度压裂液体系降低冻胶黏度控制缝高的机理。因此,在保证压裂液携砂性能的前提下,为控制缝高,应尽可能降低压裂液黏度。

(2) 组合前置液控制缝高技术

前置液是造缝的载体,需要一定的黏度,但过高的黏度又会带来缝高的过度延伸,因此必须处理好这两方面的矛盾,发挥其最佳作用。冻胶前置液造缝能力强但会引起缝高过度延伸,而清水前置液黏度低,可以控制缝高延伸,但存在造缝能力不足的缺点。通过 3D 软件的模拟,证实如果将冻胶和清水各一半组合起来,恰恰可以发挥它们各自的优点,弥补其不足。研究结果表明,使用该组合前置液缝高延伸减少了 18%,而缝长仅减少 8%,而纯清水做前置液时缝高虽然可以减少 30%,但缝长同时也减少了 21% (表 2.14)。

表 2.14　不同前置液类型对裂缝尺寸的影响

前置液类型	缝高与产层厚度之比	缝长/m
冻胶	2.04	85
冻胶清水各半	1.7	79
清水	1.4	65

(3) 混气前置液技术

压裂施工泵注前置液的同时泵注气体,气、液到达地层后,从渗流的角度而言,气体优先堵塞天然裂缝,从一定程度上可以降低滤失,控制缝高;另外,施工结束后,还可起到助排的效果。

2. 控制多裂缝,增加有效缝长技术

由于煤层割理较为发育,因此压裂施工中容易出现多裂缝,造成压裂施工早期出现砂堵,同时,在施工规模不变条件下,多裂缝的形成使液体滤失加大,裂缝长度变短,裂缝宽度变窄,导流能力变小,改造程度降低,因此,控制多裂缝的形成是煤层压裂改造中增加有效缝长的重要手段,控制多裂缝形成的主要方法如下:

(1) 注入支撑剂段塞打磨裂缝曲折

在压裂施工注入前置液阶段分段注入支撑剂段塞,用以打磨裂缝曲折,减少裂缝弯曲

度,利于裂缝沿着主裂缝方向延伸,减少砂堵概率。

（2）注入 400 目树脂、100 目粉砂或粉陶等固体颗粒控制降低滤失

对于割理发育煤层,在压裂施工前置液注入阶段注入 400 目树脂、100 目粉砂或粉陶等固体颗粒,桥堵天然微裂缝,降低煤层滤失,防止发生过度滤失造成的砂堵,保证主裂缝的延伸长度。

（3）端部脱砂技术

端部脱砂技术是指通过控制前置液百分比,使得在施工后期实现前置液滤失完,裂缝

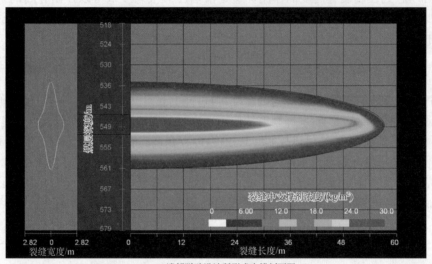

a. 端部脱砂设计所形成支撑剖面图

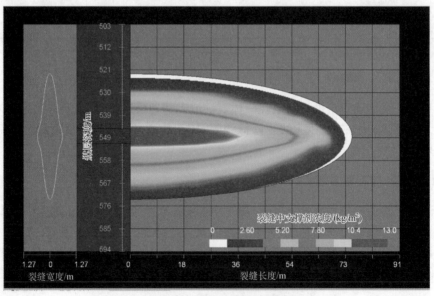

b. 非端部脱砂设计裂缝支撑剖面图

图 2.75 端部及非端部脱砂设计裂缝支撑剖面图

长度不再增长的情况下,继续加砂,此时,裂缝长度不再增加,只是增加缝宽,即增加裂缝的导流能力。

以大宁地区资料为基础,通过三维压裂软件的模拟可以证明端部脱砂技术的效果。以冻胶压裂液为例,加砂规模 $30m^3$,非端部脱砂设计的前置液百分比为 40%,端部脱砂设计的前置液百分比为 25%,两者缝长、支撑剖面及导流能力的比较结果见图 2.75 和表 2.15。

表 2.15 端部脱砂与非端部脱砂所形成的裂缝参数对比

指标	端部脱砂	非端部脱砂
支撑缝长/m	58	73
缝口处最大宽度/cm	2.8	1.2
缝口处裂缝导流能力/$\mu m^2 \cdot cm$	56	44

上述研究结果表明,端部脱砂压裂设计可以实现提高导流能力的目的,但裂缝长度有一定程度的缩短。在上述两种设计方法中,通过端部脱砂技术,使得裂缝导流能力提高 19.6%,但缝长缩短 20%,结果见表 2.15。

端部脱砂设计能够实现提高裂缝导流能力的效果,但对于煤层而言,还应根据具体井的实际情况决定是否应用。对于煤层多裂缝发育的井区,获得更长的支撑裂缝占主导目标,则不建议采用端部脱砂技术。如果目标井区的渗透性较好,获得更高的裂缝导流能力占主导目标时,建议可考虑采用端部脱砂技术,但初期的试验应建立在小型压裂试验认识地层滤失情况的基础上。

(二) 降低储层二次伤害,提高裂缝导流能力技术

1. 改进压裂液体系,减少储层伤害

我国拥有大量的低渗煤储层,这部分储层的有效开发往往需要水力压裂技术,通过水力裂缝改造煤层,沟通更多的天然裂缝系统,从而提高排水降压采气效果。然而如我们所知,煤岩由于强吸附特征和天然裂缝系统异常发育的储层特点,从压裂的角度而言将带来两大难题,一是煤储层与水力裂缝本身的伤害问题,二是裂缝的有效造缝与延伸问题。以下通过数值模拟方法以不同液体类型的压裂特点为出发点,研究不同伤害因素对压后产量的影响程度以及对裂缝造缝与扩展的影响,为煤层水力压裂材料与技术提供优选的理论依据。

目前煤层较为常用的压裂液体系是冻胶、活性水和泡沫,从成本的角度考虑,尤其对于低渗低产煤层,决策者往往难以接受泡沫压裂液的价格,因此,煤层更多使用的是冻胶压裂液与活性水压裂液。而煤层最典型的高滤失、低温、裂缝复杂和煤岩的高吸附特征,使得煤层压裂改造的同时往往伴随众多的伤害因素。通过数值模拟的方法可以分析不同压裂液体系(主要是冻胶与活性水体系)对煤层伤害及造缝的影响规律。分析中主要考虑压裂裂缝导流能力的伤害、压裂液滤失区煤层渗透率的伤害、裂缝壁面表皮的伤害、冻胶残胶伤害、复杂裂缝引起的导流能力与有效缝长的伤害等。

(1) 不同压裂液体系对煤层压裂的影响机理分析

研究煤层压裂的伤害机理首先应从煤层压裂的一些主要特点和难点入手,煤层压裂的主要特点和难点体现在以下一些方面:

1) 煤层埋深浅,一般 1500m 以浅,大部分在 1000m 以浅,温度低,大多处于 20~60℃,影响压裂液破胶性能。

2) 压力系数低,压裂液返排动力有限。

3) 煤岩吸附能力强,一旦压裂液或破胶液中高分子物质被煤岩表面吸附,则会对煤岩体的渗透性产生很大伤害。实验研究表明,冻胶破胶液对煤层的伤害很高,一般可达80%甚至更高,活性水对煤岩渗透率的伤害相对较低,一般在 20% 以内,典型的实验曲线见图 2.76 和图 2.77。

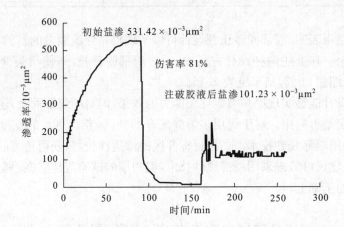

图 2.76 冻胶破胶液对煤岩渗透率的伤害曲线(伤害率 81%)

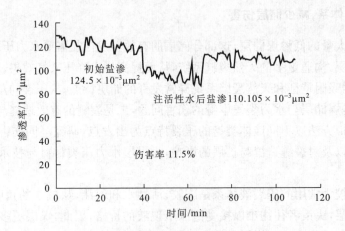

图 2.77 活性水对煤岩渗透率的伤害曲线(伤害率 11.5%)

4) 煤层割理一般都很发育,可达到 200~500 条/m,这一方面会引起煤层水力裂缝延伸规律异常复杂,多条裂缝同时发育,另一方面会引起压裂过程中压裂液的严重滤失。煤岩中的割理裂隙有一部分是张开的,一部分在原始应力条件下是闭合的,压裂时在外力的作用下更多的裂缝张开影响水力裂缝在煤层中的扩展、延伸,同时造成施工过程中压裂液的大量滤失。如果压裂改造的目标储层相同,就活性水和冻胶施工而言,则水力裂缝的延伸状况与施工排量和压裂液的黏度直接相关。活性水黏度低,为 0.001Pa·s 左右,而交联冻胶的黏度一般在 0.1Pa·s 以上,为克服滤失,煤层活性水施工排量一般达到冻胶施工排量的 1.5 倍以上。室内物理模拟实验表明,当水力裂缝的扩展前沿到达与裂缝延伸方向相交的天然裂缝时,由于冻胶体系黏度高,造缝能力强,配合一定的排量水力裂缝可以穿过天然裂缝继续延伸,最终容易形成以一条主裂缝联结而成的复杂裂缝系统。而活性水施工尽管排量较大,但由于其黏度低,造缝能力差,裂缝的扩展往往被天然裂缝改变,裂缝的宽度被更多条裂缝分享,更容易形成多裂缝网络,裂缝示意图见图 2.78、图 2.79。

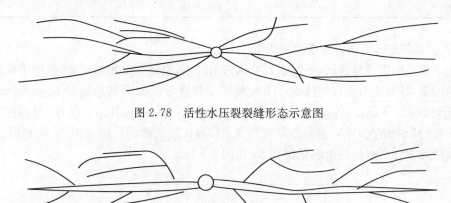

图 2.78　活性水压裂裂缝形态示意图

图 2.79　冻胶压裂裂缝形态示意图

　　鉴于上述原因,活性水压裂虽然对煤岩、裂缝内导流能力的伤害小,同时基本不形成裂缝壁面表皮,但由于其比冻胶更为复杂的多裂缝系统使得支撑剂被分配到更多条裂缝,而最终导致有效导流能力低,有效支撑缝长短,难以实现目的煤层对压裂缝长和导流的需求,从而影响煤层气井的产量。冻胶施工形成的裂缝相对较宽,有效缝长也较长,但由于煤层低温,破胶困难,不破胶的冻胶(残胶)对裂缝导流能力伤害大,也会引起有效裂缝长度的降低。

　　综上所述,不同压裂液体系对煤层压裂施工的影响可归结为:对滤失区域煤岩渗透率的伤害、对裂缝导流能力的伤害、对支撑裂缝长度的伤害(从广义上说,缝长和导流能力无法达到目的层的需求也是一种伤害)和裂缝壁面表皮引起的伤害等。

　　(2) 不同伤害因素对煤层气产量的影响

　　这里通过数值模拟的方法研究不同的伤害因素对产量的影响程度。煤层是一个较为复杂的体系,在建立数值模拟模型时要考虑三个系统,即煤基质、煤岩割理裂缝系统、水力压裂裂缝。这里应用较为成熟的数值模拟软件 ECLIPSE 中的煤层气模块实现煤层建模。水力压裂裂缝是通过模型中局部网格加密和"等效导流能力"的方法实现。利用"等效导流能力"的方法处理裂缝,即:裂缝宽度一般只有几个毫米,而缝长和井距是几百米的量级,如果按实际的数值划分计算网格,则网格数量非常多,使模拟计算工作非常耗时甚至无法进行,所谓等效导流能力是指适当地扩大缝宽而同时等比例缩小裂缝渗透率,保持裂缝导流能力即缝宽与缝中渗透率乘积不变的做法处理裂缝。该方法已经过证实,误差在 3% 以内。模拟分析以山西沁水盆地的煤层为例,基本储层参数见表 2.16。

表 2.16　基本储层参数

参数	数值	参数	数值
深度/m	520	压力系数/(MPa/100m)	0.9
厚度/m	5.5	含气量/(m^3/t)	26
孔隙度/%	2.9	含气饱和度/%	92
渗透率/$10^{-3}\mu m^2$	0.5	模拟时间/d	6000

1) 裂缝导流能力伤害对产量的影响

由于煤岩杨氏模量较低,不考虑其他因素情况下,裂缝宽度相对较宽,但由于残胶、多裂缝等因素,导流能力会有所降低。下面模拟了裂缝导流能力从原始的 $60\mu m^2 \cdot cm$,分别降低到 $50\mu m^2 \cdot cm$、$40\mu m^2 \cdot cm$、$30\mu m^2 \cdot cm$、$20\mu m^2 \cdot cm$、$10\mu m^2 \cdot cm$ 时,对产气量和产水量的影响情况,导流能力伤害对产气量和累计产气量的影响见图 2.80 和图 2.81,对产水量和累计产水量的影响见图 2.82 和图 2.83。

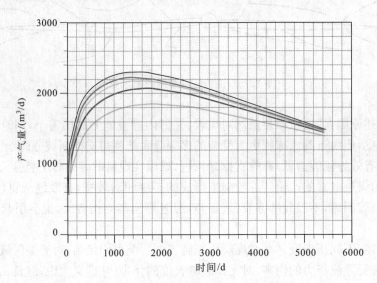

图 2.80　导流能力伤害对产气量的影响

自上而下对应的导流能力分别是 $60\mu m^2 \cdot cm$、$50\mu m^2 \cdot cm$、
$40\mu m^2 \cdot cm$、$30\mu m^2 \cdot cm$、$20\mu m^2 \cdot cm$、$10\mu m^2 \cdot cm$

上述模拟结果表明,在导流能力可能的伤害范围内,最终产量降低达到 15.1%。这里,产量降低的百分数=(无伤害产量－伤害后产量)×100/无伤害产量,以下相同。同时模拟表明伤害对产水量的影响趋势与产气的影响趋势相同,因此其他伤害因素分析时不再给出产水的模拟结果图。

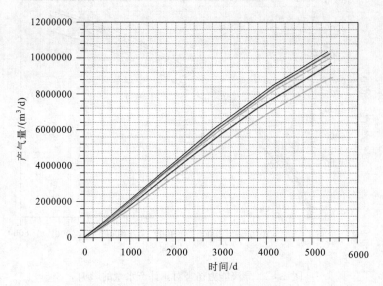

图 2.81 导流能力伤害对累计产气量的影响

自上而下对应的导流能力分别是 $60\mu m^2 \cdot cm$、$50\mu m^2 \cdot cm$、

$40\mu m^2 \cdot cm$、$30\mu m^2 \cdot cm$、$20\mu m^2 \cdot cm$、$10\mu m^2 \cdot cm$

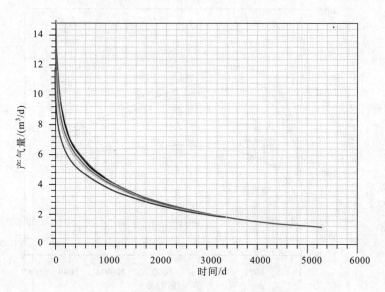

图 2.82 导流能力伤害对产水量的影响

自上而下对应的导流能力分别是 $60\mu m^2 \cdot cm$、$50\mu m^2 \cdot cm$、

$40\mu m^2 \cdot cm$、$30\mu m^2 \cdot cm$、$20\mu m^2 \cdot cm$、$10\mu m^2 \cdot cm$

2）裂缝长度伤害对产量的影响

模拟了裂缝半长从原始的 120m 分别降低到 100m、80m、60m、40m、20m 时对产气量的影响情况，见图 2.84 和图 2.85。模拟结果表明，在裂缝长度可能的伤害范围内，最终产量降低达到 36.4%。

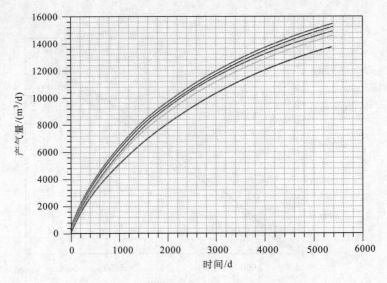

图 2.83　导流能力伤害对累计产水量的影响

自上而下对应的导流能力分别是 $60\mu m^2 \cdot cm$、$50\mu m^2 \cdot cm$、

$40\mu m^2 \cdot cm$、$30\mu m^2 \cdot cm$、$20\mu m^2 \cdot cm$、$10\mu m^2 \cdot cm$

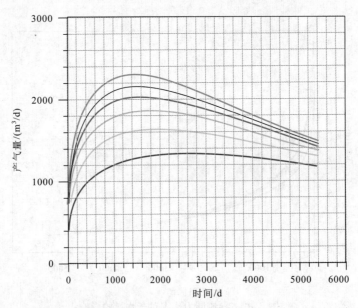

图 2.84　裂缝长度伤害对产气量的影响

自上而下对应的裂缝半长分别是 120m、100m、80m、60m、40m、20m

　　对于裂缝长度的伤害,我们还模拟研究了另一种情况,即假设冻胶压裂时达到了预期的缝长,但由于低温和破胶技术问题,冻胶无法彻底破胶,在主裂缝长度中形成断断续续的导流能力分布情况,见图 2.86。我们分别模拟了受伤害段的裂缝导流能力从 $60\mu m^2 \cdot cm$ 降低到 $40\mu m^2 \cdot cm$、$30\mu m^2 \cdot cm$、$20\mu m^2 \cdot cm$、$10\mu m^2 \cdot cm$,以及极端的情况,即残胶段的裂缝导流能力被完全伤害到 $0\mu m^2 \cdot cm$。对产量的影响模拟结果见图 2.87 和图 2.88。

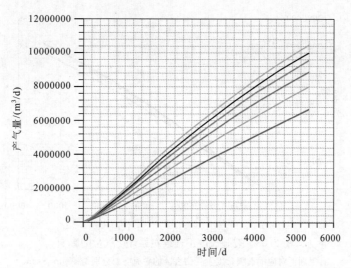

图 2.85　裂缝长度伤害对累计产气量的影响

自上而下对应的裂缝半长分别是 120m、100m、80m、60m、40m、20m

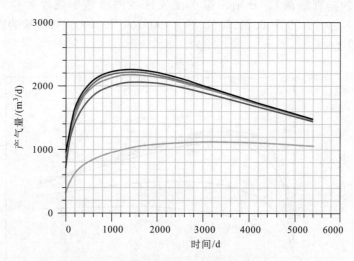

图 2.86　冻胶不能彻底破胶等原因引起的裂缝长度范围内导流能力不均匀分布示意图

图 2.87　裂缝长度不连续对产气量的影响

自上而下对应的裂缝长度上受伤害区的导流能力分别是 $60\mu m^2 \cdot cm$、

$40\mu m^2 \cdot cm$、$30\mu m^2 \cdot cm$、$20\mu m^2 \cdot cm$、$10\mu m^2 \cdot cm$、$0\mu m^2 \cdot cm$

模拟结果表明,最大伤害程度(即残胶段的裂缝导流能力被完全伤害到 $0\mu m^2 \cdot cm$ 的情况)可达 46.3%,但残胶段的裂缝只要保持一定的导流能力,如 $10\mu m^2 \cdot cm$,则对最终产量的影响仅 7.0%。

3)滤失区渗透率的伤害

由于煤岩天然裂缝系统发育,压裂施工过程中压裂液的滤失量大,滤失影响区域大。

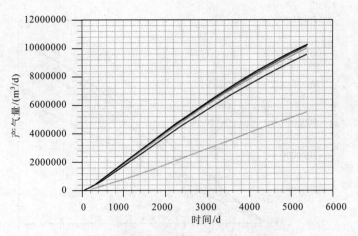

图 2.88　裂缝长度不连续对累计产气量的影响

自上而下对应的裂缝长度上受伤害区的导流能力分别是 $40\mu m^2 \cdot cm$、

$30\mu m^2 \cdot cm$、$20\mu m^2 \cdot cm$、$10\mu m^2 \cdot cm$、$0\mu m^2 \cdot cm$

根据以往施工的分析结果,煤层施工压裂液效率一般 15%～30%,根据压裂液体系和天然裂缝的发育情况有所不同,本研究考虑沁水盆地的煤层情况,取压裂液效率平均值为 22.5%,裂缝半长 100m,则计算滤失深度为 4.8m 左右(滤失深度是指压裂液滤失的最远端距裂缝壁面的垂直距离)。分别模拟了滤失区域内渗透率比原始煤层渗透率降低 10%、20%、30%、40%、50%、60%、70%、80%、90%、95%、100%对产量的影响,模拟结果见图 2.89 和图 2.90。

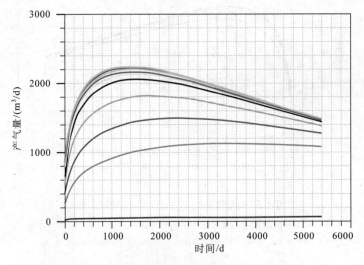

图 2.89　滤失区渗透率伤害对产气量的影响

自上而下对应的滤失区渗透率分别比原始渗透率降低 10%、20%、

30%、40%、50%、60%、80%、90%、95%、100%

模拟结果表明在可能的滤失区渗透率伤害范围(5%～90%)内,最终产量降低达到 28.8%,并且主要发生在伤害率超过 60%以后。

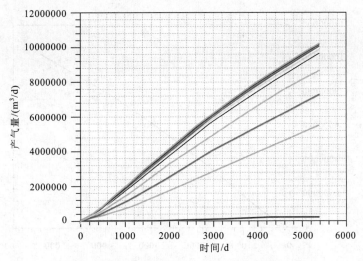

图 2.90　滤失区渗透率伤害对累计产气量的影响

自上而下对应的滤失区渗透率分别比原始渗透率降低 10％、20％、
30％、40％、50％、60％、80％、90％、95％、100％

4) 裂缝壁面表皮引起的伤害

裂缝壁面表皮主要是冻胶体系施工过程中,随着压裂液的滤失在裂缝壁面沉积形成一层滤饼,活性水施工不存在该伤害。滤饼的渗透性很差,由滤饼引起的伤害称为裂缝壁面表皮伤害。这里分别模拟了滤饼区域渗透率为 0、$0.1\times10^{-3}\,\mu m^2$、$0.2\times10^{-3}\,\mu m^2$、$0.3\times10^{-3}\,\mu m^2$、$0.4\times10^{-3}\,\mu m^2$、$0.5\times10^{-3}\,\mu m^2$ 的几种情况,可以发现,由于滤饼较薄,一般仅 1mm 左右,从渗流的角度而言,只要滤饼区渗透率不为 0,则对产量没有影响,渗透率大于 0 的曲线全部重合,只有滤饼完全没有渗透性才会引起产量的降低,此时最终产量降低达到 36.4％,但出现此情况的可能性极低,因此基本可以忽略滤饼的影响。模拟结果见图 2.91 和图 2.92。

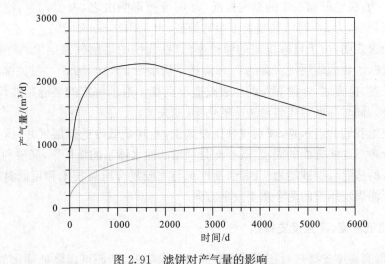

图 2.91　滤饼对产气量的影响

下部为滤饼无渗透性的曲线,上部是滤饼渗透率从 $0.1\times10^{-3}\sim0.5\times10^{-3}\,\mu m^2$ 的曲线

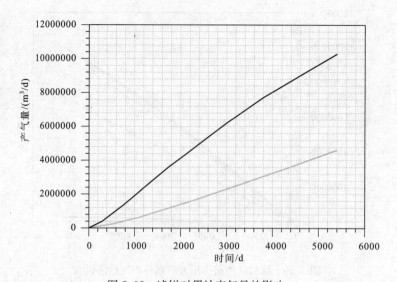

图 2.92　滤饼对累计产气量的影响

下部为滤饼无渗透性的曲线,上部是滤饼渗透率从 $0.1 \times 10^{-3} \sim 0.5 \times 10^{-3} \mu m^2$ 的曲线

（3）结论

本节主要研究了冻胶与活性水压裂液体系对煤层水力压裂的影响,包括对裂缝延伸与有效支撑的影响和直接的伤害影响两个方面。由于裂缝的复杂性引起的裂缝长度延伸不足或多裂缝的共同发育而带来的裂缝内支撑剂铺置不足即导流能力低,均可认为是无法完全实现目标煤层对水力裂缝的需求,从广义的角度也可认为是一种伤害。本节还通过数值模拟方法研究了四个方面的伤害,包括裂缝长度、裂缝导流能力、滤失区渗透率、裂缝壁面表皮等对煤层气井压后产量的影响。

模拟研究的结果表明,四种伤害因素对在其可能的伤害范围内,对最终产量的影响由低到高排序为:裂缝壁面表皮的影响最低,为 0;导流影响次之,为 15.1%;滤失区渗透率伤害影响居第三,为 28.8%;裂缝长度影响最高,为 36.4%～46.3%。

上述结果表明,由于目标煤层的渗透率低(在我国的煤层气储层中具有很强的代表性,据资料统计,我国煤层气资源的 70% 渗透率均小于 $1 \times 10^{-3} \mu m^2$),最关键的影响因素还是裂缝长度,换言之,低渗煤层的压裂改造重点在于追求一定的裂缝延伸长度(或主裂缝延伸长度),同时降低对煤岩渗透率的伤害(滤失区)。

此研究给我们的启示是,煤层气井压裂施工,尤其是低渗透煤层气井,压裂液体系的选择应充分考虑这两方面的需求,既要充分利用活性水体系的低伤害,又要利用冻胶压裂液体系较好的造缝与携砂能力。因此,活性水与冻胶复合压裂技术和超低温高效破胶冻胶体系是低渗煤层压裂的两个重要发展方向。

2. 开发应用低密度、高强度支撑剂

低密度、高强度支撑剂对压裂液携砂性能要求降低,从而可以降低稠化剂用量,甚至可以采用清水进行大规模加砂,以减少液体对地层和裂缝的伤害。

3. 应用裂缝清洗技术,提高裂缝导流能力

裂缝清洗技术是针对后期的裂缝,使用裂缝清洗剂,溶解裂缝内的残留物,提高裂缝基质表面渗透率和支撑裂缝导流能力。裂缝清洗的方法为:在返排后期加入,具体应在井口自然放入,并关井反应 5~8 小时,不宜在顶替液中加,这样会在关井反应的过程中造成支撑剂沉降过大。

第三章　多分支水平井开采增产机理

多分支水平井可以有效地降低单井钻井成本、扩大单井控制面积、提高单井产量。多分支水平井在煤层中施工多个呈放射状分布的水平孔段，在产层内延伸几十、甚至几百米，这些水平分支作为排泄通道把普通直井之间实际上未曾投入开发的大片储层连通，从经济上讲，可以大大节约煤层气开发费用。

由实践证明煤层气多分支水平井一般适用于煤层比较厚且煤层分布连续的储层，并且当水平井眼与最大渗透性方向垂直的时候最有效。但多分支水平井在何种条件下、在多大程度上以及如何提高煤层气开采效率还需要作定量的分析。

煤层气多分支水平井开采增产机理研究主要采用理论分析和数值模拟相结合的方法，建立非均质各向异性多重介质中多分支水平井开采煤层气的数学模型、数值模型与计算机模型，应用同类软件和实际生产资料进行软件可靠性验证，并不断完善、改进，在此基础上进行增产机理分析。

一、煤层气开采数值模拟国内外研究现状及发展趋势

煤层气数值模拟研究始于 20 世纪 60 年代，但专门针对多分支水平井的煤层气数值模拟研究尚未深入细致地开展。数学模型是数值模拟的基础，下面以数学模型为主线，对煤层气数值模拟的发展进行系统的评述。

煤层气输运的数学模型的发展历程大致经历了经验模型、平衡吸附模型和非平衡吸附模型三个阶段。King 先后于 1991 年和 1995 年对此作过比较全面的回顾，主要包括以下一些模型。

1. 经验吸附模型

经验模型是在煤层气开发早期，煤层储层特性研究还非常有限的情况下，简单地把直接观测到的物理现象用数学方法描述。经验模型所需输入参数较少，预测精度有限，是煤层气数值模拟的原始阶段。这类模型有 1968 年的 Airey 模型（King and Ertekin, 1989 a, b; 苏现波等, 2001）及国内郎兆新等提出的模型（郎兆新等, 1997）。

这里先以 Airey 模型为代表来介绍经验吸附模型，该模型是对煤心尺度下破碎煤样的煤层气产出特征研究后提出的，得到了解吸量的经验公式。模型假设：所有煤粒内甲烷的初始解吸速度非常快；足够长的时间后，解吸甲烷的总体积趋于一定值；少量煤样可解吸出大量甲烷；解吸总量随时间增加，解吸速度随时间减慢，则解吸量

$$G_d = \frac{G_c^0}{1100}\left[1 - \exp\left(\frac{-t}{\tau_A}\right)^N\right] \tag{3.1}$$

初始含气量（G_c^0）由下式决定：

$$G_c^0 = \frac{G_c^d}{1 + 0.31 W_c} \tag{3.2}$$

式中,G_d——解吸量;

$\quad\quad N$——指数常数;

$\quad\quad G_c^d$——总解吸量,m^3;

$\quad\quad G_c^0$——初始含气量,m^3/t;

$\quad\quad t$——解吸时间,h;

$\quad\quad \tau_A$——吸附时间常数;

$\quad\quad W_c$——水分含量,kg/m^3。

我国煤层气工业发展较晚,所以研究中大多直接引用了外国的平衡吸附模型及非平衡吸附模型,研究经验模型的较少,比较有代表性的只有郎兆新等提出的模型。该模型主要建立了气井气、水产量的拟压力解公式、煤层真实气体拟压力计算公式和气水产能比公式,并利用气藏物质平衡方法得出了累积采气量公式。

2. 平衡吸附模型——单孔模型

平衡吸附模型是人们对储层有了充分的认识后在经验模型的基础上发展起来的。平衡吸附模型有自身的理论基础,能够更充分的描述储层特征,与实际储层情况更接近。

平衡吸附模型的特点是假设介质具有单一孔隙空间。平衡吸附模型的气体传输过程类似于常规气藏的气相流动方程,只是将解吸气部分加到源项之中,解吸扩散过程与渗流速度相比足够快以至于过程的动力学过程可以忽略。由于解吸过程瞬间完成,解吸气和游离气的关系类似于溶解气和游离气的关系。最典型的模型是文献(Bumb and Mckee,1988;King and Ertekin,1989a,b,1991;郎兆新等,1997;苏现波等,2001)中所表达的:

$$\nabla \cdot [(K_{rg}K/\mu_g)(p_g/z)\,\nabla\Phi_g] - (p_{sc}T/T_{sc})q'_{qsc} = \frac{\partial}{\partial t}[(\phi S_g p_g/z) + (p_{sc}T/T_{sc})V_{eq}]$$

$$\nabla \cdot \left[\frac{KK_{rw}}{B_w\mu_w}\,\nabla\Phi_w\right] - q'_w = \frac{\partial}{\partial t}(\phi S_w/B_w) \tag{3.3}$$

式中,K_{rg}——气相相对渗透率,$10^{-3}\mu m^2$;

$\quad\quad K_{rw}$——水相相对渗透率,$10^{-3}\mu m^2$;

$\quad\quad \nabla$——梯度算子;

$\quad\quad K$——煤层绝对渗透率;

$\quad\quad B_w$——水的体积系数;

$\quad\quad p_g$——气相地层压力,MPa;

$\quad\quad p_{sc}$——标准压力;

$\quad\quad z$——气体压缩因子;

$\quad\quad \mu_g$——气体黏度;

$\quad\quad \mu_w$——水的黏度,$mPa \cdot s$;

$\quad\quad \Phi_w$——水相压力势;

$\quad\quad \Phi_g$——气相压力势;

$\quad\quad \phi$——孔隙度;

t——时间;

S_g , S_w——气、水相饱和度,%;

T , T_{sc}——分别为气藏温度及标准温度,K;

V_{eq}——Langmuir 方程控制的平衡吸附量;

q_{qsc} , q_w——分别为由于该处井的存在所增加的源汇项。

此外还有以下几种平衡吸附模型:

(1) Nguyen 模型(King and Ertekin,1995)

该模型主要特点是认为气体解吸遵循如下的扩散过程:

$$\nabla \cdot (D_{mi} \nabla V_{mi}) = \frac{\partial V_{mi}}{\partial t} - q_d \qquad (3.4)$$

游离气的运移为达西渗流:

$$\nabla \cdot \left(\frac{\alpha K_{mi}}{\mu_g B_g} \nabla \Phi_g \right) = \frac{\partial}{\partial t} \frac{\phi_{mi}}{B_g} + q_d \qquad (3.5)$$

式中, D_{mi}——微孔隙扩散系数;

V_{mi}——微孔隙中的体积浓度;

t——时间;

α——单位平衡常数;

K_{mi}——微孔隙渗透率;

μ_g——气体黏度;

B_g——气体体积系数;

Φ_g——气相压力势;

ϕ_{mi}——微孔隙孔隙度;

q_d——从吸附气到游离气的传输速度。

两式合并得:

$$\nabla \cdot \left(\frac{a K_{eff}}{\mu_g B_g} \nabla p \right) = \frac{\phi_{mi} C_{eff}}{B_g} \frac{\partial p}{\partial t} \qquad (3.6)$$

式中, K_{eff}——有效渗透率, $10^{-3} \mu m^2$;

c_{eff}——压缩系数,1/MPa;

p——压力。

该模型用岩心数据和历史拟合分析得到了验证。

(2) Kamal 和 Six 模型(King and Ertekin,1995)

Kamal 和 Six 模型是煤层甲烷气井的压力不稳定试井分析的模型,这种模型用于描述两相流动和平衡吸附。

(3) 改进的黑油模型(King and Ertekin,1995)

Seidle 和 Arri 认为可将常规黑油模型模拟程序改进后用于进行平衡解吸、吸附作用的煤层。该模型先任意假定一个含油饱和度,然后由它来定义模型中需要的其他等效储层特征,即模拟中所需要的有效黑油性质,如等效孔隙度和有效气、水饱和度,等效地层体积系数。气体吸附量用原来模型中的有效溶解气油比表示。

（4）国内平衡吸附模型

国内平衡吸附模型主要是参考和借鉴了国外平衡吸附模型,将黑油模型用于煤层气藏的研究,并结合我国煤层气藏实际地质特点所建立的数学模型。这类模型主要有用常规黑油模型(张烈辉等,2001b)和热采模型(张烈辉等,2001a)模拟煤层气开采。

用常规黑油模型模拟煤层气开采基本上是在 Seidle 和 Arri 的改进的黑油模型的基础上结合我国煤层气的实际特点加以修改得出的。该模型假设岩块表面的气体的解吸速度较裂缝网络中流体的传输速度快得多,则煤层气可用基于达西定律的常规黑油模型进行数值模拟;忽略气体的扩散,给定压力下煤层吸附的甲烷气量类似于相应压力下溶解在原油中的气体量,煤层中的 Langmuir 等温吸附曲线相当于油藏中的溶解气油比曲线,煤层表面的吸附气作为不流动油中的溶解气来处理,则可用常规黑油模型描述煤层气。油相的引入,需要增加模型中煤层的孔隙度,并对饱和度及气、水相渗曲线作适当修改。不流动油的流体性质必须综合考虑。利用该模型可以大致模拟出煤层气的开采过程,但是使用该模型的假设条件太多,特别是不能保证解吸速度远大于扩散速度。

用热采模型模拟煤层气开采的原理与用黑油模型模拟煤层气开采过程的原理一样,也是将油藏中的热采模型加以修改,重要的就是平衡常数 K 的计算。

3. 非平衡吸附作用模型——双孔单渗模型

这种模型是近年来普遍被接受并常用于现场实践的一种模型。该模型将煤岩看成双孔介质,即基质孔隙和裂缝或割理。基质孔隙孔径很小,只有单相气以吸附的形式赋存于微孔隙的内表面,吸附气占总量的 $70\%\sim95\%$,基质孔隙对气的单相渗透率小到可以忽略,扩散是基质中气运移的主要方式。割理孔隙孔径相对较大,是气、水运移的主要通道,呈游离状态的天然气约占总量的 $10\%\sim20\%$,赋存于割理及其他裂缝孔隙中。此外,还有少量天然气溶解在煤层水中。在初始状态,一般认为裂缝中由 100% 的水充填。

非平衡吸附模型不是假定吸附瞬间完成,而是有一定的时滞,该过程的动力学过程由扩散定律描述,不管是拟稳态还是非稳态扩散,解吸气量都是基质内浓度、基质边缘(裂缝中)浓度和时间的函数。该模型认为煤层甲烷气的流动包括三个过程:从煤基质的内表面解吸;通过煤基质和微孔隙扩散;通过割理系统或支撑裂缝渗流到井底。

King 和 Ertekin (1989a,b)对非平衡吸附模型的假设条件作了如下总结

煤层被理想化为由一系列裂隙切割成的规则的含微孔隙的基质块,这些基质块可能是板状、柱状或球状体;水是微可压缩流体,在大孔隙中的运移服从达西线性渗流定律;模型坐标轴与煤层渗透率发育方向一致;流体在整个运移过程中是等温的;游离态气体服从真实气体定律,游离态与吸附态气体分子量相等;不同气体不存在选择性吸附与扩散;大孔隙中的气体解吸后为游离态,其运移服从达西定律;基质块表面的解吸速率高,可维持游离态与吸附态气体间的平衡。基质块内部吸附态气体与游离态气体处于非平衡状态;微孔隙系统中气体迁移的性质是扩散,分拟稳态和非稳态两类;开采前微孔隙与大孔隙中的气体处于平衡状态。

非平衡吸附模型是一种比较完善、能更为客观地反映煤层气运移与产出的数学模型。此模型又可分为基于 Fick 第一扩散定律的拟稳态模型和基于 Fick 第二扩散定律的非稳态模型。

(1) 拟稳态模型

基质中的扩散基于 Fick 第一定律,认为煤层气在扩散过程中的每个时间段内每个基质单元有一个平均浓度,这个平均浓度是上一个时间段平均浓度、吸附时间、时间段值及边缘浓度的函数。然后根据平均浓度随时间的变化计算气体扩散量。

$$\frac{dC_m(t)}{dt} = D_m F_s (C(p_{fg}) - C_m) = I/\tau (C(p_{fg}) - C_m) \tag{3.7}$$

式中,F_s——形状因子,$1/m^2$;

D_m——基质中的扩散系数,m^2/s;

τ——吸附时间,h;

C_m——基质中的浓度,m^3/t;

t——时间;

$C(p_{fg})$——与裂缝中气体压力相平衡的浓度,m^3/t;由 Langmuir 方程控制,$C(p)$和 p 构成等温吸附曲线。

$$C(p) = V_m \frac{p}{p_L + p} \tag{3.8}$$

式中,$C(p)$——裂缝中气体浓度;

p——气体压力;

V_m——Langmuir 体积常数,m^3/t;

p_L——Langmuir 压力,MPa。

式(3.7)的初始条件,$t=0$,$C_m(p_{fg})=C(p_{fgi})$。

解式(3.7),得到解吸量的表达式

$$q_m = F_G \frac{dC_m(t)}{dt} \tag{3.9}$$

式中,$C(p_{fgi})$——初始时刻的 $C(p_{fg})$;

q_m——解吸量;

F_G——几何因子。

然后可以得到裂缝中气相质量守恒方程、水相的质量方程以及饱和度方程、毛管力方程。内外边界条件及初始条件根据情况而定。

采用拟稳态模型的代表有以下一些,如 Fedorov 等的模型是以单井单相流为基础建立的(King and Ertekin,1989a);Pavone 和 Schwerer (1984)建立了双孔隙、两相流、非平衡拟稳态模型并开发出软件——ARRAYS;Mohaghegh 和 Ertekin 等利用非平衡拟稳态模型得到了气、水两相的典型曲线(King and Ertekin,1995)。另外,COALGAS、GRUSSP 和现今最流行的 COMET 模拟器既有平衡模型的选项,又有非平衡拟稳态模型的选项(King and Ertekin,1995)。

国内关于非平衡吸附模型研究得比较多,而且结合实际情况,也相继建立了一些模型。如煤层气非平衡吸附拟稳态和非稳态的数学模型和数值模型(李斌,1996),其数值模拟软件系统(CMS)包括一个径向流煤层气预测模型、一个二维有限导流垂直裂缝模型和一个运用于二维和拟三维环境、单井和群井历史拟合和预测的模型。岳晓燕等(1998)也给出了煤层气数值模拟的拟三维暨二维煤层气数学模型,模型中还考虑了地层孔隙度和渗透率的压力敏感性。吴晓东等(2000)、骆祖江等(2000)也进行了煤层气井数值模拟的研究。上述模型大多是基于非平衡吸附拟稳态扩散的数学模型建立起来的。

(2)非稳态模型

非稳态扩散模型,基质中的扩散基于 Fick 第二定律,基质几何块体的浓度从中心到边缘是变化的,几何块体中心的变化率为零,几何块体边缘浓度是受地层压力控制的吸附浓度。$C_{mf}=Mp_{mg}\phi_m/RTZ$ 为基于整体体积的游离气浓度,p_{mg} 为基质块内各点的压力,ϕ_m 为基质孔隙度,M 为摩尔质量,R 为理想气体常数,T 为温度,Z 为气体偏差因子,基质中的扩散满足方程:

$$\frac{\partial}{\partial t}(C_m) = \nabla \cdot [D_m \nabla (C_m)] \tag{3.10}$$

式中,D_m——多孔介质中的质量扩散系数,m^2/s;

C_m——基质内吸附气 C_{ma} 和游离气 C_{mf} 的浓度之和,kg/m^3;

t——时间;

∇——梯度算子。

$$C_m = C_{mf} + C_{ma} = \frac{Mp_{mg}\phi_m}{RTZ} + V_m\frac{p_{mg}}{p_L+p_{mg}} \tag{3.11}$$

基质外边界,气体总浓度与裂缝中的压力平衡,$r=r_1$,$C_m=C(p_{fg})$。

基质内边界,$r=0$,$\nabla C_m=0$。

初始条件,$t=0$,$C_m=C_m(p_{mgi})=C(p_{fgi})$。

解上述扩散方程得到各时刻基质中各点的浓度,则单位时间单位体积基质中的气体扩散到割理中的量由基质边界上的通量求得,

$$q_m = -\frac{A_1}{V_1}D_m\frac{\partial C_m}{\partial n}\mid_{r=r_1} \tag{3.12}$$

式中,r——距基质块中心距离;

C_m——基质中气体的浓度;

$C_m(p_{mgi})$——初始时基质中气体的浓度。

$C(p_{fgi})$——初始时裂缝中气体的浓度;

q_m——单位时间单位体积基质中的气体扩散到割理中的量;

D_m——扩散系数;

n——基质块表面外法向向量;

A_1,V_1,r_1——分别是基质单元的表面积、体积、半径。

煤层气的扩散受基质块体边缘浓度的控制,边缘浓度是基质和裂缝的耦合条件,该浓度与割理系统中游离气的压力保持平衡。而常规油气藏的双孔隙模型压力在原生孔隙和次生孔隙的分界面是连续的,压力本身是耦合条件。

裂缝中气相和水相的运移与拟稳态模型的相同,如果某处有井存在,只需在方程中添加相应的源汇项即可。

Ertekin 和 Sung 基于上述非稳态扩散建立了对于直井和非措施井的压力瞬时分析的模型,模型用 Henry 定律来描述吸附特性(King and Ertekin,1995);Saghafi 等对单相理想气体建立了非平衡解吸模型,与一般非稳态模型不同的是,该模型是用一个时间延迟函数来表示非稳态扩散的特性(King and Ertekin,1995);Carlson 和 Mercer 的模型(King and Ertekin,1995)假设气体在基质中以游离气的形式存在,然后通过达西渗流或通过非稳态扩散进入裂缝系统;Anbarci 和 Ertekin 基于上述非稳态扩散建立了单相压力瞬时响应模型(King and Ertekin,1995),该模型可以分析非措施垂直井,也可以分析压裂井。

使用非稳态扩散模型需要在基质中解微分方程,这比拟稳态模型需要更大的计算量,King 和 Ertekin 在 1991 年总结中认为,块状基质块分别用拟稳态和非稳态模型计算的结果除了早期两者有些差别之外,其余段符合较好。因此,在做长期生产动态预测时,拟稳态模型完全可取代非稳态模型,而若研究的目的是压力瞬时响应时,早期资料显得很重要,就应该用非稳态模型(King and Ertekin,1991)。

4. 非平衡吸附作用模型——三孔双渗模型(Scott,2001)

美国密歇根盆地的 Antrim 页岩气藏(有部分吸附气)的研究表明,在基质颗粒中也有相当一部分的游离气存在,这种现象也出现在一些别的低阶煤层中。相当部分游离气的存在说明气体在基质中的运移可用渗流规律表达。如果把这部分气放在天然裂缝中作为游离气处理,则气体产出得过快,而若放在吸附气中处理,如在双孔模型中所示的,游离气体与和吸附气体一起参与扩散,则会产出太慢。

为了解决这个问题,合理地处理这部分气体,一种新的模型——三孔双渗模型被提出。该模型中的三孔分别是基质中的吸附气、基质中的游离气(有时基质中还含有部分水)和裂缝中的游离气及水存储的空间,而双渗则是游离气分别在基质和裂缝中运移的动力。该模型区别于双孔单渗模型的特点是增加了一个新的基质孔隙系统,这就要求解吸出来的气要通过基质渗流。此模型实际上是在一般油藏的双孔介质模型基础上增加了一个气体解吸的过程。

模型的吸附——解吸过程仍遵循 Langmuir 方程,解吸后的游离气在基质中渗流,然后流入裂缝,再流入井底,裂缝和基质中的渗流都是气、水两相的。这样就将解吸、基质中运移和裂缝中的运移三个过程分开处理,使得每部分气体的运移和转化都能符合物质平衡规律。这种模型还可以充分利用测得的数据,基质和裂缝的孔隙度数据、相渗数据和毛管力数据由岩心分析的结果得到,裂缝的渗透率由试井的资料得到。而在以往的模型中,岩心分析的数据并没有用到,而试井得到的渗透率值要经过调整后才能反映裂缝和孔隙的综合影响。

整个三孔双渗模型可由下列方程表达:

1) 气体从基质内表面解吸,解吸扩散规律同双孔模型,不同之处在于,在拟稳态扩散时,吸附时间是针对于基质颗粒的大小来说的吸附时间,这相对于双孔模型应该大大减小,因为这时的解吸不包括在整个基质中的输运。而在双孔单渗模型中,吸附时间 τ 是相对基质块半径的。

拟稳态扩散时，

$$\frac{\mathrm{d}C_{\mathrm{ma}}}{\mathrm{d}t} = -1/\tau(C_{\mathrm{ma}} - C_{\mathrm{eq}}(p_{\mathrm{mg}})) \tag{3.13}$$

式中，$C_{\mathrm{eq}}(p_{\mathrm{mg}})$——基质内各孔隙点处的吸附气平衡浓度；

　　C_{ma}——吸附气的浓度；

　　τ——吸附常数。

$t=0$ 时，

$$C_{\mathrm{ma}} = C_{\mathrm{eq}}(p_{\mathrm{mg}i}) = C_{\mathrm{eq}}(p_{\mathrm{fg}i}) = V_{\mathrm{m}} \frac{p_{\mathrm{fg}i}}{p_{\mathrm{L}} + p_{\mathrm{fg}i}} \tag{3.14}$$

由吸附气变为游离气的量

$$q_{\mathrm{d}} = F_{\mathrm{G}} \frac{\mathrm{d}C_{\mathrm{ma}}(t)}{\mathrm{d}t} \tag{3.15}$$

式中，F_{G}——形状因子。

　　非稳态扩散时，

$$\frac{\partial}{\partial t}(C_{\mathrm{ma}}) = \nabla \cdot [D_{\mathrm{m}} \nabla (C_{\mathrm{ma}})] \tag{3.16}$$

基质颗粒边缘处，吸附气浓度与基质中游离气的压力平衡，$r=r_0$，$C_{\mathrm{ma}}=C_{\mathrm{eq}}(p_{\mathrm{ma}})$。$r_0$ 为基质块中单元基质颗粒的半径。

基质颗粒中心，$r=0$，$\nabla C_{\mathrm{ma}}=0$。

初始条件，$t=0$，$C_{\mathrm{ma}}=C_{\mathrm{eq}}(p_{\mathrm{mg}i})=C_{\mathrm{eq}}(p_{\mathrm{fg}i})$。

由吸附气变为游离气的量

$$q_{\mathrm{m}} = -\frac{A_0}{A_0} D_{\mathrm{m}} \frac{\partial C_{\mathrm{m}}}{\partial n} \Big|_{r=r_0} \tag{3.17}$$

由于拟稳态在一般要求下可代替非稳态，故基质颗粒中气体的扩散一般用拟稳态处理即可。

2）基质解吸出的气体作为源项，基质中的游离气达到一定的饱和度时开始渗流。

$$\frac{\partial}{\partial t}(\phi_{\mathrm{m}} S_{\mathrm{mg}} \rho_{\mathrm{mg}}) = -\nabla \cdot (\rho_{\mathrm{mg}} v_{\mathrm{mg}}) + q_{\mathrm{d}} \tag{3.18}$$

$$v_{\mathrm{mg}} = -\frac{K_{\mathrm{mg}}}{\mu_{\mathrm{g}}} \nabla p_{\mathrm{mg}} \tag{3.19}$$

式中，S——饱和度；

　　ρ——密度；

　　ϕ——孔隙度；

　　v——速度；

　　q——质量；

　　K——渗透率；

　　μ——黏度；

　　p——压力；

　　下标 m，mg，d，g——分别代表基质、基质中气体、解吸、气体。

基质中水相的渗流为

$$\frac{\partial}{\partial t}\left(\frac{\phi_{\mathrm{m}}S_{\mathrm{mw}}}{B_{\mathrm{w}}}\right) = -\nabla \cdot \left(\frac{K_{\mathrm{w}}}{\mu_{\mathrm{w}}}\right)\nabla p_{\mathrm{mw}} \tag{3.20}$$

基质外、内边界，$r=r_1$，$p_{\mathrm{ml}}=p_{\mathit{fl}}$，$r=0$，$\nabla p_{\mathrm{ml}}=0$。

初始条件，$t=0$，$p_{\mathrm{ml}i}=p_{\mathit{fl}i}$ （l=w,g）。

饱和度方程与毛管力方程同前。

单位时间单位体积基质流入裂缝中的气量和水量为

$$q_{\mathrm{ml}} = -\rho_{\mathrm{ml}}F_{\mathrm{s}}K_{\mathrm{ml}}/\mu_{\mathrm{l}}\nabla p_{\mathrm{ml}}\mid_{r=r_1}   （l=w,g） \tag{3.21}$$

式中，F_{s}——形状因子，如基质单元为球状时，$F_{\mathrm{s}}=3/r_1$，r_1 是球体半径；

　　　ρ_{ml}——基质中某一相流体的密度；

　　　K_{ml}——基质中某一相的渗透率；

　　　μ_{l}——某一相流体黏度；

　　　B——体积系数；

下标 ml,fl,w,g,l,i——分别表示基质中某一相、裂缝中某一相、水、气、相、初始时。

3）裂缝中基质块中的流体为裂缝中流动提供源项。

$$\frac{\partial}{\partial t}(\phi_{\mathrm{f}}S_{\mathrm{fg}}\rho_{\mathrm{fg}}) = -\nabla \cdot (\rho_{\mathrm{fg}}v_{\mathrm{fg}}) + q_{\mathrm{mg}} \tag{3.22}$$

式中，v_{fg}、ρ_{fg} 均与双孔单渗模型中的一致。

　　　ϕ_{f}——裂缝孔隙度；

　　　S_{fg}——裂缝中气体的饱和度；

　　　ρ_{fg}——裂缝中气体的密度；

　　　v_{fg}——裂缝中气体的速度；

　　　q_{mg}——基质流到裂缝的量。

初始时，$p_{\mathrm{fg}}=p_{\mathrm{fg}i}$，$S_{\mathrm{fg}}=S_{\mathrm{fg}i}$。

裂缝中水相的渗流

$$\frac{\partial}{\partial t}\left(\frac{\phi_{\mathrm{f}}S_{\mathrm{fw}}}{B_{\mathrm{w}}}\right) = \nabla \cdot \left(\frac{K_{\mathrm{w}}}{\mu_{\mathrm{w}}}\nabla p_{\mathrm{fw}}\right) + q_{\mathrm{mw}} \tag{3.23}$$

饱和度方程和毛管力方程从略。

以上阐述的四类煤层气数学模型基本可以概括整个煤层气数模的发展历程，这些模型有各自的优点和局限。经验模型的优点是表述简单直观，所需输入参数较少，使用方便，但是不同的煤层势必有不同的经验关系，模型的使用范围局限，且预测准度有限；平衡吸附模型由于假设介质具有单一孔隙空间，将解吸气和游离气的关系类比于溶解气和游离气的关系，所以可在常规黑油模型和热采模型的基础上改进，可以利用以前成熟的理论和软件，但单一孔隙和解吸过程瞬间完成的假设与实际有一定差距；非平衡吸附模型中的双孔单渗模型中的双孔模型和扩散过程假设与实际情况较接近，根据不同的需要可选用拟稳态和非稳态的扩散方程，是当今普遍被接受的模型；非平衡吸附模型中的三孔双渗模型是根据一些低阶煤层中及基质颗粒中有游离气存在的情况提出的，是在一般双重介质模型的基础上作的改进。

二、煤层气地下运移的一般特征

要对煤层气的开采进行数值模拟研究，首先应对煤层气在煤层中的运移特点，所符合的物理规律有一个深入的了解。这些一般可以通过室内试验、物模的方法得到。本节只是在总结前人研究结果的基础上，对不同煤阶和煤质中煤层气的吸附、解吸、扩散、渗流特征作综合全面的分析总结，为下一节建立、完善煤层气开采的数学及数值模型打下基础。

（一）煤层介质的结构特性和含气特性

一般认为，煤层系孔隙、裂缝双重介质。基质孔隙孔径很小，一般为 0.5～1nm（1nm＝10^{-9}m），水是不能达到的，气体在压力的作用下以吸附的形式赋存于孔隙的表面。割理的孔径从几纳米到几十纳米，主要是煤化作用的结果（内生孔隙），局部也可由构造力引起（外生孔隙），是气、水流动的主要通道。割理间距比较均一，从几毫米到几厘米，两种类型的割理互相垂直，在初始状态，一般认为 100％的被水充填，对高饱和煤层，也会有少量游离气存在。煤层气在储层中的赋存状态，随开采过程中的地层压力变化而发生变化。

（二）煤层气的吸附特征

气体在基质中的吸附过程是一种物理现象，吸附能力与温度、压力有关。当温度一定时，随压力的升高吸附量增大；当压力达到一定程度时，煤的吸附能力达到饱和。吸附是可逆过程，在一定的条件下，被吸附的气体分子又会从基质表面脱离出来，称为解吸。

单位重量煤体所吸附的标准条件下的气体体积称为吸附量或吸附体积（有时也用单位体积煤体吸附的气体质量或单位体积煤体吸附的气体体积表示）。吸附量随压力增大而增大，随温度的升高而减小。在等温条件下，吸附量与压力的关系曲线称为吸附等温线。煤层的吸附等温线是评价煤层气吸附饱和度的重要特性曲线，可由实验测得。

煤层对甲烷的吸附等温线可用来确定煤层原始状态下甲烷的最大含量，即理论含气量；确定开采过程中，甲烷气产量随地层压力的变化；确定临界解吸压力，即甲烷开始从煤表面解吸出来的压力值。

对煤层甲烷吸附等温线的影响因素主要是煤阶、压力（深度）、温度、煤质。等温吸附模型大致有三类，即吉布斯模型、势差理论模型和 Langmuir 模型，后者是根据汽化和凝聚的动力学平衡原理建立起来的，目前得到广泛应用。Langmuir 模型又有几种不同的表示方法，分别是 Langmuir 方程、Freudlich 方程和混合型方程。其中又以 Langmuir 方程最常用，表示为

$$V_E(p) = V_L \frac{p}{p_L + p} \tag{3.24}$$

式中，$V_E(p)$——吸附量，g/m³；

p——压力，MPa；

V_L——Langmuir 体积，kg/m³；

p_L ——Langmuir 压力,MPa。

Langmuir 体积即单位体积固体的最大吸附量,Langmuir 压力是吸附量达到极限吸附量的 50% 时的压力。

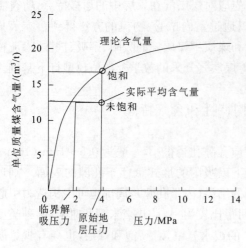

图 3.1 等温吸附线示意图

图 3.1 所示的是吸附等温线的形态。原始地层压力对应的含气量为理论含气量,利用它可以估算煤层气藏的地质储量。实际含气量为煤层现场取心测出的吸附气与游离气之和。实际含气量对应的压力为临界解吸压力。用煤层实测含气量与该煤层原始地层压力下的理论吸附量相比可以得到煤层的吸附气饱和度,比值为 100%,则为饱和气藏;若比值在 100% 以上,则为超饱和气藏;若比值小于 100%,则为欠饱和气藏。欠饱和气藏中比值在 90% 以上的属于高饱和气藏。欠饱和气藏往往是在漫长的地质年代中由于地质运动造成吸附气的散失而又未得到补充所造成的。

(三)煤层气的解吸扩散特征

煤层中甲烷从基质中解吸并流向割理系统的过程是扩散过程,这种扩散可分为非稳态和拟稳态两种模式。

1. 非稳态扩散

非稳态扩散基于 Fick 第二扩散定律,用偏微分方程描述基质几何块体的扩散过程,几何块体的浓度从中心到边缘是变化的,一般假定几何块体中心的浓度变化率为零,边缘浓度是受地层裂缝压力控制的吸附气浓度。煤基质块中总的气体浓度由微孔中所含的游离气和表面的吸附气体两部分组成,其中基质块中总气体浓度为基质内吸附气 C_{ma} 和游离气 C_{mf} 的浓度之和,见式(3.11)。则由 Fick 第二扩散定律得孔隙中压力 p_m 的方程为

$$\frac{\partial}{\partial t}\left(\frac{Mp_m\phi_m}{RTZ}+V_L\frac{p_m}{p_L+p_m}\right)=\nabla\cdot\left[D_m\nabla\left(\frac{M\phi_m p_m}{RTZ}+\frac{V_m p_m}{p_L+p_m}\right)\right] \quad (3.25)$$

由式(3.11)和式(3.25)解得基质块中气体浓度后,基质块流出的流量可由下式得出:

$$q_m=-\frac{A_1}{V_1}J=-\frac{A_1}{V_1}D_m\nabla C_m \quad (3.26)$$

式中,q_m ——基质块流出的流量;

A_1 ——基质块单元的表面积,m^2;

V_1 ——基质块单元的体积,m^3;

D_m ——多孔介质中质量扩散系数,m^2/s;

J ——扩散通量,$g/(m^2 \cdot s)$。

2. 拟稳态扩散

拟稳态扩散基于 Fick 第一定律。认为煤层气在扩散过程中的每一个时间段都有一个平均浓度,此浓度对时间的变化与差值 $C_2 - C_m$ 成正比:

$$\frac{dC_m}{dt} = D_m F_s (C_2 - C_m) \tag{3.27}$$

式中, C_2 ——基质块边缘的浓度,应等于裂缝中的压力所决定的吸附气的浓度。基质块流出的流量等于浓度的变化率乘以几何因子,见式(3.9)。

由于煤中的割理系由两组近于直交并与层面大致垂直的面割理和端割理组成,因此可用圆柱体近似描述煤基质形状,形状因子即为 $8\pi/S^2$。则

$$\tau = \frac{S^2}{8\pi D_m} \tag{3.28}$$

式中, τ ——拟稳态吸附时间常数;

S ——割理间距,m。

由上式可知,吸附时间与扩散距离相关,即与裂缝间距的平方成正比。所以裂缝密度越大,煤层气扩散距离越短,吸附时间越短,扩散速率就越高。

(四)煤层气的输运特征

对于裂缝中气体的输运,由于基质块中不断有气体扩散进入裂缝,在连续性方程中应看作一个连续源分布。裂缝中气相质量守恒方程为

$$\frac{\partial}{\partial t}(\phi_f S_{fg} \rho_{fg}) = -\nabla \cdot (\rho_{fg} v_{fg}) + q_m \tag{3.29}$$

式中, q_m ——基质块流出的流量;

v_{fg} ——裂缝中气体速度,m/s。

v_{fg} 由两部分组成:一是宏观渗流速度,遵从达西定律,另一是裂缝中气体扩散速度,遵从 Fick 定律,即

$$v_{fg} = -\left(\frac{K_g}{\mu_g}\nabla p_{fg} + \frac{D_f}{C_f}\nabla C_f\right) \tag{3.30}$$

将式(3.6)、式(3.30)中的密度和浓度分别用压力表示:

$$\rho_{fg} = \frac{M}{RT}\left(\frac{p_{fg}}{Z}\right) \tag{3.31}$$

等温时,

$$\frac{\nabla C_f}{C_f} = \nabla\left(S_{fg}\frac{p_{fg}}{Z}\right)\Big/\left(S_{fg}\frac{p_{fg}}{Z}\right) \tag{3.32}$$

则式(3.29)变为

$$\frac{\partial}{\partial t}\left(\frac{\phi_f S_{fg} p_{fg}}{Z}\right) = \nabla \cdot \left[\frac{p_{fg}}{Z}\frac{K_g}{\mu_g}\nabla p_{fg} + \frac{D_f}{S_{fg}}\nabla\left(\frac{S_{fg}p_{fg}}{Z}\right)\right] + \frac{RT}{M}q_m \tag{3.33}$$

若不计水中的溶解气,水相的质量方程为

$$\frac{\partial}{\partial t}\left(\frac{\phi_f S_{fw}}{B_w}\right) = \nabla \cdot \left(\frac{K_w}{B_w \mu_w} \nabla p_{fw}\right) \tag{3.34}$$

式中, ρ_{fg}——裂缝中气体密度;

K_g——气相渗透率;

μ_g——气相黏度;

p_{fw}——裂缝中水相压力;

p_{fg}——裂缝中气相压力;

D_f——裂缝中扩散系数;

C_f——裂缝中气体浓度;

ϕ_f——裂缝孔隙度;

S_{fg}——裂缝中气体饱和度;

S_{fw}——裂缝中水饱和度;

K_w——水相渗透率;

μ_w——水黏度;

B_w——水体积系数。

综上可知,煤层气体产出之前经历了基质解吸、扩散到裂缝中和在裂缝中渗流等过程,流体在整个地层中大致呈三种状态(两相流、非饱和流、单相流),按产出时间,大体可分为以下三个阶段:

第一阶段:产出单相水,随着水的产出,煤层中压力下降,降至临界解吸压力之后,甲烷气开始从煤表面(基质块表面和块内微孔隙表面)解吸出来。

第二阶段:解吸出来的气体通过扩散进入割理裂缝形成气泡,使水的相对渗透率下降。但气相饱和度过小,使气相渗透率还没有达到可流动的渗透率值,即气泡是孤立的,没有形成气流通道。

第三阶段:气相的相对渗透率从零逐渐增大,直到作为单独的一相存在并且流动,则地层裂缝中开始出现气、水两相渗流。

三、煤层气多分支水平井开采的数学模型和数值模型

煤层气开采同常规油气藏有着很大的区别,煤层气主要吸附在煤的内表面,只有将煤割理与裂隙中的水排出,使煤层压力降低到解吸压力以下,甲烷气才能解吸出来;另外由于我国煤层为低渗透和低饱和程度储层,因此大多数未经改造的单井日产量都较低。为了提高煤层气井的产量,需要采取一些增产措施。目前最新且在国外证明有效的增产技术有水力压裂改造技术、多分支水平井技术和煤中多元气体驱替技术。

羽状分支水平井技术是20世纪90年代中后期美国CDX国际公司开发的一项专利技术,近几年已用于煤层气开发,成效显著。我国煤层气多分支水平井已完井40余口。由实践证明煤层气羽状分支水平井一般适用于煤层比较厚且煤层分布连续的储层,并且当水平井眼与最大渗透性方向垂直的时候最有效。但多分支水平井在何种条件下、多大程度上能够提高煤层气开采效率以及如何提高煤层气开采效率还需要作定量的分析,目前国内在此领域尚无报道,国外在此方面也未见公开报道。

本部分建立了煤层气多分支水平井开采的数学模型和数值模型,给出了数值模型的求解方法,编制出了煤层气多分支水平井开采的数值模拟计算程序,其计算结果能够对上述问题作出较为满意的回答。

(一) 煤层气多分支水平井开采的数学模型

煤层气无论是采用直井还是多分支水平井开采,气体在煤层中流动都将遵循相同的规律。从数学的角度出发,其控制流动的偏微分方程组与初始条件及外边界条件相同,只是内边界条件即井处理方式不同。

近年来的研究表明,低渗油藏流体渗流存在一定启动压差,即只有当压力梯度超过某一阈值后流体才开始流动,其渗流规律不满足达西定律。而煤层经过长期的热演化,渗透率变得相当低,尤其是我国煤层,更是存在低压、低渗、低吸附气饱和度的特性。因此,煤层中的渗流过程应该按照低渗油藏处理,考虑启动压力梯度的影响。而从国内外现存的描述煤层气在裂缝中渗流过程的数学模型来看,尚未见到相关方面的考虑(King and Ertekin,1989a,b,1991,1995;苏现波等,2001)。

多分支水平井是一种有效的增产技术,作为一种定量预测、分析手段,对煤层气多分支水平井开采进行数值模拟可为该技术提供必要的理论依据和指导方案。郎兆新在1997年建立了煤层气多分支水平井的数学模型及数值模拟方法,但并没对启动压力梯度加以考虑。本研究相对以往的模型,考虑了低渗透地层非达西渗流的影响,通过模拟计算,主要研究了这一因素对多分支水平井开采煤层气产量的影响,并分析了致使产量降低的原因。

1. 双重介质下煤层气、水流动方程

煤层视为孔隙-裂缝双重介质,原始状态裂缝中充满水及少量的游离气,大量气体以吸附形式存在于基质中。

裂缝中气体满足真实气体状态方程,气体运动速度视为宏观渗流速度和气体扩散速度之和,即

$$\vec{v}_g = -\left(\frac{K_g}{\mu_g}\beta_{gs} \nabla \Phi_g + \frac{D_f}{C_f} \nabla C_f \right) \tag{3.35}$$

对于裂缝中的水相:

$$\vec{v}_w = -\frac{K_w}{\mu_w}\beta_{ws} \nabla \Phi_w \tag{3.36}$$

其中,β_{ls}——达西定律修正系数,当 $\left| \frac{\partial \Phi_l}{\partial S} \right| > \lambda$ 时,$\beta_{ls} = 1 - \frac{\lambda}{|\partial \Phi_l / \partial S|}$,$\left| \frac{\partial \Phi_l}{\partial S} \right| > \lambda$ 时,$\beta_{ls} = 0$

λ——临界压力梯度,MPa/m;

下标 l——统一代表 g,w,表示气或水;

S——表示 X,Y,Z 方向。

将基质中气体解吸过程视为拟稳态扩散,即满足 Fick 第一定律:

$$\frac{\mathrm{d}C(t)}{\mathrm{d}t} = D_\mathrm{m}F_\mathrm{s}(V_\mathrm{E}(p_\mathrm{g}) - C(t)) = 1/\tau(V_\mathrm{E}(p_\mathrm{g}) - C(t)) \tag{3.37}$$

其中 $V_\mathrm{E}(p_\mathrm{g})$ 为与裂缝中气体压力相平衡的浓度:

当 $p_\mathrm{g} \geqslant p_\mathrm{d}$ 时, $\qquad\qquad V_\mathrm{E}(p_\mathrm{g}) = V_\mathrm{E}(p_\mathrm{d})$ $\qquad\qquad$ (3.38)

当 $p_\mathrm{g} < p_\mathrm{d}$ 时,满足 Langmuir 方程:

$$V_\mathrm{E}(p_\mathrm{g}) = V_\mathrm{L}\frac{p_\mathrm{g}}{p_\mathrm{L} + p_\mathrm{g}} \tag{3.39}$$

式中,$V_\mathrm{E}(p_\mathrm{g})$——吸附量;

$\qquad C(t)$——与时间相关的气体浓度;

$\qquad p_\mathrm{g}$——气相压力;

$\qquad p_\mathrm{d}$——临界解吸压力;

$\qquad V_\mathrm{L}$——Langmuir 体积;

$\qquad p_\mathrm{L}$——Langmuir 压力。

由基质块流出到裂缝中的流量作为裂缝中气相流动方程的源,见式(3.9)。

由于整个井段均为裸眼完井,把流入各主支和分支井段的产量作为气、水相流动方程的汇项,则裂缝中气相流动方程和水相渗流方程分别为

$$\frac{\partial}{\partial t}\left(\frac{\phi_\mathrm{f}S_\mathrm{g}\Phi_\mathrm{g}}{Z}\right) = \nabla \cdot \left[\frac{p_\mathrm{g}}{Z}\beta_\mathrm{gs}\frac{K_\mathrm{g}}{\mu_\mathrm{g}}\nabla\Phi_\mathrm{g} + \frac{D_\mathrm{f}}{S_\mathrm{g}}\nabla\left(\frac{S_\mathrm{g}p_\mathrm{g}}{Z}\right)\right] + \frac{RT}{M}q_\mathrm{m} - q'_\mathrm{g}\frac{p_\mathrm{g}}{Z} \tag{3.40}$$

$$\frac{\partial}{\partial t}\left(\frac{\phi_\mathrm{f}S_\mathrm{g}}{B_\mathrm{w}}\right) = \nabla \cdot \left(\frac{K_\mathrm{w}}{B_\mathrm{w}\mu_\mathrm{w}}\beta_\mathrm{ws}\nabla\Phi_\mathrm{w}\right) - \frac{q'_\mathrm{w}}{B_\mathrm{w}} \tag{3.41}$$

式中,Φ_g,Φ_w——分别为气、水两相流动势;

$\qquad q'_\mathrm{g}$,q'_w——分别为以体积计的单位时间内单位体积地层气、水产出量,单位:1/s。

$$q'_\mathrm{g} = \frac{q_\mathrm{g}}{\Delta x_i \Delta y_j \Delta z_k}, \qquad q'_\mathrm{w} = \frac{q_\mathrm{w}}{\Delta x_i \Delta y_j \Delta z_k} \tag{3.42}$$

q_g,q_w 为以体积计的单位时间内一个网格体积内地层的气、水产出量,单位:$\mathrm{m^3/s}$,

$$q_\mathrm{g} = PID\beta_\mathrm{gs}\frac{K_\mathrm{rg}(p_\mathrm{g} - p_\mathrm{wf})}{\mu_\mathrm{g}}, \qquad q_\mathrm{w}PID\beta_\mathrm{ws}\frac{K_\mathrm{rw}(p_\mathrm{w} - p_\mathrm{wf})}{\mu_\mathrm{w}} \tag{3.43}$$

式中,p_wf——各微井段井筒内流压;

$\qquad PID$——井指数。

$$PID = 2\pi\frac{K_\mathrm{e}L_\mathrm{p}}{\ln\frac{r_\mathrm{b}}{r_\mathrm{w}} + S} \tag{3.44}$$

式中,$K_\mathrm{e} = (K_xK_yK_z)^{1/3}$,为各向异性介质等价的各向同性渗透率,$10^{-3}\mu\mathrm{m}^2$;

$\qquad L_\mathrm{p}$——变换的空间上网格内井段的长度,m;

$\qquad r_\mathrm{b}$——井格块等效半径,m;

$\qquad r_\mathrm{w}$——等效井径,m;

$\qquad S$——表皮因子。

饱和度方程:

$$S_\mathrm{w} + S_\mathrm{g} = 1 \tag{3.45}$$

式中，S_w——气饱和度；

S_g——水饱和度。

2. 孔隙度、渗透率压力敏感性模型

在煤层裂缝地层，煤孔隙的可压缩性比碎屑岩和碳酸盐岩大得多，因此煤层孔隙度和渗透率有更为显著的压力敏感性。此外除了有效应力的影响外，气体解吸会引起基质块的收缩，式(3.46)后一项反映了基质收缩的影响。

$$\phi_f = \phi_i(1 + c_p(p - p_i)) - c_m(1 - \phi_i)\frac{p_d - p_{sc}}{C(p_d) - C(p_{sc})}(C(p) - C(p_d)) \quad (3.46)$$

式中，ϕ_f——裂缝孔隙度；

ϕ_i——裂缝初始孔隙度；

c_p——裂缝孔隙体积压缩系数；

p_i——原始地层压力；

c_m——基质骨架收缩系数；

p_d——临界解吸压力；

p_{sc}——标准状况压力；

C——气体浓度。

在一般压力敏感性储层，渗透率与压力变化近似呈指数关系 $K = K_i e^{-\alpha_{k1}(p_i - p)}$。而在煤层，有效应力的影响和气体解吸的影响分别导致渗透率降低和增加，并在压力降低的前期和后期分别占主导地位，故可近似用式(3.47)表示压差与渗透率的关系，其中 α_{k1}，α_{k2}，为压力敏感系数，P_k 为压力敏感曲线上渗透率最低点对应的压力，均可由实验测得。

$$K = \begin{cases} K_i e^{-\alpha_{k1}(p_i - p)} & p \geqslant p_k \\ K_i e^{-\alpha_{k1}(p_i - p_k)} e^{\alpha_{k2}(p_k - p)} & p < p_k \end{cases} \quad (3.47)$$

3. 多分支水平井简化模型

不管是采用直井排采还是直接在水平井眼中下入电潜泵直接排采方式，都有一个共同特点，就是一个出口端控制着一个水平主支井眼。为了简化起见，在多分支水平井简化模型中，我们将几个出口端在剖面上看成一个点，设定在区域中的某一特定位置上，这样便于出口端内边界条件的设定和处理。由于在目的层剖面上，出口端之间的距离较整个区域来说较短，因此这样的简化是比较合理的。

4. 井筒压降模型

水平井生产和常规的垂直井相比有很多不同之处，因为在生产层中水平井段的长度较长，所以水平段的流动状况对水平井的生产动态会产生一定的影响。但是为了方便，一开始人们对水平井筒的处理是假设沿整个水平段的压力不变。对于低渗透地层或水平段较短的情况，忽略井筒中的流动状况等不会出现很大偏差，但它不符合实际流动状况，因为实际上从水平段末端到生产段的流动只有在一定压差下才能实现；对于高渗透地层或长的水平井，水平段的压差相对较大(周生田等，2002)。Dikken(1990)提出，为了可靠预

测水平井生产动态,不能忽略井筒压降。目前人们大都在实验研究的基础上对井筒中的复杂流动进行机理分析,建立相应的经验或理论关系式。总的来看,一般把井筒中的压降分为由于井壁的粗糙产生的摩擦压降和由于流体的不断汇聚和质量的增加导致的加速压降,对射孔井筒还有由于射孔速度较大时引起管中流态和边界层破坏的所谓注入压降(周生田等,2002)。目前前两者都有了较成熟的计算公式。

对煤层气层的多分支水平井,由于整个井段都采用裸眼完井的方式,所以需考虑井筒的摩擦压降和由于流入导致的速度变化而产生的加速压降。但裸眼水平井筒的粗糙度大于常规管的粗糙度,并且井筒油藏流体的流入能够引起动量的变化,这都会改变沿井筒的压力分布。因此常规管摩擦系数相关式不能合理预测水平井。在具体的煤层,煤层流体与裸眼水平井筒的摩擦系数需要实验来测定。在我们的模型中,暂且采用 Haaland 方程(周生田、张琪,1997)常规摩擦系数公式。

对于多分支水平井,地层流体可以先从分支流入主支,再由主支流到出口端到达地面,也可以直接从主支流入出口端到达地面。将井的主支和分支都看作若干微段组成,在井筒内部,考虑摩擦压降和加速压降,则主支或分支的上下游相邻两微井段的压力关系表示为

$$p_{wfi-1} = p_{wfi} + 0.5(\Delta p_{wfi-1} + \Delta p_{wfi}) \tag{3.48}$$

式中,p_{wfi-1},p_{wfi}——分别表示相邻的上、下游井段中心的压力;

Δp_{wfi-1},Δp_{wfi}——分别表示经过相邻的上、下游井段的压降;

下标 wfi——表示第 i 段井筒流体。

若为定压生产,设出口端压力为 p_{wfc},则与出口端相邻的微井段中心压力为

$$p_{wfi} = p_{wfc} + 0.5\Delta p_{wfi} \tag{3.49}$$

若为定气产量生产,需增加一个方程,气产量应为所有分支及主支产量之和(q_{sum})。

$$q_{sum} = \sum q_{gi} \tag{3.50}$$

井筒内的压降视为摩擦压降和加速压降之和,即

$$\Delta p_{wfi} = \Delta p_{frici} + \Delta p_{acci} \tag{3.51}$$

下面对井筒压降模型作详细推导。对于控制体(如图 3.1 所示的矩形框内的微段),设井筒内流动为一维,稳定,不可压缩,流体在井筒延伸方向受到的面力有:上游端压力 p_{wfi-1},下游端压力 p_{wfi} 以及管壁的摩擦阻力 τ_w。

根据动量定理有

$$p_{wfi-1}A - p_{wfi}A - \tau_w \pi D \Delta x = \Delta(m_i v_i) = (\rho_i A v)v_i - (\rho_{i-1}A v_{i-1})v_{i-1} \tag{3.52}$$

其中 m_i 为质量流量,$m_i = \rho_i A v_i$。考虑摩擦阻力公式,$\tau_w = \rho_i f_i \bar{v}_i^2/8$,则

$$p_{wfi-1} - p_{wfi} = [(\rho_i v_i)v_i - (\rho_i v_{i-1})v_{i-1}] - \tau_w \pi D \Delta x/(\pi D^2/4) \tag{3.53}$$

将右端第一项视为加速压降,第二项视为摩擦压降,分别表示为

$$\Delta p_{frici} = \frac{1}{2}\frac{\rho_i f_i}{D}\bar{v}_i^2 \Delta x_i \tag{3.54}$$

$$\Delta p_{acci} = \rho_i(v_i + v_{i-1})(v_i - v_{i-1}) \tag{3.55}$$

式中,ρ_i——该井段内流体的密度;

Δx_i——该井段长度；

D——井筒直径；

v_{i-1}, v_i——分别为流体流入和流出该井段的速度；

$\overline{v}_i$——该井段流体速度的平均值，$\overline{v}_i = \dfrac{v_i + v_{i-1}}{2}$；

f_i——该井段内流体和井筒之间的摩擦系数。

对层流，
$$f_i = \frac{64}{Re_i} \tag{3.56}$$

对紊流，
$$f_i = \left\{ -1.8\lg\left[\frac{6.9}{Re_i} + \left(\frac{e}{3.7}\right)^{\frac{10}{9}}\right] \right\}^{-2} \tag{3.57}$$

式中，e——井筒壁相对粗糙度；

Re_i——雷诺数，$Re_i = \dfrac{\overline{v}_i \rho_i D}{\mu_i}$；

μ_i——该段流体黏度，mPa·s；

ρ_i——该段流体密度，kg/m³。

在气、水两相流的情况下，
$$\mu_i = \mu_w^{f_w} \mu_g^{1-f_w} \tag{3.58}$$

式中，$f_w = \dfrac{\rho_w q_{wi}}{\rho_w q_{wi} + \rho_g q_{gi}}$

$$\rho_i = \frac{\rho_g q_{gi} + \rho_w q_{wi}}{q_{gi} + q_{wi}} \tag{3.59}$$

由质量守恒，
$$\rho_{i-1} v_{i-1} \frac{\pi D^2}{4} + \rho_i v_v \pi D \Delta x - \rho_i v_i \frac{\pi D^2}{4} + \rho_i \frac{\pi D^2}{4} v_R = 0 \tag{3.60}$$

得
$$v_i - v_{i-1} = \frac{4v_v}{D}\Delta x + v_R \tag{3.61}$$

式中，$\overline{v}_i = \dfrac{v_i + v_{i-1}}{2} = v_{i-1} + \dfrac{v_i - v_{i-1}}{2}$；

v_R——分支流入主支处的流速；

v_v——直接由地层流入主支的渗流流速；

f_w——井筒内含水率；

μ_i——第 i 段井筒内流体的综合黏度；

q_{wi}——微段内水的流量；

q_{gi}——微段内气的流量；

ρ_i——井筒内流体的综合密度；

v_i——由第 i 段井筒流向 $i+1$ 段井筒的速度；

Δx——微井段长度。

由于 $Q_i = \dfrac{v_{i-1}\pi D^2}{4}$，$q_i = v_v \Delta x \pi D$，则由式(3.54)式(3.55)知，每一微井段上的压降在以下三种情况下分别表示为：

① 井段在分支上

$$\Delta p_{\text{wfi}} = \left[\frac{2f_i\rho_i}{\pi^2 D^5}(2Q_i + q_i)^2 \Delta x_i + \frac{16\rho_i q_i}{\pi^2 D^4}(2Q_i + q_i) \right] \tag{3.62}$$

式中,下标 i——表示该分支的从上游末端数第 i 段;

q_i——从地层流入该段分支井筒的流量,$q_i = q_{\text{g}i} + q_{\text{w}i}$;

Q_i——从与该分支井段相邻的上游段流入该段的流量,$Q_i = \sum\limits_{k=1}^{i-1} q_{k\text{分支}}$。

② 井段在主支上,若该井段内有分支

$$\Delta p_{\text{wfi}} = \left[\frac{2f_i\rho_i}{\pi^2 D^5}(2Q_i + q_i + Q_{Ri})^2 \Delta x_i + \frac{16\rho_i(q_i + Q_{Ri})}{\pi^2 D^4}(2Q_i + q_i + Q_{Ri}) \right] \tag{3.63}$$

式中,q_i——从地层流入该段主支井筒的流量,$q_i = q_{\text{g}i} + q_{\text{w}i}$;

Q_i——从与该主支井段相邻的上游段流入该段的流量,$Q_i = \sum\limits_{k=1}^{i-1} q_{ik\text{主支}}$

$+ \sum q_{\text{上游分支}}$;

Q_{Ri}——从该井段的分支流入该井段的流量,$Q_{Ri} = \sum\limits_{k=1}^{i-1} q_{ik\text{主支}}$,$q_{ik\text{分支}}$ 的两个下标分

别表示主支井段的编号和分支的编号。

③ 井段在主支上,若该井段内无分支

$$\Delta P_{\text{wfi}} = \left[\frac{2f_i\rho_i}{\pi^2 D^5}(2Q_i + q_i)^2 \Delta x_i + \frac{16\rho_i q_i}{\pi^2 D^4}(2Q_i + q_i) \right] \tag{3.64}$$

式中,下标 i——表示该井段是主支的从上游末端数第 i 段;

Q_i——从该主支井段相邻的上游段流入该段的流量,包括上游所有的主支流量和分

支流量之和,$Q_i = \sum\limits_{k=1}^{i-1} q_{k\text{主支}} + \sum q_{\text{上游分支}}$;

q_i——从地层流入该段主支井筒的流量,$q_i = q_{\text{g}i} + q_{\text{w}i}$

以上方程中,各物理量均采用 SI 制基本单位,即分别为:$K(\text{m}^2)$,$r_{\text{w}}(\text{m})$,$h(\text{m})$,$p_{\text{g}}(\text{Pa})$,$p_{\text{d}}(\text{Pa})$,$p_{\text{L}}(\text{Pa})$,$V_{\text{L}}(\text{kg/m}^3)$,$\mu_{\text{g}}(\text{Pa·s})$,$\mu_{\text{w}}(\text{Pa·s})$,$\rho(\text{kg/m}^3)$,$t(\text{s})$,$\tau(\text{s})$,$D_{\text{f}}(\text{m}^2/\text{s})$,$T(\text{K})$,$M(\text{kg/mol})$,$R\left(\dfrac{\text{Pa·m}^3}{\text{mol·K}}\right)$,$C_{\text{m}}(t)(\text{kg/m}^3)$,$p_{\text{wf}}(\text{Pa})$,$\Delta p_{\text{wf}}(\text{Pa})$,$D(\text{m})$,$\Delta x(\text{m})$,$q(\text{m}^3/\text{s})$,$Q(\text{m}^3/\text{s})$,$v(\text{m/s})$,$v_{\text{v}}(\text{m/s})$,$v_{\text{R}}(\text{m/s})$。

上述气、水两相流动方程和井筒压降方程最终可化为只含有地层压力、地层气饱和度与井底压力未知数的非线性方程组,构成了整个问题的数学模型。整个多分支水平井组的气产量和水产量应为所有主支和分支流入出口端的产量之和。

5. 压力敏感煤层调查半径方程

在试井设计与分析中,调查半径(又叫研究半径)是重要的参数之一。所谓调查半径是指一口井中流量瞬时脉冲在地层中引起的压力扰动的距离。在不稳定试井分析和设计中,调查半径有若干个用途,帮助解释压力恢复或压力降落曲线的形状;可以利用调查半径来估计测试到所要求的地层范围需要的时间。

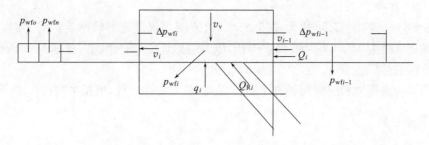

图 3.2　多分支水平井井段示意图

p_{wfo}——出口端井筒压力；　　　　　　　　　　p_{wfn}——第 n 段井筒压力；

p_{wfi}——第 i 段井筒压力；　　　　　　　　　　p_{wfi-1}——第 $i-1$ 段井筒压力；

Δp_{wfi}——第 i 段井筒压降；　　　　　　　　　Δp_{wfi-1}——第 $i-1$ 段井筒压降；

v_i——由第 i 段井筒流向第 $i+1$ 段的速度；其余见文中

对于均质各向同性未受污染地层，调查半径的计算公式为

$$r_i = 3.795\left(\frac{Kt}{\phi\mu c_t}\right)\frac{1}{2} \tag{3.65}$$

式中，c_t——综合压缩系数，MPa^{-1}；

　　K——地层有效渗透率，$10^{-3}\mu m^2$；

　　r_i——调查半径，m；

　　t——生产时间，h；

　　ϕ——地层有效孔隙度，%；

　　μ——流体黏度，$mPa \cdot s$。

式(3.65)是由 Van Poollen 首先得到的，它也可利用无限大均质地层微可压缩牛顿流体作达西渗流以定产量生产解析解的二阶时间偏导数为零得到，或利用稳态依次替换法与物质平衡方程相结合等方法得到。若地层压力敏感或为非均质，流体为非牛顿流体或渗流为非达西渗流，则式(3.65)不成立。

对于压力敏感煤层，其渗透率是压力的函数，且通常呈指数函数，即

$$K(p) = K_i e^{-\alpha(p_i-p)} \tag{3.66}$$

式中，K——目前煤层压力 p 下的渗透率，$10^{-3}\mu m^2$；

　　K_i——原始煤层压力 p_i 下的渗透率，$10^{-3}\mu m^2$；

　　p——煤层压力，MPa；

　　p_i——原始煤层压力，MPa；

　　α——煤层压力敏感系数，1/MPa。

假设在均质等厚圆形压力敏感煤层中，单相不可压缩流体作稳定渗流，渗流符合达西定律，在煤层中心有一口定产量生产井。

可得压力敏感煤层调查半径方程

$$r_i^2 \int_{\frac{r_w}{r_i}}^{1} \frac{x\,dx}{1+A\ln x} = \frac{7.2K_i t}{\phi\mu c_t} \tag{3.67}$$

式中,r_w——井径。

当 $\alpha=0$ 时,式(3.67)可化为式(3.65)。这表明当煤层压力敏感系数为零时,压力敏感煤层调查半径为 Van Poollen 调查半径,压力敏感煤层调查半径方程是 Van Poollen 调查半径方程的推广。

式(3.65)为压力敏感煤层调查半径方程,它是非线性方程,可用牛顿迭代法求解。

6. 压敏表皮系数

压敏表皮系数是指因煤层压力降低引起煤层渗透率下降而产生的附加压力降的一种无量纲量。对于压力敏感煤层,当煤层压力降低时,煤层渗透率会显著降低,其作用相当于固体颗粒或流体损害煤层,降低煤层渗透率,产生一表皮系数。

对于压力敏感煤层,其渗透率是压力的函数。

假设在均质等厚圆形地层中单相不可压缩流体作稳定渗流,渗流符合达西定律,在地层中心有一口定产量生产井。在此假设条件下可得到储层压力敏感表皮系数为

$$S_p = \frac{86.4\pi\alpha K_i h}{qB\mu}(p_i - p_w)^2 \tag{3.68}$$

式中,B——体积系数;

h——煤层厚度,m;

p_w——井底流动压力,MPa;

q——井产量,m^3/d;

从式(3.68)可看出,煤层压力敏感表皮系数与压力敏感系数、试井压差等因素有关。煤层压力敏感表皮系数与煤层压力敏感系数成正比,当煤层压力敏感系数为零时,煤层压力敏感表皮系数也为零;试井压差愈大,煤层压力敏感表皮系数愈大。

(二)煤层气多分支水平井开采的数值模型

1. 煤层气、水两相流动方程的差分离散

以如图 3.3 所示的沿对称的四个方向各布一组分支井眼的情况为例,采用三维直角坐标块中心网格,煤层厚度方向为 Z 方向,并取向下为正,多分支水平井位于 XY 平面上,垂向坐标为 $Z=0$。X,Y,Z 方向上网格编号分别用 i,j,k 表示,编号的顺序 X 是由左到右,Y 是由里到外,Z 是由上到下,并规定重力方向向下。

XY 平面上的网格将多分支水平井分为若干微段,由于每段长度较短,可认为油藏流入该段内的流量均匀分布,则对任意网格,

$$q_{gi,j,k} = 86.4 PID_{i,j,k} \frac{K_{rg}(p_{gi,j,k} - p_{wfi,j,k})}{\mu_{gi,j,k}} \tag{3.69}$$

$$q_{wi,j,k} = 86.4 PID_{i,j,k} \frac{K_{rw}(p_{gi,j,k} - p_{wfi,j,k})}{\mu_{wi,j,k}} \tag{3.70}$$

式中,q_g,q_w——表示以体积计的单位时间内一个网格体积内地层的产出量,m^3/d;

$p_{wfi,j,k}$——该网格内所包含井段的井筒流压,MPa;

$PID_{i,j,k}$——井指数;

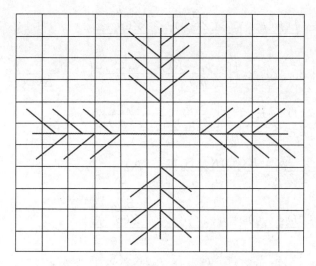

图 3.3 定向多分支水平井网格剖面示意图

在没有井段穿过的网格，$PID = 0$；有井段穿过的网格为式(3.44)，式(3.44)中

$$L_p = \sqrt{L_x^2 + L_y^2}, \quad L_x = L\sqrt{\frac{K_e}{K_x}}\cos\omega, \quad L_y = L\sqrt{\frac{K_e}{K_y}}\sin\omega \tag{3.71}$$

$$r_b = \sqrt{r_{bx}^2 + r_{by}^2}, \quad r_{bx} = R_{bx}\cos\omega, \quad r_{by} = R_{by}\sin\omega \tag{3.72}$$

$$R_{bx} = 0.14\sqrt{(K_e/K_y)\Delta y^2 + (K_e/K_z)\Delta z^2}, \quad R_{by} = 0.14\sqrt{(K_e/K_x)\Delta x^2 + (K_e/K_z)\Delta z^2} \tag{3.73}$$

$$r_w = \sqrt{r_{wx}^2 + r_{wy}^2}, \quad r_{wx} = R_{wx}\cos\omega, \quad r_{wy} = R_{wy}\sin\omega \tag{3.74}$$

$$R_{wx} = \frac{R_w}{2}(\sqrt{K_e/K_y} + \sqrt{K_e/K_z}), \quad R_{wy} = \frac{R_w}{2}(\sqrt{K_e/K_x} + \sqrt{K_e/K_z}) \tag{3.75}$$

式中，L——位于该网格内井段的长度，m；

ω——井筒与 X 轴的夹角，(°)；

R_w——真实井径，m；

S——表皮因子。

根据所建立的数学模型，以内边界为定井底压力条件，外边界为封闭地层边界条件为例，采用有限差分方法，直接通过差分网格内的物质守恒对上述数学模型进行离散。

对气相流动方程离散得

$$86.4\Delta y_j\Delta z_k\left\{\left[\frac{p_g}{Z(p_g)}\frac{K(p_g)K_{rg}(S_g)}{\mu_g}\right]_{i+\frac{1}{2}}\frac{p_{gi+1} - p_{gi}}{\Delta x_{i+\frac{1}{2}}}\right.$$

$$+\left[\frac{D_f\phi_f(p_g)}{S_g}\right]_{i+\frac{1}{2}}\frac{\left[\frac{S_g p_g}{Z(p_g)_{i+1}} - \frac{S_g p_g}{Z(p_g)_i}\right]}{\Delta x_{i+\frac{1}{2}}}$$

$$+\left[\frac{p_g}{Z(p_g)}\frac{K(p_g)K_{rg}(S_g)}{\mu_g}\right]_{i-\frac{1}{2}}\frac{p_{gi-1} - p_{gi}}{\Delta x_{i-\frac{1}{2}}}$$

$$+\left[\frac{D_f\phi_f(p_g)}{S_g}\right]_{i-\frac{1}{2}}\frac{\left[\dfrac{S_gp_g}{Z(p_g)_{i-1}}-\dfrac{S_gp_g}{Z(p_g)_i}\right]}{\Delta x_{i-\frac{1}{2}}}\right\}$$

$$+86.4\Delta x_i\Delta z_k\left\{\left[\frac{p_g}{Z(p_g)}\frac{K(p_g)K_{rg}(S_g)}{\mu_g}\right]_{j+\frac{1}{2}}\frac{p_{gj+1}-p_{gi}}{\Delta y_{j+\frac{1}{2}}}\right.$$

$$+\left[\frac{D_f\phi_f(p_g)}{S_g}\right]_{j+\frac{1}{2}}\frac{\left[\dfrac{S_gp_g}{Z(p_g)_{j+1}}-\dfrac{S_gp_g}{Z(p_g)_j}\right]}{\Delta y_{j+\frac{1}{2}}}$$

$$+\left[\frac{p_g}{Z(p_g)}\frac{K(p_g)K_{rg}(S_g)}{\mu_g}\right]_{j-\frac{1}{2}}\frac{p_{gj-1}-p_{gj}}{\Delta y_{j-\frac{1}{2}}}$$

$$+\left[\frac{D_f\phi_f(p_g)}{S_g}\right]_{j-\frac{1}{2}}\frac{\left[\dfrac{S_gp_g}{Z(p_g)_{j-1}}-\dfrac{S_gp_g}{Z(p_g)_j}\right]}{\Delta y_{j-\frac{1}{2}}}\right\}$$

$$+86.4\Delta x_i\Delta y_j\left\{\left[\frac{p_g}{Z(p_g)}\frac{K(p_g)K_{rg}(S_g)}{\mu_g}\right]_{k+\frac{1}{2}}\left(\frac{p_{gk+1}-p_{gk}}{\Delta z_{k+\frac{1}{2}}}\right.\right.$$

$$\left.-\frac{\gamma_g(p_g)_{k+\frac{1}{2}}(z_{k+1}-z_k)}{10^6\Delta z_{k+\frac{1}{2}}}\right)+\left[\frac{D_f\phi_f(p_g)}{S_g}\right]_{k+\frac{1}{2}}\frac{\left[\dfrac{S_gp_g}{Z(p_g)_{k+1}}-\dfrac{S_gp_g}{Z(p_g)_k}\right]}{\Delta z_{k+\frac{1}{2}}}$$

$$+\left[\frac{p_g}{Z(p_g)}\frac{K(p_g)K_{rg}(S_g)}{\mu_g}\right]_{k-\frac{1}{2}}\left[\frac{p_{gk-1}-p_{gk}}{\Delta z_k-\dfrac{1}{2}}-\frac{\gamma_g(p_g)_{k-\frac{1}{2}}(z_{k-1}-z_k)}{10^6\Delta z_{k-\frac{1}{2}}}\right]$$

$$+\left[\frac{D_f\phi_f(p_g)}{S_g}\right]_{k-\frac{1}{2}}\frac{\left[\dfrac{S_gp_g}{Z(p_g)_{k-1}}-\dfrac{S_gp_g}{Z(p_g)_k}\right]}{\Delta z_{k-\frac{1}{2}}}\right\}$$

$$-\frac{F_G}{\Delta t}24\frac{RT}{M}\Delta x_i\Delta y_j\Delta z_k(C^{n+1}-C^n)$$

$$-PID_{i,j,k}\frac{K_{rg}(p_{gi,j,k}-p_{wfi,j,k})}{\mu_g(p_g)}86.4\left(\frac{p_g}{Z}\right)_{i,j,k}$$

$$=24\frac{\Delta x_i\Delta y_j\Delta z_k}{\Delta t}\left[\left(\frac{\phi_f(p_g)S_gp_g}{Z(p_g)}\right)^{n+1}_{i,j,k}-\left(\frac{\phi_f(p_g)S_gp_g}{Z(p_g)}\right)^n_{i,j,k}\right]\qquad(3.76)$$

对水相流动方程离散得

$$86.4\Delta y_j\Delta z_k\left\{\left[\frac{K(p_g)K_{rw}(S_g)}{\mu_wB_w}\right]_{i+\frac{1}{2}}\frac{p_{gi+1}-p_{gi}}{\Delta x_{i+\frac{1}{2}}}+\left[\frac{K(p_g)K_{rw}(S_g)}{\mu_wB_w}\right]_{i-\frac{1}{2}}\frac{p_{gi-1}-p_{gi}}{\Delta x_{i-\frac{1}{2}}}\right\}$$

$$+86.4\Delta x_i\Delta z_k\left\{\left[\frac{K(p_g)K_{rw}(S_g)}{\mu_wB_w}\right]_{j+\frac{1}{2}}\frac{p_{gj+1}-p_{gj}}{\Delta y_{j+\frac{1}{2}}}+\left[\frac{K(p_g)K_{rw}(S_g)}{\mu_wB_w}\right]_{j-\frac{1}{2}}\frac{p_{gj-1}-p_{gj}}{\Delta y_{j-\frac{1}{2}}}\right\}$$

$$+86.4\Delta x_i\Delta y_j\left\{\left[\frac{K(p_g)K_{rw}(S_g)}{\mu_wB_w}\right]_{k+\frac{1}{2}}\left(\frac{p_{gk+1}-p_{gk}}{\Delta z_{k+\frac{1}{2}}}-\frac{\gamma_{wk+\frac{1}{2}}(z_{k+1}-z_k)}{10^6\Delta z_{k+\frac{1}{2}}}\right)\right.$$

$$\left.+\left[\frac{K(p_g)K_{rw}(S_g)}{\mu_wB_w}\right]_{k-\frac{1}{2}}\left(\frac{p_{gk-1}-p_{gk}}{\Delta z_{k-\frac{1}{2}}}-\frac{\gamma_{wk-\frac{1}{2}}(z_{k-1}-z_k)}{10^6\Delta z_{k-\frac{1}{2}}}\right)\right\}$$

$$-PID_{i,j,k}86.4\frac{K_{rw}(S_g)(p_{gi,j,k}-p_{wfi,j,k})}{\mu_wB_w}$$

$$= 24 \frac{\Delta x_i \Delta y_j \Delta z_k}{\Delta t} \left[\left(\frac{\phi_f(p_g)(1-S_g)}{B_w} \right)_{i,j,k}^{n+1} - \left(\frac{\phi_f(p_g)(1-S_g)}{B_w} \right)_{i,j,k}^{n} \right] \tag{3.77}$$

对于边界,当 $i=1$ 时, $p_{gi-1}=p_{gi}$, $S_{gi-1}=S_{gi}$;

当 $i=ix$ 时, $p_{gi+1}=p_{gi}$, $S_{gi+1}=S_{gi}$;

当 $j=1$ 时, $p_{gj-1}=p_{gj}$, $S_{gj-1}=S_{gj}$;

当 $j=jy$ 时, $p_{gj+1}=p_{gj}$, $S_{gj+1}=S_{gj}$;

当 $k=1$ 时, $p_{gk-1}=p_{gk}+\dfrac{\gamma_g(p_g)_{k-\frac{1}{2}}}{10^6}(z_{k-1}-z_k)$, $S_{gk-1}=S_{gk}$;

当 $k=kz$ 时, $p_{gk+1}=p_{gk}+\dfrac{\gamma_g(p_g)_{k+\frac{1}{2}}}{10^6}(z_{k+1}-z_k)$, $S_{gk+1}=S_{gk}$。

其中, $\Delta x_{i+\frac{1}{2}}=x_{i+1}-x_i$, $\Delta x_{i-\frac{1}{2}}=x_i+x_{i-1}$, $\Delta y_{j+\frac{1}{2}}=y_{j+1}-y_j$, $\Delta y_{j-\frac{1}{2}}=y_j-y_{j-1}$, $\Delta z_{k+\frac{1}{2}}=z_{k+1}-z_k$, $\Delta z_{k-\frac{1}{2}}=z_k-z_{k-1}$

方程中的空间下标 $i\pm\frac{1}{2}, i\pm1, i, j\pm\frac{1}{2}, j\pm1, j, k\pm\frac{1}{2}, k\pm1, k$, 均省略了另外两个指标,如 $i-\frac{1}{2}$ 表示 $i-\frac{1}{2}, j, k$, $j-\frac{1}{2}$ 表示 $i, j-\frac{1}{2}, k$, $k-\frac{1}{2}$ 表示 $i, j, k-\frac{1}{2}$ 等。

差分方程中空间下标为 $i-\frac{1}{2}$, $i+\frac{1}{2}$, $j-\frac{1}{2}$, $j+\frac{1}{2}$, $k-\frac{1}{2}$, $k+\frac{1}{2}$ 的系数,对绝对渗透率和裂缝孔隙度按调和平均取值,即

$$K_{i+\frac{1}{2}} = \frac{2K(p_{gi,j,k})K(p_{gi+1,j,k})}{K(p_{gi,j,k})+K(p_{gi+1,j,k})}, \phi_{fk+\frac{1}{2}} = \frac{2\phi_f(p_{gi,j,k})\phi_f(p_{gi,j,k+1})}{\phi_f(p_{gi,j,k})+_f(p_{gi,j,k+1})} \tag{3.78}$$

对相对渗透率、黏度、天然气压缩因子则按上游权取值,如

$$\left.\begin{array}{l} \mu_{i\pm\frac{1}{2}} = \begin{cases} \mu(p_{gi,j,k}), p_{gi,j,k} > p_{gi\pm1,j,k} \\ \mu(p_{gi\pm1,j,k}), p_{gi\pm1,j,k} > p_{gi,j,k} \end{cases} \\[1em] K_{ri\pm\frac{1}{2}} = \begin{cases} K_r(S_{gi,j,k}), p_{gi,j,k} > p_{gi\pm1,j,k} \\ K_r(S_{gi\pm1,j,k}), p_{gi\pm1,j,k} > p_{gi,j,k} \end{cases} \\[1em] Z_{i\pm\frac{1}{2}} = \begin{cases} Z(p_{gi,j,k}), p_{gi,j,k} > p_{gi\pm1,j,k} \\ Z(p_{gi\pm1,j,k}), p_{gi\pm1,j,k} > p_{gi,j,k} \end{cases} \end{array}\right\} \tag{3.79}$$

对气相压力、气相饱和度,直接取算术平均,如

$$S_{gi\pm\frac{1}{2}} = \frac{(S_{gi,j,k}+S_{gi\pm1,j,k})}{2}, \quad p_{gi\pm\frac{1}{2}} = \frac{(p_{gi,j,k}+p_{gi\pm1,j,k})}{2} \tag{3.80}$$

对气相重度,取算术平均,如

$$\gamma_g(p_g)_{k\pm\frac{1}{2}} = \frac{1}{2}(\gamma_g(p_{gi,j,k\pm1})+\gamma_g(p_{gi,j,k})) = \frac{1}{2}\left(\frac{p_gMg}{ZRT_{i,j,k\pm1}}+\frac{p_gMg}{ZRT_{i,j,k}}\right) \tag{3.81}$$

2. 井筒压降模型的离散形式

整个地层区域中,多分支水平井被差分网格自然分成了若干微小井段,因此,对每个有井段存在的网格,井筒压降模型的离散形式可写为如下形式:

$$p_{wfi-1} = p_{wfi}+0.5(\Delta p_{wfi-1}+\Delta p_{wfi}) \tag{3.82}$$

若出口端为定压边界条件，

$$p_{wfi} = p_{wfc} + 0.5\Delta p_{wfi} \tag{3.83}$$

若出口端为定气产量边界条件，

$$q_{sum} = \sum q_i \tag{3.84}$$

若该网格仅有分支或仅有主支通过，

$$\Delta p_{wfi} = \frac{1}{10^6}\left[\frac{2f_i\rho_i}{\pi^2 D^5}(2Q_i + q_i)^2 \Delta x_i + \frac{16\rho_i q_i}{\pi^2 D^4}(2Q_i + q_i)\right] \tag{3.85}$$

若该网格既有分支又有主支通过，

$$\Delta p_{wfi} = \frac{1}{10^6}\left[\frac{2f_i\rho_i}{\pi^2 D^5}(2Q_i + q_i + Q_{Ri})^2 \Delta x_i + \frac{16\rho_i(q_i + Q_{Ri})}{\pi^2 D^4}(2Q_i + q_i + Q_{Ri})\right] \tag{3.86}$$

其中各符号的含义均如图 3.2,此时的微段是由差分网格自然剖分所得的。

差分方程(3.69)～(3.86)均采用 SI 制实用单位,即各物理量的单位分别为: $K(\mu m^2)$, $r_w(m)$, $h(m)$, $p_g(MPa)$, $p_d(MPa)$, $p_L(MPa)$, $V_L(kg/m^3)$, $\mu_g(mPa \cdot s)$, $\mu_w(mPa \cdot s)$, $\Delta x(m)$, $\Delta y(m)\Delta z(m)$, $\Delta t(h)$, $D_f(m^2/d)$, $T(K)$, $M(kg/mol)$, $R\left(\frac{MPa \cdot m^3}{mol \cdot K}\right)$, $C(kg/m^3)$, $p_{wf}(MPa)$, $q(m^3/d)$, $\gamma_g(N/m^3)$。

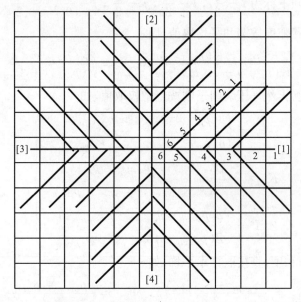

图 3.4　定向多分支水平井井段编号方式

由于上述井筒压降数值模型表示的是主支或分支的上下游相邻两井段的压力关系,因此在多分支水平井中,整个地层区域中被差分网格分成的若干井段必须首先确定在整个多分支水平井系统中所处的位置,继而才可以确定相邻两井段的压力关系。这样我们就需要对被差分网格自然分隔开的各主支井段和分支井段进行编号。编号的原则如图 3.4 所示,对位于主支上的井段,需要确定井段所属的主支序号和此井段位于该主支的第几段,即井段序号,共两个要素;对位于分支上的井段,需要确定分支所位于的主支序号、分支所位于主支的哪一侧及分支的序号和此井段位于该分支的第几段,即井段序号,共四个要素。对主支序号,可按顺时针或逆时针的顺序随意给定;对分支与主支的相对位置则按照从主支开始的地方(出口端)看去的左侧和右侧来区分;对分支的序号,则按照离出口端的远近顺序来确定,距离出口端越近的分支编号越小;对井段编号时,均采用上游编号小,下游编号大的方式。例如,图3.4所示的加粗黑色标记的两段井段的编号分别为:主支[1]井段2;主支[1]左侧分支(1)井段2。

具体编号步骤如下:

1) 确定每个差分网格对应的物理坐标。

2) 已知主支条数、各主支排列方式、主支长度,分支条数、各分支排列方式、分支长度,确定各主支、分支始、末端的物理坐标。

3) 按照差分网格排列的顺序扫描,判断每个网格是否被某条主支或某条分支通过。

我们采用的判断方法:首先列出每条主支、每条分支的直线方程及该网格的四条边的直线方程;根据主支、分支始、末点位置确定可能通过该网格的主支或分支(即其始、末点范围包含了此网格),再求出该主支或分支与网格四条边的交点,图3.5中的编号即为4个交点;将所求得的四个交点Y坐标按大小顺序排列;求出位于第二、第三位的两个交点连线中点的X,Y坐标;若该点位于网格内,或该条主支、分支的始末点位于网格内,说明该条主支、分支通过此网格。

4) 若该网格被主支和分支通过,记录下是哪条主支、哪条分支,然后进一步计算出该网格内井段长度。

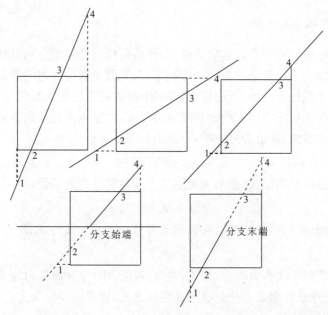

图3.5 井段与网格相交方式示意图

5) 确定该井段在主支、分支上的井段编号。方法是:首先不考虑上下游关系,只在每一主支、分支上给井段分别单独编号(同时确定了该主支或分支包含的总井段数);然后根据该井段中心与主支或分支起始处(主支起始处即出口端,分支起始处即分支在主支上的位置)距离远近关系重新对井段进行编号,距离最远的编号最小,距离最近的编号最大。

编号完成之后,我们可以对每个包含井段的网格列出井筒压力的方程。但有些网格可能同时含有主支井段和分支井段。为了使每个网格最多只列出一个井筒压力方程,保证井筒压力方程个数和井筒压力未知数个数相同,对这种包含两段井段以上的网格,只需对主支段列出方程即可。

需要指出的是,由于气、水两相流动方程中的未知数是通过差分网格系统编号的,井筒压降方程的未知数是通过上述主支、分支及井段系统编号的,井筒压降方程与气、水两相流动方程要相互耦合,就必须把两组方程中的未知数(即每个的地层压力、气饱和度,所包含井段的井筒压力)转换到同一个编号系统中。有了上述的井段编号方法之后,我们首先按照差分网格逐行、逐列扫描,若该网格内有井段通过,则按照以上编号方法对该井段编号,然后再将相应差分网格内的值赋给该井段中。

这样,井筒压降方程也都通过各网格内地层压力的值、各网格内井段井筒压力的值和各网格内饱和度的值表示出来了。井筒压降方程求解完成之后,各差分网格内的井筒压力值要被所求出的各井段的压力值重新赋值。

至此,已完成了整个数学模型的差分离散,建立了完整的数值模型。

3. 数值模型的求解

本节首先讨论数值模型求解方法,然后对井筒压降方程组的线性化过程进行详细说明。

(1) 数值模型的求解方法

上一小节中给出了差分形式的数值模型,该数值模型是三组分别以地层压力、井筒压力和地层气饱和度为未知变量的非线性方程组,未知数个数与方程的个数相同,三组方程相互耦合。对此非线性方程组,我们将通过牛顿-拉夫松方法化成线性方程组来求解。

对式(3.76)与式(3.77)中左端饱和度取为显式,地层压力及井筒压力取为隐式,合并后消去饱和度未知变量,移至等号一端,令其为0,即

$$f(p_{gi+1,j,k}, p_{gi-1,j,k}, p_{gi,j+1,k}, p_{gi,j-1,k}, p_{gi,j,k+1}, p_{gi,j,k-1}, p_{gi,j,k}, p_{wfi,j,k}) = 0 \qquad (3.87)$$

将式(3.87)写成更简洁的形式,表示为地层压力和井筒压力的函数,

$$f(p_{wf}, p_g) = 0$$

考虑井筒压力方程(3.86)和(3.87),将其移至等号一边并令其为0,即

$$g(p_{wf}, p_g) = 0 \qquad (3.88)$$

为了解以上两组非线性方程组,首先,在式(3.88)中,令井筒压力均为已知值,如可令为出口端压力,定产条件则设为任意合理井筒压力值,则式(3.88)变为关于地层压力的方程组,对其线性化后化为

$$
\left(\frac{\partial f}{\partial p_{gi+1,j,k}}\right)^k \delta p_{gi+1,j,k}^{k+1} + \left(\frac{\partial f}{\partial p_{gi-1,j,k}}\right)^k \delta p_{gi-1,j,k}^{k+1} + \left(\frac{\partial f}{\partial p_{gi,j+1,k}}\right)^k \delta p_{gi,j+1,k}^{k+1}
$$

$$
+ \left(\frac{\partial f}{\partial p_{gi,j-1,k}}\right)^k \delta p_{gi,j-1,k}^{k+1} + \left(\frac{\partial f}{\partial p_{gi,j,k+1}}\right)^k \delta p_{gi,j,k+1}^{k+1} + \left(\frac{\partial f}{\partial p_{gi,j,k-1}}\right)^k \delta p_{gi,j,k-1}^{k+1}
$$

$$
+ \left(\frac{\partial f}{\partial p_{gi,j,k}}\right)^k \delta p_{gi,j,k}^{k+1} = -f^k \qquad (3.89)
$$

所构成的七对角方程组用预条件处理的共轭梯度法进行求解,得到 $\delta p_{gi,j,k}^{k+1}$,则 $p_{gi,j,k}^{k+1}$ $= p_{gi,j,k}^{k} + \delta p_{gi,j,k}^{k+1}$,如此循环,直到满足收敛条件 $|\delta p_{gi,j,k}^{k+1}| < \varepsilon_p$ 和 $|f^k| < \varepsilon_f$。收敛后, $p_{gi,j,k}^{n+1} = p_{gi,j,k}^{k+1}$。

然后将所得地层压力值代入井筒压力方程组中,线性化后用高斯消去法求解,同样迭代至满足线性化收敛条件。所得井筒压力值再代入地层压力方程,如此反复迭代,直到所求未知数满足一定的收敛条件: $|p_{gi,j,k}^{k+1} - p_{gi,j,k}^{k}| < \varepsilon_{pg}$ 和 $|p_{wfi,j,k}^{k+1} - p_{wfi,j,k}^{k}| < \varepsilon_{pwf}$,就得到该时刻地层压力及各段井筒压力值。

以上两组方程组实际可视为由两个未知矢量组成的非线性方程组,未知矢量分别是井筒压力矢量和地层压力矢量,每个矢量都有多个未知数分量。而上述求解过程实际上类似于解线性方程组的 Seidel 迭代法,只是在这里,迭代矢量序列的两个矢量的新值都要再通过解一个非线性方程组得到(该非线性方程组通过牛顿-拉夫松方法转变成线性方程组求解),因此迭代收敛的条件是前后两次迭代结果之差很接近。而解两个非线性方程组所作的牛顿迭代收敛的条件都是增量和残量趋近一个较小值。

将求得的地层压力和井筒压力值代入水相差分方程组中,得

$$h(S_{gi+1,j,k}, S_{gi-1,j,k}, S_{gi,j+1,k}, S_{gi,j-1,k}, S_{gi,j,k+1}, S_{gi,j,k-1}, S_{gi,j,k}) = 0 \qquad (3.90)$$

由于地层压力和井筒压力变量已经由上述压力及井筒压力方程解出,为已知值,则将饱和度视为未知变量,方程左边饱和度均取为隐式,同样可用牛顿-拉夫松方法求解,对式(3.90)线性化所得到的方程组形式为

$$\left(\frac{\partial h}{\partial S_{gi+1,j,k}}\right)^k \delta S_{gi+1,j,k}^{k+1} + \left(\frac{\partial h}{\partial S_{gi-1,j,k}}\right)^k \delta S_{gi-1,j,k}^{k+1} + \left(\frac{\partial h}{\partial S_{gi,j+1,k}}\right)^k \delta S_{gi,j+1,k}^{k+1}$$

$$+ \left(\frac{\partial h}{\partial S_{gi,j-1,k}}\right)^k \delta S_{gi,j-1,k}^{k+1} + \left(\frac{\partial h}{\partial S_{gi,j,k+1}}\right)^k \delta S_{gi,j,k+1}^{k+1} + \left(\frac{\partial h}{\partial S_{gi,j,k-1}}\right)^k \delta S_{gi,j,k-1}^{k+1}$$

$$+ (\frac{\partial h}{\partial S_{gi,j,k}})^k \delta S_{gi,j,k}^{k+1} = - h^k \qquad (3.91)$$

由于式(3.91)同样为七对角方程组,仍用共轭梯度法解。解得 $\delta S_{gi,j,k}^{k+1}$,则 $S_{gi,j,k}^{k+1} = S_{gi,j,k}^{k} + \delta S_{gi,j,k}^{k+1}$,如此循环,直到满足收敛条件 $|\delta S_{gi,j,k}^{k+1}| < \varepsilon_s$ 和 $|h^k| < \varepsilon_h$。收敛后, $S_{gi,j,k}^{n+1} = S_{gi,j,k}^{k+1}$。

依照油藏数值模拟的习惯,整个过程相当于隐式压力、隐式饱和度交替求解方法。

求出每一时刻的地层中各点的压力、各段井筒压力和气饱和度之后,则可用以下两式得到气产量和水产量:

$$q_w = \sum PID_{i,j,k} 86.4 \frac{k_{rw}(S_g)(p_{gi,j,k} - p_{wfi,j,k})}{\mu_w B_w} \qquad (3.92)$$

$$q_g = \sum PID_{i,j,k} 86.4 \frac{k_{rg}(S_g)(p_{gi,j,k} - p_{wfi,j,k})}{\mu_w} \cdot \frac{p_{wfi,j,k} M}{Z(p_{wfi,j,k}) RT \rho_{Sc}} \qquad (3.93)$$

以上两式仍采用 SI 制实用单位,产量的单位为(m³/d)。两式中的求和符号均表示对主支或分支井筒通过的所有网格求和。

(2) 井筒压降方程组的线性化

由于井筒内压降方程同样为关于地层压力和井筒压力的非线性方程组,式(3.86)可

以表示成有关差分网格上的地层压力和井筒压力的函数,在地层压力求出以后,则式(3.94)仅为井筒压力的函数,同样采用牛顿-拉夫松方法线性化。线性化为

$$\sum \left(\frac{\partial g}{\partial p_{\text{wf}}}\right)^k \Delta p_{\text{wf}i}^{k+1} = -g^k \tag{3.94}$$

下面分别讨论三种情况下线性化后的方程组系数的表达式:

1) 考虑井段在分支上从末端数第 i 段,对第 k 段的导数为:

当 $k = 1, 2, \cdots, i-1$ 时(下标 k 表示该井段位于分支上的从上游末端数第 k 段),

$$\frac{\partial g_i}{\partial p_{\text{wf}k}} = -\frac{0.5}{10^6}\left[\frac{2f_i \rho_i \Delta x_i}{\pi^2 D^5} \cdot 2(2Q_i + q_i) + \frac{16\rho_i q_i}{\pi^2 D^4}\right.$$
$$\left. + \frac{2f_{i+1}\rho_{i+1}\Delta x_{i+1}}{\pi^2 D^5} \cdot 2(2Q_{i+1} + q_{i+1}) + \frac{16\rho_{i+1}q_{i+1}}{\pi^2 D^4}\right] \cdot 2\frac{\partial q_k}{\partial p_{\text{wf}k}} \tag{3.95}$$

当 $k = i$ 时,

$$\frac{\partial g_i}{\partial p_{\text{wf}k}} = 1 - \frac{0.5}{10^6}\left[\frac{2f_i \rho_i \Delta x_i}{\pi^2 D^5} \cdot 2(2Q_i + q_i) \cdot \frac{\partial q_k}{\partial p_{\text{wf}k}} + \frac{16\rho_i(2Q_i + 2q_i)}{\pi^2 D^4} \cdot \frac{\partial q_k}{\partial p_{\text{wf}k}}\right.$$
$$+ \frac{2f_i \frac{\partial \rho_i}{\partial p_{\text{wf}k}} + 2\rho_i \frac{\partial f_i}{\partial p_{\text{wf}k}}}{\pi^2 D^5}(2Q_i + q_i)^2 \Delta x_i + \frac{16\frac{\partial \rho_i}{\partial p_{\text{wf}k}}}{\pi^2 D^4}q_i(2Q_i + q_i)$$
$$\left. + \frac{2f_{i+1}\rho_{i+1}\Delta x_{i+1}}{\pi^2 D^5} \cdot 2(2Q_{i+1} + q_{i+1}) \cdot 2\frac{\partial q_k}{\partial p_{\text{wf}k}} + \frac{16\rho_{i+1} \cdot 2q_{i+1}}{\pi^2 D^4} \cdot \frac{\partial q_k}{\partial p_{\text{wf}k}}\right] \tag{3.96}$$

当 $k = i+1$ 时,

$$\frac{\partial g_i}{\partial p_{\text{wf}k}} = -1 - \frac{0.5}{10^6}\left[\frac{2f_{i+1}\rho_{i+1}\Delta x_{i+1}}{\pi^2 D^5} \cdot 2(2Q_{i+1} + q_{i+1}) \cdot \frac{\partial q_k}{\partial p_{\text{wf}k}}\right.$$
$$+ \frac{16\rho_{i+1}(2Q_{i+1} + 2q_{i+1})}{\pi^2 D^4} \cdot \frac{\partial q_k}{\partial p_{\text{wf}k}} \frac{2f_{i+1}\frac{\partial \rho_{i+1}}{\partial p_{\text{wf}k}} + 2\rho_{i+1}\frac{\partial f_{i+1}}{\partial p_{\text{wf}k}}}{\pi^2 D^5}$$
$$\left. (2Q_{i+1} + q_{i+1})^2 \Delta x_{i+1} + \frac{16\frac{\partial \rho_{i+1}}{\partial p_{\text{wf}k}}q_{i+1}}{\pi^2 D^4}(2Q_{i+1} + q_{i+1})\right] \tag{3.97}$$

由于 $\rho_i = \dfrac{\gamma_g/g \cdot q_{gi} + \rho_w q_{wi}}{q_{gi} + q_{wi}}$,故

$$\frac{\partial \rho}{\partial p_{\text{wf}i}} = \left\{\left[\left(\frac{\partial \gamma_g}{\partial p_{\text{wf}i}}\right)/g \cdot q_{gi} + \gamma_g/g \cdot \frac{\partial q_{gi}}{\partial p_{\text{wf}i}} + \rho_w \frac{\partial q_{wi}}{\partial p_{\text{wf}i}}\right](q_{gi} + q_{wi})\right.$$
$$\left. - (\gamma_g/g \cdot q_{gi} + \rho_w q_{wi}) \cdot \left(\frac{\partial q_{gi}}{\partial p_{\text{wf}i}} + \frac{\partial q_{wi}}{\partial p_{\text{wf}i}}\right)\right\} \div (q_{gi} + q_{wi})^2 \tag{3.98}$$

并近似认为摩擦系数对井底压力的导数为零:

$$\frac{\partial f}{\partial p_{\text{wf}i}} \approx 0 \tag{3.99}$$

当 $k = i+2, \cdots, N$ 时,

$$\frac{\partial g_i}{\partial p_{\text{wf}k}} = 0 \tag{3.100}$$

2) 考虑井段在主支上，且该网格内无分支：

若 $i=N$，即所考虑井段位于出口端相邻网格，则当 $k=1,2,\cdots,i-1$ 时（下标 i 表示该分支的从上游末端数第 i 段），

$$\frac{\partial g_i}{\partial p_{\mathrm{wf}k}} = -\frac{0.5}{10^6}\left[\frac{2f_i\rho_i\Delta x_i}{\pi^2 D^5}\cdot 2(2Q_i+q_i)+\frac{16\rho_i q_i}{\pi^2 D^4}\right]\cdot 2\frac{\partial q_k}{\partial p_{\mathrm{wf}k}} \tag{3.101}$$

当 $k=i$ 时，

$$\frac{\partial g_i}{\partial p_{\mathrm{wf}k}} = 1-\frac{0.5}{10^6}\left[\frac{2f_i\rho_i\Delta x_i}{\pi^2 D^5}\cdot 2(2Q_i+q_i)\cdot\frac{\partial q_k}{\partial p_{\mathrm{wf}k}}+\frac{16\rho_i(2Q_i+2q_i)}{\pi^2 D^4}\cdot\frac{\partial q_k}{\partial p_{\mathrm{wf}k}}\right.$$
$$\left.+\frac{2f_i\frac{\partial\rho_i}{\partial p_{\mathrm{wf}k}}+2\rho_i\frac{\partial f_i}{\partial p_{\mathrm{wf}k}}}{\pi^2 D^5}(2Q_i+q_i)^2\Delta x_i+\frac{16\frac{\partial\rho_i}{\partial p_{\mathrm{wf}k}}}{\pi^2 D^4}q_i(2Q_i+q_i)\right] \tag{3.102}$$

当 $k=i+1,\cdots,N$ 时，

$$\frac{\partial g_i}{\partial p_{\mathrm{wf}k}}=0 \tag{3.103}$$

对于在主支 $k<i$ 井段（即该井段上游）的所有分支井段 kf，有

$$\frac{\partial g_i}{\partial p_{\mathrm{wf}kf}} = -\frac{0.5}{10^6}\left[\frac{2f_i\rho_i\Delta x_i}{\pi^2 D^5}\cdot 2(2Q_i+q_i)+\frac{16\rho_i q_i}{\pi^2 D^4}\right]\cdot 2\frac{\partial q_{kf}}{p_{\mathrm{wf}kf}} \tag{3.104}$$

若 $i\neq N$，则当 $k=1,2,\cdots,N$ 时，$\frac{\partial g_i}{\partial p_{\mathrm{wf}k}}$ 同第一种情况表达式相同，分别如式(3.94)~式(3.100)，只是此时下标 k,i,N 均表示主支上的井段。

对于在主支 $k<i$ 井段（即该井段上游）的所有分支井段 kf，有

$$\frac{\partial g_i}{\partial p_{\mathrm{wf}kf}} = -\frac{0.5}{10^6}\left[\frac{2f_i\rho_i\Delta x_i}{\pi^2 D^5}\cdot 2(2Q_i+q_i)+\frac{16\rho_i q_i}{\pi^2 D^4}+\frac{2f_{i+1}\rho_{i+1}\Delta x_{i+1}}{\pi^2 D^5}\right.$$
$$\left.\cdot 2(2Q_{i+1}+q_{i+1})+\frac{16\rho_{i+1}q_{i+1}}{\pi^2 D^4}\right]\cdot 2\frac{\partial q_{kf}}{\partial p_{\mathrm{wf}kf}} \tag{3.105}$$

3) 井段在主支上，且该网格内有分支：

若 $i=N$，即所考虑井段位于出口端相邻网格，对于主支上的井段 $k=1,2,\cdots,N$，$\frac{\partial g_i}{\partial p_{\mathrm{wf}k}}$ 同第二种情况表达式类似，只是将式(3.101)~式(3.103)中的 q_i 变成 $q_i+Q_{\mathrm{R}i}$。

对于在主支 $k<i$ 井段（即该井段上游）的所有分支井段 kf，有

$$\frac{\partial g_i}{\partial p_{\mathrm{wf}kf}} = -\frac{0.5}{10^6}\left[\frac{2f_i\rho_i\Delta x_i}{\pi^2 D^5}\cdot 2(2Q_i+q_i+Q_{\mathrm{R}i})+\frac{16\rho_i(q_i+Q_{\mathrm{R}i})}{\pi^2 D^4}\right]\cdot 2\frac{\partial q_{kf}}{p_{\mathrm{wf}kf}} \tag{3.106}$$

若 $i\neq N$，对于主支上的井段 $k=1,2,\cdots,N$，$\frac{\partial g_i}{\partial p_{\mathrm{wf}k}}$ 同第一种情况表达式类似，只是分别将式(3.95)~式(3.99)中的 q_i 变成 $q_i+Q_{\mathrm{R}i}$，此时下标 k,i,N 均表示主支上的井段。

对于在主支 $k<i$ 井段（即该井段上游）的所有分支井段 kf，有

$$\frac{\partial g_i}{\partial p_{\mathrm{wf}kf}} = -\frac{0.5}{10^6}\left[\frac{2f_i\rho_i\Delta x_i}{\pi^2 D^5}\cdot 2(2Q_i+q_i+Q_{\mathrm{R}i})\frac{\partial q_{kf}}{\partial p_{\mathrm{wf}kf}}\right.$$
$$\left.+\frac{16\rho_i\cdot(2Q_i+2q_i+2Q_{\mathrm{R}i})}{\pi^2 D^4}\frac{\partial q_{kf}}{\partial p_{\mathrm{wf}kf}}+\frac{2f_{i+1}\rho_{i+1}\Delta x_{i+1}}{\pi^2 D^5}\right.$$

$$\cdot 2(2Q_{i+1} + q_{i+1}) \cdot 2 \frac{\partial q_{kf}}{\partial p_{\text{wf}kf}} + \frac{16\rho_{i+1}q_{i+1}}{\pi^2 D^4} \cdot 2 \frac{\partial q_{kf}}{\partial p_{\text{wf}kf}} \Big] \qquad (3.107)$$

4. 线性方程组的求解

求解线性方程组的方法很多,然而并不是一种方法对任意方程组都是有效的,方程组解法的优劣取决于系数矩阵的结构和性质。矩阵具有相容次序和性质 A,可以采用松弛法求解;对称正定矩阵可直接使用共轭梯度法,且对大型稀疏矩阵效果更好;矩阵带状稀疏可用特殊的存储和消元法。

(1) 地层压力、地层气饱和度的方程组——共轭梯度法

以上数值模型的求解方法中,地层压力和地层气饱和度的七对角方程组属于大型稀疏矩阵,但并不完全对称,可以化为对称正定后用共轭梯度法求解,经多次试验比较表明,对于这种带状稀疏矩阵,共轭梯度法在求解速度方面都优于迭代法和消元法。

求方程组 $AX = b$(其中 A 对称正定)的解的问题与求二次泛函 $f(X) = \frac{1}{2}(X, AX) - (X, b)$ 的极小值问题是等价的。共轭梯度法是合理挑选方向向量 $\{p^{(i)}\}$,经过有限步就能达到极小点的一种迭代法,它的搜索方向是利用一维搜索得到极小点处梯度生成的,即取 $P^{(0)} = -\nabla f(X^{(0)})$,$X^{(k)}$ 点的搜索方向由 $-\nabla f(X^{(k)})$ 及已经得到的共轭斜量 $P^{(k-1)}$ 的线性组合来确定。

共轭梯度法的计算步骤如下:

1) 任取初始向量 $X^{(0)}$,并计算

$$r^{(0)} = b - AX^{(0)}, \quad P^{(0)} = r^{(0)} \qquad (3.108)$$

2) 对于 $k = 0, 1, 2, \cdots$ 重复如下计算

$$\alpha_k = \frac{(r^{(k)}, r^{(k)})}{(P^{(k)}, AP^{(k)})} \qquad (3.109)$$

$$X^{(k+1)} = X^{(k)} + \alpha_k P^{(k)} \qquad (3.110)$$

$$r^{(k+1)} = r^{(k)} - \alpha_k AP^{(k)} \qquad (3.111)$$

$$\beta_k = \frac{(r^{(k+1)}, r^{(k+1)})}{(r^{(k)}, r^{(k)})} \qquad (3.112)$$

$$P^{(k+1)} = r^{(k+1)} + \beta_k P^{(k)} \qquad (3.113)$$

如果 A 非对称正定,则构造 $A^{\mathrm{T}}AX = A^{\mathrm{T}}b$,$A^{\mathrm{T}}A$ 为对称正定矩阵,只要把上面的公式中 $(P^{(k)}, AP^{(k)})$ 改为 $(P^{(k)}, A^{\mathrm{T}}AP^{(k)})$ 并令 $r^{(k+1)} = r^{(k)} - \alpha_k A^{\mathrm{T}}AP^{(k)}$,$r^{(0)} = A^{\mathrm{T}}(b - AX^{(0)})$,上面的算法就适用于 A 非对称正定的情形。

然而,计算 $A^{\mathrm{T}}A$ 计算量很大,不仅要花费时间,而且增加存储量,因为 A 是稀疏的,而 $A^{\mathrm{T}}A$ 不一定是稀疏的,要增加非零元素的存储。为了避免存储 $A^{\mathrm{T}}A$,减少计算量,可以利用以下性质:

$$r = A^{\mathrm{T}}b - A^{\mathrm{T}}AX = A^{\mathrm{T}}(b - AX) \qquad (3.114)$$

$$(P, A^{\mathrm{T}}AP) = (AP, AP) \qquad (3.115)$$

并且在计算 $r^{(k+1)} = r^{(k)} - \alpha_k A^{\mathrm{T}}AP^{(k)}$ 时,先计算 $AP^{(k)}$,再计算 $A^{\mathrm{T}}(AP^{(k)})$,这样可以把矩

阵和矩阵的相乘,转化为矩阵和向量的相乘,减少计算量。

从算法描述中可以看出,共轭梯度法有如下几个优点:不需要任何参数估计;算法步骤仅包括矩阵 A 和某个向量的乘积、或者一些向量之间的内积,矩阵 A 本身在计算过程中不改变,因而不产生非零填充,从而适合于大型稀疏问题。

地层压力和地层气饱和度的线性方程组在作上述对称正定的处理之后,使之适合于共轭梯度法求解。在程序编制时,除了利用矩阵的稀疏性质之外,还充分利用矩阵的条带性质进行存储、计算,更加提高了程序的计算效率。

（2）预处理共轭梯度法

预处理的基本思想是对原方程作变换,使新系数矩阵的条件数比原系数矩阵的小,从而提高共轭梯度法的收敛速度或改善数值稳定性。

预处理共轭梯度法的基本步骤如下:

$$r^{(0)} = AX^{(0)} - b, z^{(0)} = Q^{-1}r^{(0)} \text{（解方程组 } Qz^{(0)} = r^{(0)}, P^{(0)} = -z^{(0)}\text{）} \tag{3.116}$$

$$\alpha_k = \frac{r^{(k)\mathrm{T}} z^{(k)}}{P^{(k)\mathrm{T}} AP^{(k)}} \tag{3.117}$$

$$X^{(k+1)} = X^{(k)} + \alpha_k P^{(k)} \tag{3.118}$$

$$r^{(k+1)} = r^{(k)} + \alpha_k AP^{(k)} \tag{3.119}$$

$$z^{(k+1)} = Q^{-1}r^{(k+1)} \text{（解方程组 } Qz^{(k+1)} = r^{(k+1)}\text{）} \tag{3.120}$$

$$\beta_k = \frac{(r^{(k+1)}, z^{(k+1)})}{(r^{(k)}, z^{(k)})} \tag{3.121}$$

$$P^{(k+1)} = -z^{(k+1)} + \beta_k P^{(k)} \qquad k = 0, 1, 2, \cdots \tag{3.122}$$

这个方法称为条件预优共轭梯度法,对称正定矩阵 Q 称为条件预优矩阵。在此方法中,每一步迭代都要解方程组 $Qz_k = r_k$,因此必须选择 Q 使得这个方程组容易求解。选取 Q 的方法有多种,以下给出计算程序中采用的两种条件预优矩阵:

1）SSOR 条件预优方法:

$$Q = (D + \omega L)D^{-1}(D + \omega L)^{\mathrm{T}} \tag{3.123}$$

其中 $D = diag(a_{11}, \cdots, a_{nn})$, $L = \begin{bmatrix} 0 & 0 & \cdots & 0 & 0 \\ a_{21} & 0 & \cdots & 0 & 0 \\ \vdots & \vdots & & \vdots & \vdots \\ a_{n1} & a_{n2} & \cdots & a_{n,n-1} & 0 \end{bmatrix}$。

记 $E = D^{\frac{1}{2}} + \omega L D^{\frac{1}{2}}$,则 $Q = EE^{\mathrm{T}}$ 为对称正定矩阵。ω 为一经验值,在此取为 0.8。

2）不完全 Cholesky 条件预优方法:

$$Q = CC^{\mathrm{T}} \tag{3.124}$$

其中 $C = UD^{-\frac{1}{2}}$, $U = \begin{bmatrix} d_{11} & & & \\ a_{21} & \ddots & & \\ \vdots & & d_{n-1,n-1} & \\ a_{n1} & \cdots & a_{n,n-1} & d_{nn} \end{bmatrix}$, D 为对角矩阵, $d_{jj} = a_{jj} - \sum_{k<j} a_{jk}^2/d_{kk}$,

$k = 1, \cdots, j-1$。

(3) 井筒压力组成的线性方程组——分块高斯消去法

对于羽状分支水平井,由井筒压力组成的线性方程组的未知数个数的排列并没有特别的规律性,未知数的个数相对于地层压力方程组的未知数较少,且条带性不好。高斯消去法是求解线性方程组的直接法,适用于中小型的非零元素较多的矩阵,因此我们选用高斯消去法求解。

高斯消去法求解主要包括把系数矩阵化为上三角矩阵的消元过程和求解上三角矩阵的回代过程。

消元过程中元素的计算公式可以归纳为

$$\left.\begin{array}{ll} a_{ij}^{(k+1)} = a_{ij}^{(k)}, b_i^{(k+1)} = b_i^{(k)} & (i \leqslant k, j \leqslant n) \\ b_i^{(k+1)} = b_i^{(k)} - (a_{ik}^{(k)}/a_{kk}^{(k)}) b_k^{(k)} & (k+1 \leqslant i \leqslant n, k+1 \leqslant j \leqslant n) \\ a_{ij}^{(k+1)} = a_{ij}^{(k)} - (a_{ik}^{(k)}/a_{kk}^{(k)}) a_{kj}^{(k)} & (k+1 \leqslant i \leqslant n, \ k+1 \leqslant j \leqslant n) \\ a_{ij}^{(k+1)} = 0 & (i \leqslant j \leqslant k, j+1 \leqslant i \leqslant n) \end{array}\right\} \quad (3.125)$$

回代过程可以归纳为

$$\left.\begin{array}{l} x_n = b_n^{(n)}/a_{nn}^{(n)} \\ x_i = (b_i^{(i)} - \sum_{j=i+1}^{n} a_{ij}^{(i)} x_j)/a_{ii}^{(i)} \qquad i = n-1, n-2, \cdots, 1 \end{array}\right\} \quad (3.126)$$

值得提出的一点是,由于井筒压力方程组反映的是井段中相邻两井段的压降关系,在出口端取定压或定主支(包括该主支的所有分支)产量边界条件时,对于具有多条主支的井身结构,每条主支系统所构成的井筒压力方程是相互独立的。依照这个特点,对具有多主支系统的井身结构,我们就可以将井筒压力方程组按照主支系统分块。以下为井筒压力方程组系数矩阵分块前和分块后的示意图(图 3.6)。

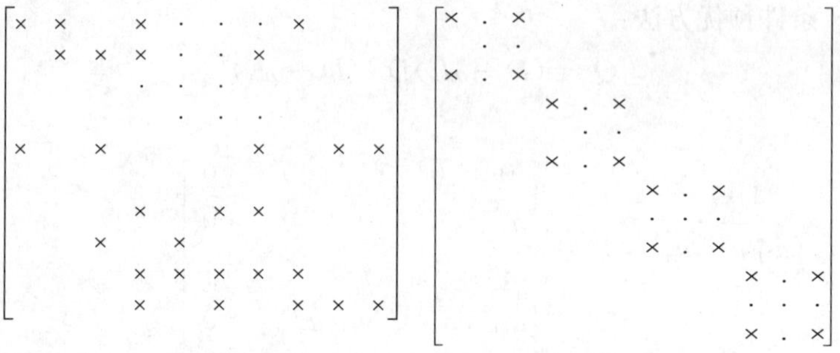

图 3.6 井筒压力方程组系数矩阵分块前和分块后的示意图

可见,系数矩阵经过按照主支系统的关系重新排列,整个系数矩阵化为若干个相对独立的小型矩阵,每个小型矩阵对应一个主支系统。对于每个块矩阵,采用高斯消去法求解,因此称整个求解井筒压力方程组的方法为分块高斯消去法。

下面解释为何利用分块高斯消去法可以减少计算量,提高求解的速度。以主支对称的情形为例,假设线性化后的井筒压力方程组为 N 阶线性方程组,N 为整个区域被所有主支、分支井段穿过的网格数,主支数为 M。分块前采用高斯消去法求解所需的乘除法计算量为 $\frac{1}{3}N^3 + N^2 - \frac{1}{3}N$;分块之后,相当于解 M 个 $\frac{N}{M}$ 阶线性方程组,用高斯消去法求解的计算量为 $M \times \left[\frac{1}{3}\left(\frac{N}{M}\right)^3 + \left(\frac{N}{M}\right)^2 - \frac{1}{3}\left(\frac{N}{M}\right) \right]$,由于一般 $M \ll N$,故 $M \times \left[\frac{1}{3}\left(\frac{N}{M}\right)^3 + \left(\frac{N}{M}\right)^2 - \frac{1}{3}\left(\frac{N}{M}\right) \right] \ll \frac{1}{3}N^3 + N^2 - \frac{1}{3}N$,所以分块后所需的计算量远远小于分块之前。因此,通过将井筒压力方程组分块后求解,可以大幅提高井筒压力方程组的求解速度。

5. 程序设计的思路

根据上述数值模型的求解方法,我们在 Compaq visual FORTRAN 6.5 平台上编制了一套煤层气多分支水平井开采的数值模拟计算程序。程序编制过程利用了 FORTRAN95 语言的新特征,采用模块化程序设计方法,使用了全局变量、全局数组及动态数组,节省了计算机资源,便于使用和维护。

在数据录入部分,原始数据以独立于源程序的数据文件的形式给出,通过输入、调整不同地层参数,可建立不同地质模型,对不同地质条件的煤层气的多分支水平井开采情况进行数值模拟研究;通过调整井身结构参数,可以进行井身结构的优化设计,提供合理的开采方案;通过调整计算时所用的控制参数,可以对计算程序本身进一步优化、改进,有利于程序的维护。

原始数据文件主要包括以下几类:

地层参数数据文件,主要包括参数为:煤层裂缝孔隙度、煤层各方向(三个垂直方向)绝对渗透率、煤层水体积系数、裂缝孔隙体积压缩系数、基质骨架收缩系数、地层温度、地层原始压力、井底压力(定压开采条件)、气产量(定产开采条件)、裂缝中气体扩散系数、气体解吸时间常数、地层临界解吸压力、Langmuir 压力常数、Langmuir 体积常数、井筒半径、外边界半径、基质几何因子、煤层气体摩尔质量、煤层气标准状况时的密度、煤层水标准状况时的密度、煤层区域长和宽、煤层厚度。

井身结构数据文件,主要包括参数为:井筒相对粗糙度、出口端坐标位置、主支个数、主支方位、主支长度、分支个数、各分支根部在主支上的位置(分支间距,离出口端最近的分支位置)、各分支长度、分支与主支的夹角。

计算时所用数据文件主要包括:模拟的开始时刻、模拟的时间长度、计算时所采用的时间步长、迭代的收敛误差、迭代终止的最大次数等。

在数据的输出部分,计算程序除了给出多分支水平井各时刻煤层气的产量之外,可以输出需要时刻的地层中饱和度、地层压力的变化情况,用来了解煤层气产出的条件和开采机理。

由于井筒压力的初值以及每次迭代、更新求出的井筒压力都是以差分网格系统表示的,所以在流程中,每次求解井筒压力线性化系数时,首先应将以主支、分支、井段系统表示的地层压力、井筒压力、饱和度赋以网格变量表示的值。

为了更清楚地说明整个程序设计的思路,下面给出了计算程序主要步骤的流程图(图 3.7)。

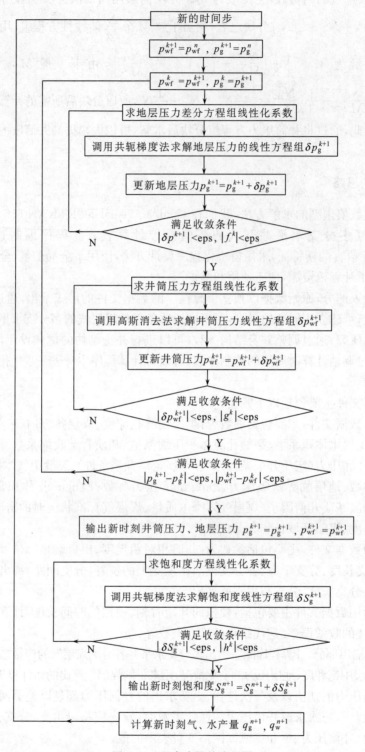

图 3.7　程序步骤的流程图

四、煤层气多分支水平井增产机理研究

本节利用自行研制的数值模拟软件对煤层气多分支水平井进行产能预测，并通过与国外同类模拟软件相对比来说明本软件的优越性。通过与直井相对比，说明多分支水平井的增产效果，并进一步揭示煤层气多分支水平井开采的增产机理，进行多分支水平井开采的影响因素分析。

（一）煤层气多分支水平井数值模拟软件

1. 软件设计的理论基础

软件的核心部分用于煤层气多分支水平井开采的数值模拟计算，所采用的数学模型的基本假设为：煤层视为孔隙-裂缝双重介质，原始状态裂缝中由水充满及含少量的游离气，大量气体以吸附形式存在于基质中，考虑重力，忽略毛管力。裂缝中气体满足真实气体状态方程。气体运动速度视为宏观渗流速度和遵从 Fick 定律的气体扩散速度之和。考虑了地层非均质和各向异性的影响、渗透率的压力敏感性的影响、主支、分支井筒内摩擦损失、加速损失的影响。采用有限差分法建立数值模型，该数值模型是三组分别以地层压力、井筒压力和地层气饱和度为未知变量的非线性方程组，未知数个数与方程的个数相同，三组方程相互耦合。对此非线性方程组，通过牛顿-拉夫松方法化成线性方程组来求解。分别采用预条件处理的共轭梯度法和分块高斯消去法求解地层压力、饱和度方程和井筒压力方程线性方程组。

2. 软件模块结构

软件功能：给定煤层各项参数和多分支水平井的结构参数时，预测多分支水平井在给定区域面积上采出的气产量和排驱水量的情况。

整个软件包括参数输入部分、核心计算程序部分、结果图形输出部分三个模块。核心计算程序部分以可执行程序的形式与数据前后处理相联结。

软件输入参数包括：①地层参数；②流体参数；③计算参数；④数值参数；⑤井身结构参数。

软件输出包括：①气产量随时间变化曲线图；②水产量随时间变化曲线图；③指定时刻下地层压力分布情况（压力场）二维等值图；④指定时刻下地层气饱和度分布情况（饱和度场）二维等值图。

3. 与现有软件及常规油气软件相比的优越性

美国 Holditch and Associates 公司研制的煤层气数值模拟软件 COAL GAS 并不是一个专门针对多分支水平井开采的数值模拟软件，软件基本的功能是对直井开采煤层气进行单井或区块的模拟。

ECLIPSE 油藏数值模拟软件的煤层气模块可以对直井、一般水平井、多分支井开采煤层气进行单井或区块的模拟。但对于多分支水平井这种特殊的井身结构，软件没有提出相应的井处理方法。

以上两软件在用于模拟多分支水平井 开采煤层气时,必须进行一些转化和简化。

多分支水平井开采的数值模拟软件系统是专门针对这种特殊结构井研制的,软件即可模拟单井、也可模拟井组的多分支水平井煤层气开采情况,而普通的水平井和多分支井可以作为多分支水平井的一种简化后的特例,只需在输入井身结构参数时进行一下处理即可。同时,由于软件更有针对性,使用起来也更为便捷。

4. 应用前景和效果

利用该软件对山西大宁 DNP02 井进行了产能预测,并计算出了最佳的排采压力。通过与实测结果进行历史拟合证明,该软件用于煤层气产能预测是可靠的。通过产能预测量化了该地区煤层气勘探开发的前景;最佳井底压力的确定为煤层气开发方案设计提供了参考,实现了煤层气数值模拟的目的;通过数值模拟的方法优化井身结构,提出了适合试验区的最佳井结构方案。

目前,在煤层气数值模拟的研究方面国内外已经做了大量的工作,但数学模型多为直井压裂井,没有专门描述煤层气多分支水平井开采特征的数学模型。多分支水平井开采的数值模拟软件系统的应用对多分支水平井开采技术在我国的推广应用和煤层气的大规模开采能够起到重要的指导作用,并取得较好的经济效益。

（二）煤层气多分支水平井开采的一般特征

一个合理、有效的数值模拟计算程序首先应能够反映煤层气开采的一般特征。下面首先以图 3.4 的四组对称羽状分支水平井情形为例进行模拟计算,假设出口端定压开采,四周及上下均为封闭边界。井段总长为 16800m,分支与主支间夹角为 $60°$;煤层区域长、宽为 2750m,厚 8m,其他相关参数如表 3.1。模拟计算所得结果如图 3.8。

表 3.1　模拟算例参数取值

ϕ_{fi}	$K_{x,y}/K_z/10^{-3}\mu m^2$	B_w	C_p/MPa^{-1}	$V_L/(kg/m^3)$	p_i/MPa	p_d/MPa	T/K
0.01	0.3/0.1	1.02	6×10^{-2}	29.2	3.445	3	313
S_{gi}	$D_f/(m^2/d)$	e	C_f/MPa^{-1}	p_L/MPa	p_{wf}/MPa	τ/h	R_w/m
0	0.0164	0.1	9×10^{-5}	0.967	1	200	0.12

由图 3.8 可见,煤层气多分支水平井气、水产量变化的基本特征为:随着开采的进行,气产量先上升到一个高峰,随后缓慢平稳下降;水产量则表现出与常规油气藏相同的特征,即单调下降。

本研究提出的数学模型与一般油气藏直井数学模型相比,除了针对煤层气产出的特殊性对流体流动方程作了相应的处理之外,井筒压降模型是关键的部分。由于模型考虑了井筒中的压力损失,使井筒各段的压力也作为未知变量,增加了问题的复杂性和方程的求解难度。能否忽略井筒压降,将模型简化,既保持模型本身的合理性和正确性,又能提高程序的计算速度呢?

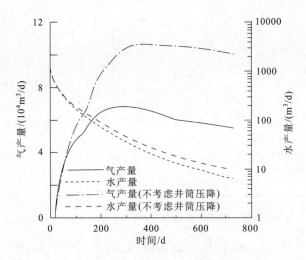

图 3.8　煤层气分支水平井气、水产量模拟图

图 3.8 给出了当地层和井身条件均不变,分别考虑和不考虑井筒压降时的模拟结果对比情况。在不考虑井筒压降时,程序不执行求解井筒压力的循环,如可设最大循环次数为 0,井筒压力和地层压力递推的循环次数设为 1。结果表明,当忽略井筒压降时,虽然煤层中气、水变化总的趋势和考虑井筒压降时相同,但产量的数值相差甚远,说明井筒压降是不能被忽略的。

(三) 煤层气多分支水平井开采增产机理

1. 煤层气多分支水平井开采增产机理分析

为了分析煤层气多分支水平井开采的增产机理,我们用同样的地层参数对直井和多分支水平井进行对比模拟计算。

由于在直井模型中,渗透率为各向同性的,在这里绝对渗透率取为 $0.3 \times 10^{-3} \mu m^2$,模拟区域外边界半径为 1551.9m,煤层厚度 8m。多分支水平井模拟区域长、宽为 2750m,煤层厚度 8m。这样,两者在平面上控制区域均为 $7.56 km^2$,井的控制体积均为 $6088 \times 10^4 m^3$。由吸附常数和煤层临界解吸压力的数值可知,该煤层含气量为 $31.1 m^3/m^3$ ($22.08 kg/m^3$),则区域总的含气量为 $189336.8 \times 10^4 m^3$。

图 3.9 为在同样的地层条件下煤层气直井与多分支水平井气产量对比结果,可见利用多分支水平井开采整个井组日气产量高达几万方,而在同样的地层条件和工作制度下,在区域的中心仅用一口直井开采,若不加任何改造措施,日产量只有几方甚至更低,几乎没有任何开采价值。

用多分支水平井开采煤层气,气、水产量变化趋势具有与直井开采相同的特点,即生产初期首先产出大量的水,当地层压力降到临界解吸压力以下时(本例中为 16 天),开始产气。气产量先增高,后降低,水产量单调降低,但产量比直井要高得多。图 3.10 是煤层气直井开采时井周围径向范围内地层压力、气饱和度变化剖面图。地层中饱和度的变化

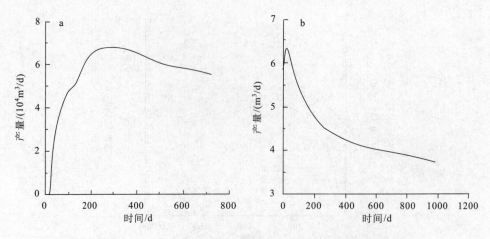

图 3.9　煤层气直井(b)与多分支水平井(a)气产量对比

是气体解吸(引起饱和度增加)、扩散(使饱和度分布均匀)和产出(引起饱和度减小)综合影响的结果。由图 3.10 可见,在开采初期,离井较近区域压力很快下降,游离气饱和度上升较快,而离井较远区域则由于压降较小使基质中的气体没有得到充分解吸,游离气饱和度上升较慢;随着采出程度的深入,压降漏斗逐渐扩大,但这时近井区的压降变化趋于缓慢,又由于离采出端较近,加之扩散作用的影响,使得该区域游离气饱和度有所下降,而地层中远离直井的区域压降较大,游离气饱和度逐渐由零开始上升,最终整个区域含气饱和度上升。在开采过程中,地层压力总是以压降漏斗的方式分布,由于煤岩物性差,地层得不到有效降压,基质中的气体就得不到有效地解吸,区域的开采潜力也就不能充分调动,在一定程度上影响开采效率。

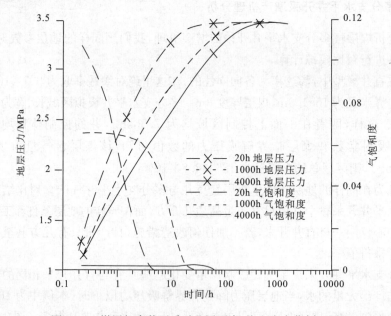

图 3.10　煤层气直井开采时地层压力、饱和度变化剖面图

图 3.11 和图 3.12 给出了开采时间为 2 年时多分支水平井开采过程中游离气饱和度和地层压力的等值线图,图 3.13 给出了利用数据计算时在煤层气多分支水平井生产过程中 (2 年内)区域中气饱和度动态变化情况,自下而上分别为开采 4 天、20 天、125 天、400 天和 2 年时的气饱和度的等值线图,图 3.14 还给出了生产过程中(2 年内)区域中地层压力动态变化情况,自下而上分别为开采 4 天、20 天、125 天、400 天和 2 年时的地层压力的等值线图。

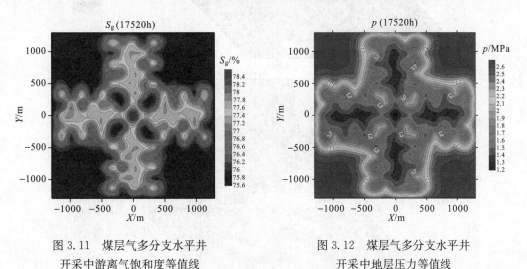

图 3.11　煤层气多分支水平井　　　　图 3.12　煤层气多分支水平井
开采中游离气饱和度等值线　　　　　　　开采中地层压力等值线

由图 3.14 分析知,开采初期(4 天),地层压力分布范围在 2.94～3.08MPa,而开采 2 年后,地层压力分布范围已经降到 1.2～2.6MPa(原始地层压力为 3.445MPa),说明地层压力下降很快,并且在整个区域的下降比较均匀。由图 3.13 分析知,整个地层内气饱和度增加很快,已由初始时的 0 增加到 70%以上;气饱和度由各主、分支井段向外传播,整个控制区域变化均匀。图 3.12 还可以看出地层压力下降是以整个多分支水平井为源头向外逐步扩散的,从平面上看,整个长度为 16800m 的水平井筒都可看做地层压力下降的"源",相比之下,直井开采方式在平面上只有一个点作为压降的"源",显然多分支水平井开采的降压方式更有效,此时并没有出现直井中所谓的压降漏斗,几乎整个煤层区域同时得到动用,使煤层的开采潜力得到了充分的发挥。

由以上分析可知,多分支水平井的分支在地层中广泛均匀延伸,使地层压力均匀、快速下降,增大了气体解吸扩散的机会,使被动用的区域大大增加,这是多分支水平井促使煤层气产量提高的根本原因。

2. 煤层气多分支水平井开采影响因素分析

煤层气的产出是一个与解吸、扩散和渗流多种机理相关的复杂过程,其产能的变化特点受多个参数影响。而在特定的煤层,各个参数是互相联系的,不同的地质条件造就不同的煤层参数的组合,这些煤层参数可以按含气丰度指标、开采价值指标、产气性能指标和煤热演化程度指标等四大类指标进行分类,一般说来,热演化程度越低,煤阶越低,煤层物性特征就越有利。表 3.2 列出了与开发指标的模拟计算相关的一些参数的分类。为了能更清楚地了解各因素对多分支水平井开采的影响,以下单独来分析各参数的敏感性。

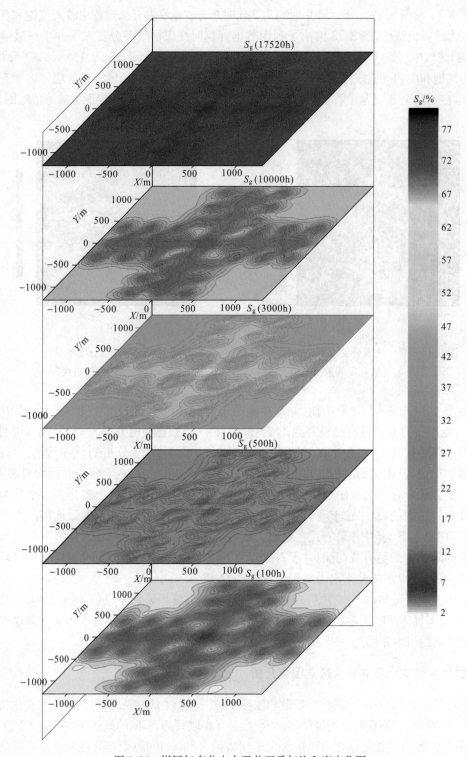

图 3.13　煤层气多分支水平井开采气饱和度变化图

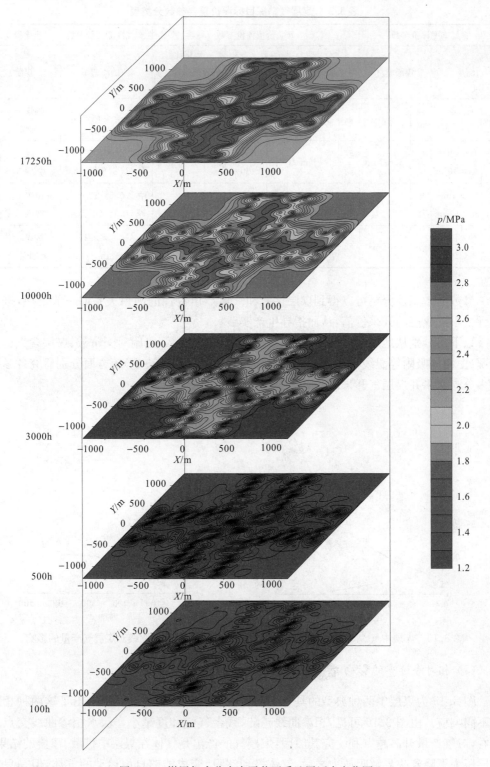

图 3.14　煤层气多分支水平井开采地层压力变化图

表 3.2　煤层气勘探目标评价重要参数分类表

含气丰度评价参数			开采价值评价参数				产气性能评价参数		演化程度
储量		煤层厚度	含气量		含气饱和度	地解比临界解吸压力/煤层原始压力		原始渗透率	煤阶
特大	$>3000 \times 10^8 m^3$	巨厚	$>50m$	高	$>20m^3/t$	高	$>80\%$	高	>0.6	高	$>5 \times 10^{-3} \mu m^2$	褐煤长焰煤
大	$3000 \times 10^8 \sim$ $300 \times 10^8 m^3$	厚	$50 \sim 10m$	较高	$20 \sim 15m^3/t$	中	$80\% \sim 60\%$	中	$0.6 \sim 0.2$	较高	$5 \times 10^{-3} \sim$ $0.5 \times 10^{-3} \mu m^2$	气煤肥煤
中	$300 \times 10^8 \sim$ $30 \times 10^8 m^3$	中厚	$10 \sim 5m$	中等	$15 \sim 8m^3/t$	低	$<60\%$	低	<0.2	中等	$0.5 \times 10^{-3} \sim$ $0.1 \times 10^{-3} \mu m^2$	焦煤瘦煤
小	$30 \times 10^8 \sim$ $3 \times 10^8 m^3$	薄	$<5m$	低	$<8m^3/t$					低	<0.1 $\times 10^{-3} \mu m^2$	贫煤无烟煤

（演化程度：低 → 高）

　　参数的敏感性分析可以得到煤层性质和气体产出特性的因果关系的一般规律,进一步评价不同煤层的开采价值,从而指导生产实践。

　　以下将分别从地层绝对渗透率、相对渗透率、吸附常数、吸附时间常数、煤层含气饱和情况(由相同吸附等温线下不同地层压力和临界解吸压力所决定)等方面分别研究各参数对多分支水平井煤层气开采的影响。

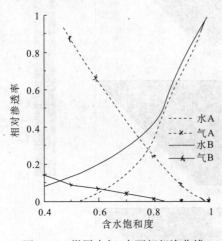

图 3.15　煤层中气、水两相相渗曲线

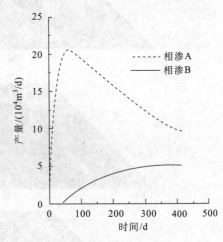

图 3.16　相渗曲线对煤层气产量的影响

（1）相对渗透率的影响

　　图 3.15 为煤层中两种典型的具有不同特征的相渗曲线,图 3.16 给出了这两种相渗的不同响应。由图 3.16 可见,相渗曲线越陡,残余气饱和度越小,气、水相渗曲线交点越靠右,对气产量升高越有利。究其原因:煤层气的产出是气体在煤层中扩散、渗流的结果,地层压力下降到临界解吸压力之后,气体得到解吸,变成能够自由运动的气体,但是只有当气饱和度大于残余气饱和度时,气体才能参与渗流大量产出,否则仅是扩散;相渗曲线越陡,气相相对渗透率上升越快,渗流流量就越大。

（2）吸附时间常数的影响

对直井开采的影响因素研究表明，吸附时间常数主要影响气产量达到高峰期的时间，吸附时间越短，达到高峰期越早，但高峰过后产量下降也越快。但由图 3.17 来看，对多分支水平井来说，吸附时间常数对产量的影响并不像直井那么明显。

吸附时间常数主要影响气体供应源的性质，对直井来说，长的吸附时间常数使解吸出的气体不能满足产量增加的需要，因而产量上升得也相对较慢；而对多分支水平井，整个地层压力的均匀下降使得气体更容易解吸，缓解了这种供求矛盾。因此，多分支水平井实际上是消除由于吸附时间长给气体产出带来的不利影响。

另外，吸附时间常数的表达式为 $\tau = S^2/8\pi D_m$。说明吸附时间常数与扩散距离相关，与裂缝间距的平方成正比。从某种意义上说，多分支水平井的存在就像在煤

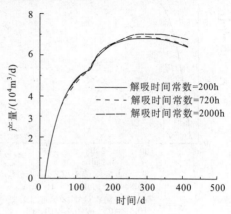

图 3.17　吸附时间常数对煤层产量的影响

层中造了许多人工的大裂缝，这些"裂缝"增加了原来地层裂缝的密度，使裂缝间距大大缩小，从而使等效的吸附时间常数变小，由于这些"裂缝"对吸附时间的影响远远大于地层中原有裂缝，所以，吸附时间常数本身对多分支水平井产量的影响几乎被掩盖，使得图 3.17 中的几条曲线差别很小。

（3）吸附常数的影响

在研究参数对煤层气直井开采产量的影响时已经指出，吸附常数通过改变吸附等温线在地层压力下降范围内的缓陡程度决定吸附量改变幅度的大小，从而影响气产量的变化。图 3.18 表明吸附常数对多分支水平井的影响同样如此。从图 3.19 中三条吸附等温线来看，在压降范围内，2 变化最陡，1 次之，3 最缓，因此它们对应的产量变化曲线中，2 最高，1 次之，3 最低。

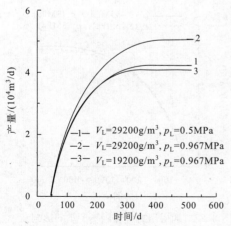

图 3.18　Langmuir 常数对煤层气产量的影响

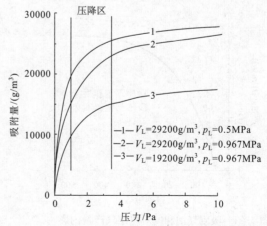

图 3.19　不同 Langmuir 常数下的等温吸附线形态

吸附等温线可以用来指导井底压力的取值,利用吸附等温线中陡度较大的部分可以使气体更充分地采出。

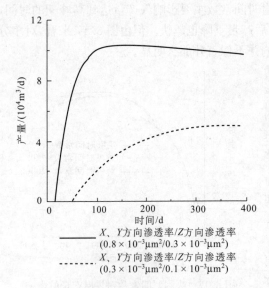

图 3.20 绝对渗透率对煤层气产量的影响

(4) 绝对渗透率的影响

我国已钻探地区除少数地区煤层气渗透率在 $1 \times 10^{-3} \mu m^2$ 以上以外,其余均小于 $1 \times 10^{-3} \mu m^2$。依据表 3.2,我们分别在绝对渗透率为中等和较高范围内取两组值进行计算。由于煤层发育着互相垂直的两组层理,而沉积和压实的作用,使得垂向渗透率比平面方向的渗透率更小。图 3.20 给出了两组渗透率取值。从图 3.20 可以看出,渗透率的增加引起气产量的明显增加,这表明在渗流占主导地位的煤层气、水两相流动中,煤层渗透率是影响煤层气产量的重要因素之一,这是与一般油气地层相一致的特点。在地层中广泛分布的多分支水平井主支和分支井筒,如同制造了许多人工裂缝,相当于增加了地层的等效渗透率,从而使得产能大幅提高。

(5) 吸附气饱和度的影响

从表 3.2 可知,高的地解比和高的吸附气饱和度是衡量一个煤层是否具有较大开采价值的重要参数。在原始地层压力相同的情况下,不同的临界解吸压力将导致不同的吸附气饱和度,吸附气饱和度实际上反映了煤层含气量的差别。

图 3.21 中两条曲线中原始地层压力均为 3.445MPa,但临界解吸压力分别为 3.345MPa 和 3MPa,则在所给的吸附常数下,计算得两者的吸附气饱和度分别为 99.5% 和 96.9%。图 3.21 显然可见,吸附气饱和度越高,煤层气产量就越高。

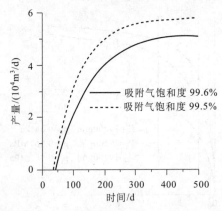

图 3.21 吸附气饱和度对煤层气产量的影响

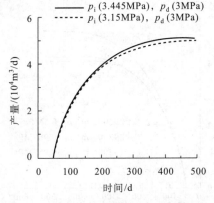

图 3.22 地层压力对煤层气产量的影响

（6）地层压力的影响

如果说吸附气饱和度反映了煤层含气量的性质，即反映了煤层气源的充足与否，那么地层压力则从能量的角度影响到煤层气产出的难易程度。同样的吸附气饱和度和含气量，高的地层压力显然使煤层气的开采更加容易。图3.22两条曲线吸附常数和临界解吸压力均相同，均为3MPa，即原始含气量相同；但原始地层压力分别为3.15MPa和3.445MPa。说明地层压力越高，对煤层气的产出越有利。

（7）启动压力梯度的影响

利用以上建立的数学模型和数值解法编制了数值模拟程序，利用该程序模拟了煤层气多分支水平井气、水生产动态。模拟是利用山西晋城樊庄区块晋试1井的煤层参数进行的，见表3.3，计算所用的多分支水平井井组如图3.23所示，共四口羽状井呈发散状排列，总长度为26232m，图中标出分支长度、间距以及煤层长、宽。

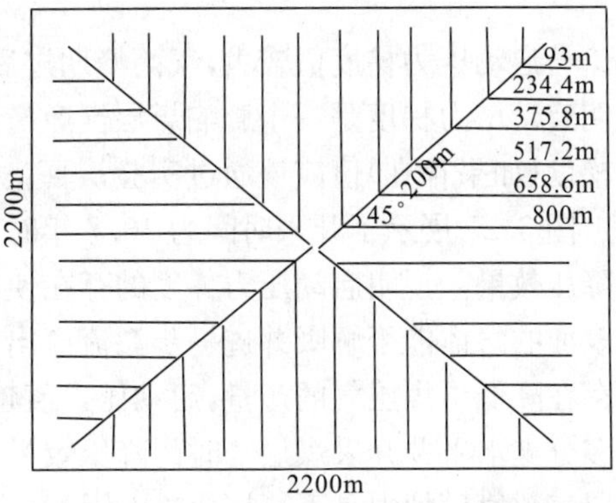

图3.24分别为13.7年生产过程中的单井产量和累积产量变化过程，并对启动压力梯度为0,0.05MPa/m,0.15MPa/m的三种情况作了对比。计算结果表明，用多分支水平井开采煤层气，如果不考虑启动压力梯度，多分支水平井煤层气单井日产量高峰期可达35000m³，高峰过后平稳期产量也有10000m³左右，生产13.7年后累积产量近似为6000×10^4m³，显示了多分支水平井显著的增产效果。但如果考虑启动压力梯度的影响，日产气量、累积产气量都会随启动压力梯度值的增加而减小。

图3.23 多分支水平井结构示意图

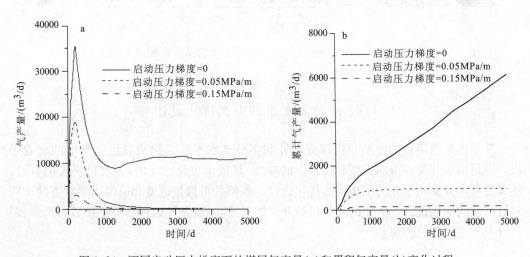

图3.24 不同启动压力梯度下的煤层气产量（a）和累积气产量（b）变化过程

表 3.3   晋试 1 井基础参数

参数	数值	参数	数值
地层孔隙度/%	2.6	Langmuir 压力/MPa	3.034
地层渗透率/$10^{-3}\mu m^2$	0.5144	Langmuir 体积/(kg/m³)	41.3
煤层厚度/m	5.8	吸附时间/h	42.6
煤层温度/K	304	含气饱和度/%	95.11
煤层原始压力/MPa	4.76	扩散系数/(m²/d)	2.16×10^{-3}
临界解吸压力/MPa	4.4	孔隙体积压缩系数/MPa⁻¹	3.67×10^{-2}

若启动压力梯度值较大,气高峰期过后日产量下降非常快,有效开采时间大大缩短,说明启动压力梯度是一个影响煤层气产量的重要因素,不可忽略。实际中,煤层的启动压力梯度(如果存在)值应该通过实验认真获得,以使模拟所得的煤层气产量与实际更相符。

图 3.25 展示了开采时间为 13.7 年时,不同启动压力梯度下的煤层气多分支水平井的降压效果。说明启动压力梯度的存在使多分支水平井的降压效果变差,而吸附在煤基质表面的气体能否解吸并进一步渗流产出主要看煤层能否有效降压,因而启动压力梯度的存在降低了煤层气的产量,启动压力值越大,煤层气产量越低。启动压力梯度的存在使得多分支水平井开采煤层气时的降压效果变差,从而使它的产量减少。启动压力梯度在煤层气数值模拟中是不能被忽略的因素。

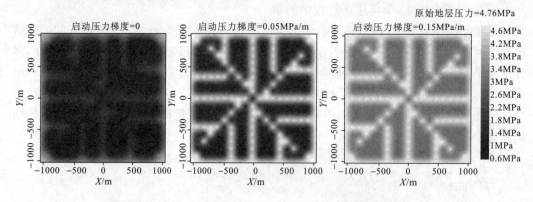

图 3.25   不同启动压力梯度下的煤层气多分支水平井的降压效果(开采时间 13.7 年)

（四）多分支水平井方案优化设计

从上述数值模拟的结果和机理分析证明多分支水平井是提高煤层气产量的有效手段。但是由于井筒本身的长度和技术上的难度,其成本也是巨大的,为获得更大的收益,还需要对多分支水平井的结构进行优化设计。本软件可通过改变相应输入参数方便地完成分支井的优化设计。优化的参数包括井段的长度,主支条数、方位,分支条数,分支间距及分支与主支间的夹角。

（1）主支条数、方位的影响

图 3.26 给出了三种井身结构设计方案。三种方案分别为四条主支发散对称排列、三

条主支发散对称排列,一条主支平行于区域的边界排列。所有分支与主支总长度之和相同,均为16800m,三种方案具体的结构参数如图3.27所示,以整个矩形控制区域中心为坐标原点,标出了出口端的位置坐标。图3.28分别为与三种方案相对应的气产量的响应,可知,方案A,B明显优于方案C,方案A略优于方案B。

图3.26 几种多分支水平井井身结构设计方案

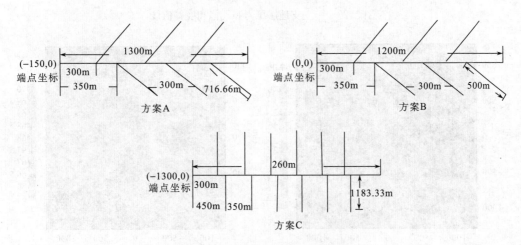

图3.27 不同主支排列结构参数图

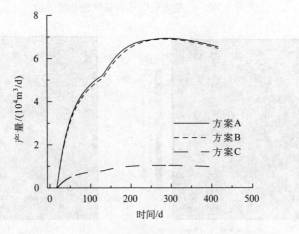

图3.28 不同主支排列对应的煤层气产量响应

图 3.29~图 3.31 给出了生产 400 天之后三种不同排列方式和结构参数下的多分支水平井所对应的地层压力和气饱和度的分布情况。由图可知,对于三主支和四主支情形

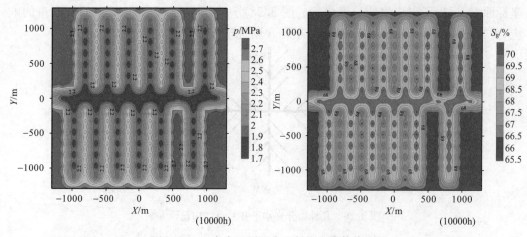

图 3.29　一主支地层压力和气饱和度等值线

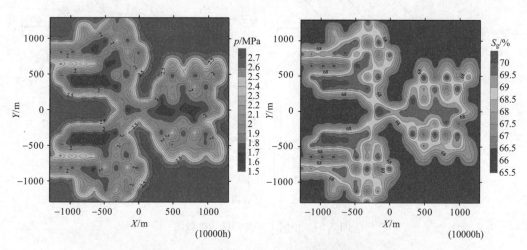

图 3.30　三主支地层压力和气饱和度等值线

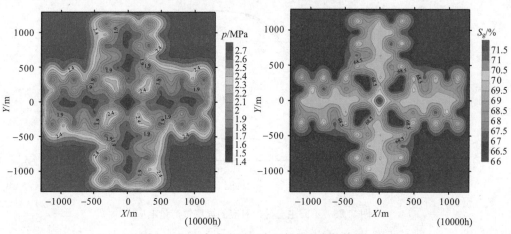

图 3.31　四主支地层压力和气饱和度等值线

地层中的压力范围分别为 1.5～2.7MPa 和 1.4～2.7MPa,而对于一主支情形地层压力范围为 1.7～2.7MPa,说明算例中采用如图三主支和四主支的方式能够更有效的排水降压,从而得到更高的气产量。地层中的气饱和度分布情况反映了气体解吸和产出的供求关系,66%～71.5%的含气饱和度说明地层中大部分已被气充满,也说明地层中的气、水两相流状态仍是一个长期的过程。

以上的例子表明虽然井身总长度相同,但不同方式的主支、分支排列会得到不同的开采效果,进一步说明了井身结构优化的必要性。一般说来,在同样区域范围内,呈发散状均匀分布的多个主支比单一主支开采的效果要好。

(2) 分支条数、间距的影响

一种井身结构方案大体确定之后(主支条数、方向),分支间距和分支长度也是影响开采效率的重要因素。

图 3.32 是主支、分支排列方式相同,井的总长度基本相同,图上标出煤层长、宽、分支间距、分支长度、端点坐标,只是采用不同的分支间距(分支条数和分支长度也相应有所不同)的两种井身设计方案。图 3.33 分别给出了两种排列方式所对应的气产量变化曲线,可以看出,采用图 3.32 中 a 分支排列方式,初期产量上升更快,高峰期产量更高,但随后下降得也愈快,而图 3.32 中 b 虽然高峰期产量不如前者,但过后产量下降较慢,总气产量会更高。

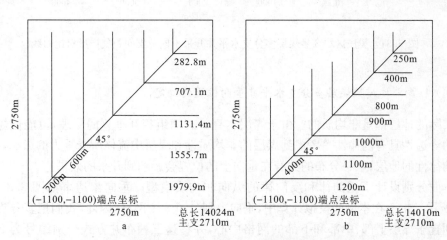

图 3.32　两种井身结构方案

(3) 最佳的分支间距的确定

以上在分析间距的影响时,总是假设井的总长度相同。实际上,在油田设计最佳井网和井距开发方案时,一般是以哪种井网、井距方案能获得最高日产量或总产量来衡量的。是否各主支、分支排列得越紧密越好呢? 这个问题可以与油田开采过程中区块内井网排列方式、井距等问题相类比,合理井网、井距的存在类推出

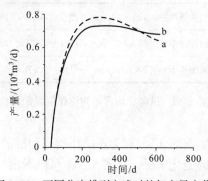

图 3.33　不同分支排列方式时的气产量变化

分支的间距并非越密越好。

　　因此,下面先不计井在总长度上的差异,在主支和分支排列方式相同的情况下,仅考虑分支间距的影响,以樊庄区块 3 号煤层的地层参数和设计的井身结构参数为例,仅改变分支间距,图 3.34 分别给出了当分支间距分别为 350m,300m,250m 时所得的 10 年内气产量的变化情况,可见,平稳期产量相对较低,而分支间距为 350m 时最终所得的累积气产量的值最高,开发效果最佳。这样我们得到一个与直井井网开采方式相类似的结论:多分支水平井存在最佳的分支间距,因此可以通过数值模拟的方法进行这方面参数的优化设计。

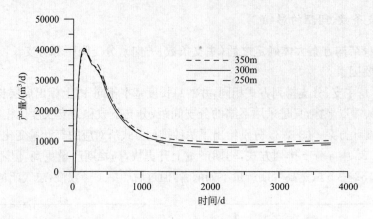

图 3.34　樊庄区块 3 号煤层多分支水平井开采不同分支间距气产量对比曲线

（4）纵向非均质性煤层多分支水平井垂向位置的确定

　　实际的地层都是非均质的。由于煤层本身具有两组相互垂直的层理,可能使煤层垂向上的渗透性具有韵律性。考虑到煤层的非均质性和煤层中流体所受重力的影响,因此,不同韵律性的地层,水平分布的井身在垂向上的位置会影响到开采的效果。

　　下面分别设计了正韵律和反韵律的纵向非均质模型。垂向渗透率如图 3.35 和图 3.36 所示。由于在本例的模拟计算中,垂向上划分了三个网格,因此,我们把多分支水平井分别置于煤层上部、中部和下部的网格中心,并将这三种布井方式分别编号为 No. 1,No. 2,No. 3。

垂向渗透率＝$0.1\times10^{-3}\mu m^2$,	厚度＝2.67m	No. 1	垂向渗透率＝$0.2\times10^{-3}\mu m^2$,	厚度＝2.67m	No. 1
垂向渗透率＝$0.15\times10^{-3}\mu m^2$,	厚度＝2.67m	No. 2	垂向渗透率＝$0.15\times10^{-3}\mu m^2$,	厚度＝2.67m	No. 2
垂向渗透率＝$0.2\times10^{-3}\mu m^2$,	厚度＝2.67m	No. 3	垂向渗透率＝$0.1\times10^{-3}\mu m^2$,	厚度＝2.67m	No. 3

图 3.35　纵向非均质正韵律煤层纵剖面模型　　　图 3.36　纵向非均质反韵律煤层纵剖面模型

　　图 3.37 分别为正韵律地层和反韵律地层中,当分支水平井位于垂向上不同位置时产量的变化情况。从图 3.37a 可以看出,对正韵律地层,若井位于最上层（渗透率最低层）,开采初期产量上升较快,最早到达产气高峰,但高峰期及其之后的产量最低,平均日产量

也最低;若井身位于最下层(渗透率最高层),开采初期产量上升较慢,到达产气高峰最晚,但高峰期及其之后的产量最高,平均日产量也最高;因此正韵律地层井的最佳垂向位置为最下层。从图3.37b可以看出,对反韵律地层,井身位于最下层(渗透率最低层)时开采初期产量上升较快,最早到达产气高峰,但高峰期产量最低,平均日产量也最低;若井身位于最上层(渗透率最高层),开采初期产量上升较慢,到达产气高峰最晚,但高峰期产量最高,平均日产量也最高;因此反韵律地层井的最佳垂向位置为最上层。

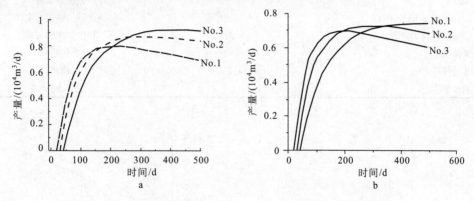

图3.37 纵向非均质煤层多分支水平井垂向位置对产量的影响
a. 正韵律煤层;b. 反韵律煤层

(五)多分支水平井气产量拟合与预测

利用我们研制的软件,对一口多分支水平井(图3.38)的气产量进行了拟合与预测,煤层及井模拟基本参数在表3.4中列出。拟合结果如图3.39所示,气产量与累积气产量预测结果如图3.40、图3.41所示。

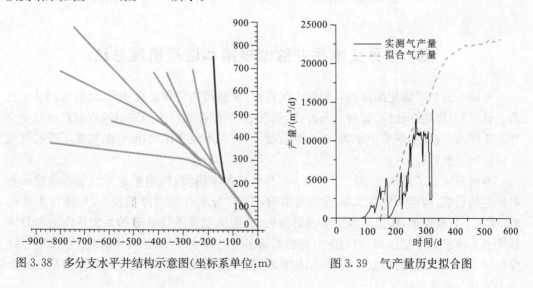

图3.38 多分支水平井结构示意图(坐标系单位:m)　　图3.39 气产量历史拟合图

表 3.4　煤层及井模拟基本参数表

名　称	数值	数据来源
气藏温度/℃	28	评价井测试
煤岩孔隙度/%	1.4～3.5	评价井实验
吨煤含气量/m³	20～24	评价井实验
煤岩密度/(t/m³)	1.47	评价井实验
渗透率/$10^{-3}\mu m^2$	0.3～0.58	评价井试井
Langmuir 体积/(m³/t)	39.91	该区评价井煤样实验
Langmuir 压力/MPa	3.034	评价井煤样实验
埋深/m	5.8	钻井
煤层总进尺/m	5158.5	钻井
主支个数	2	

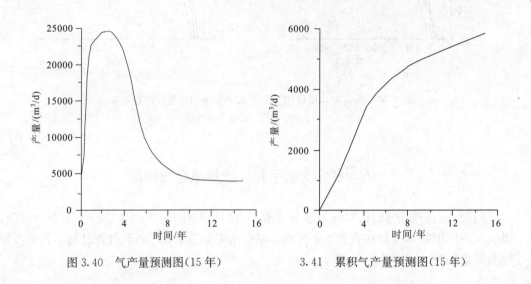

图 3.40　气产量预测图(15 年)　　　　3.41　累积气产量预测图(15 年)

五、多分支水平井数值模拟和增产机理总结

本研究分析了煤层的结构特性和含气特性,全面阐述了煤层在基质、裂缝中的输运过程。认识到:煤层系孔隙、裂缝双重介质,但气、水两相在煤层中的输运特点与普通双重介质是不同的,气体从基质中解吸,扩散到裂缝中,再与水混合作两相渗流,构成了煤层气地下运移的一般特征。

本研究建立了煤层气羽状分支水平井开采的数学模型,模型考虑了地层非均质和各向异性的影响、渗透率的压力敏感性的影响,主支、分支井筒内摩擦损失、加速损失的影响;建立了数值模型,给出了模型的求解算法,分别采用预条件处理的共轭梯度法和分块高斯消去法求解地层压力、饱和度方程和井筒压力方程线性方程组,并用该算法编制了计算程序,该计算程序执行效率较高,结构合理,便于使用和维护,可方便地用于煤层气多分支水平井开采的数值模拟研究。

本研究通过建立煤层气多分支水平井开采的数学模型、数值模型,得到了数值模型的求解方法,编制了煤层气多分支水平井的数值模拟计算程序;利用该计算程序以沁水盆地樊庄区块煤层气试验区为例对设计的多分支水平井进行了产能的预测;通过与煤层气直井的对比,分析了煤层气多分支水平井的增产机理;分析了渗透率、吸附常数、吸附时间等地层参数对多分支水平井产量的影响;通过在相同的地层条件下,改变不同井身结构参数,得到了不同的产量变化曲线,为煤层气多分支水平井开采方案的优化提供了依据。

通过以上工作,取得了以下认识或结论:

1) 建立的多分支水平井的数学模型和数值模型是符合实际的。通过计算表明,模型中考虑的井筒损失(包括加速损失和摩擦损失)不能被忽略,对多主支的多分支水平井,通过以主支为系统适当排列,井筒压降方程组可以分块求解,提高计算效率。

2) 所编制的煤层气多分支水平井的数值模拟程序可以用来预测多分支水平井的产能及机理的分析。

3) 采用多分支水平井的开采方式不但能提高煤层气的产量,而且能提高煤层气开采的经济效益。

4) 吸附时间、相渗曲线、煤层绝对渗透率、吸附常数、临界解吸压力、吸附气饱和度、原始地层压力是影响煤层气产出特性的主要因素。

无论是多分支水平井,还是直井,煤层绝对渗透率越大,相渗曲线越陡,残余气饱和度越小,气、水相渗曲线交点越右,对煤层气高产越有利;吸附常数通过改变吸附等温线在地层压力变化范围内的缓陡程度决定吸附量改变幅度的大小,从而影响气产量的变化;吸附气饱和度越高,地层压力越大,对气产出越有利。

吸附时间对直井(未经压裂)开采早期到达高峰期的时间长短有影响,吸附时间越短,气产量高峰期越早,高峰期产量越高,高峰期过后产量下降也越快;而对于多分支水平井,吸附时间对产量的变化几乎没有影响,究其原因:多分支水平井的存在相当于给煤层增添了许多人工的大裂缝,从而使等效的吸附时间减小,由于这些"裂缝"对吸附时间的影响远远大于地层中原有裂缝,所以原吸附时间对多分支水平井产量的影响被掩盖。

5) 得到的煤层气解吸机理是:超饱和煤层气体的产出是游离气和气体解吸的累加作用;饱和、欠饱和煤层在开采过程中控制区域内两相区逐渐扩大;欠饱和煤层高于临界解吸压力的区域没有解吸,造成产量低下。

6) 多分支水平井开采时,并没有出现直井中所谓的压降漏斗,多分支水平井的分支在地层中广泛均匀延伸,使整个控制区域地层压力均匀、快速下降,增大了气体解吸扩散的机会,使被动用的区域大大增加,煤层的开采潜力得到充分的发挥,这是多分支水平井促使煤层气产量提高的根本原因。

7) 井的总长度相同,不同方式的主支、分支排列会得到不同的开采效果,一般说来,在同样区域范围内,呈对称、发散状均匀分布的多个主支比单一主支开采的效果要好。

8) 当主支和分支排列方式相同时,考虑分支间距的影响,通过衡量哪种井网井距方案能获得最高平均日产量和总产量,可得到与直井井网开采方式相类似的结果:存在最佳的分支间距。

9) 对纵向非均质韵律性地层,多分支水平井垂向上的位置会影响开采的效果。对正韵律地层井的垂向位置在整个煤层的下部效果更好,对反韵律地层井的垂向位置在上部效果更好。

第四章 应用实例及应用效果分析

一、压裂井的现场实施及压裂效果分析

在前面研究中,通过裂缝扩展实验研究和总结分析现有压裂井的裂缝展布规律,提出了提高水力压裂效果的措施与途径,建立了水力压裂裂缝扩展模型,并应用于鄂尔多斯盆地东缘的大宁-吉县煤层气田和沁水盆地樊庄区块,指导水力压裂方案优化设计和现场实施,提高了增产改造效果。对于樊庄区块,压裂优化设计前后对比,煤层气单井产气量由原来的平均 $1500m^3/d$ 提高到 $2200m^3/d$。

1. 在大宁-吉县煤层气田的应用

(1) 地质简况

大宁-吉县煤层气 J13 井 5 号煤埋深 $1128.4\sim1136.8m$,层厚 $5.6m$,含气量 $15.31\sim19.36m^3/t$,平均 $18.19m^3/t$,含气饱和度为 $71\%\sim89\%$。该井没有进行注入-压降试井,没有试井渗透率数据。

(2) 压裂施工难点和对策

根据大宁-吉县煤层气试验区的压裂地质特点分析和以往探井压裂施工情况分析,结合煤层本身的强吸附特性、割理裂缝发育特性等,该试验区的压裂难点如下:
1) 压裂液的破胶与压后彻底返排比较困难;
2) 煤层割理发育,使得裂缝长度和导流能力难以达到理想的要求;
3) 煤层与上下隔层的就地应力差为 $2\sim4MPa$,缝高控制比较困难;
4) 煤层具强吸附特性,易被伤害;
5) 煤层杨氏模量低,支撑剂嵌入严重。

根据试验区的物性参数,首先研究确定了缝长和导流能力对煤层气产量的影响程度,并在分析以上试验区地质条件和以往探井压裂情况的基础上,进行该区煤层压裂施工参数和工艺优化研究。首先采用了组合前置液控制缝高技术。由于冻胶前置液造缝能力强,但会引起缝高过分延伸,而清水前置液黏度低,可以控制缝高延伸,但又有造缝能力不足的缺点。通过 3D 软件的模拟,证实如果将冻胶和清水各一半组合,缝高延伸减少了18%,而缝长仅减少 8%。通过压裂工艺参数的优化,确定采用渐进式加砂方式,形成合理的裂缝支撑剖面;尾追大颗粒支撑剂,提高导流能力。

(3) 裂缝诊断

从 J13 井施工曲线(图 4.1)上反应存在较为明显的破裂点。J13 井破裂压力为

25.3MPa,破裂压力梯度为 2.24MPa/100m。破裂压力梯度介于形成了水平缝与垂直缝的临界值之间,不排除煤层裂缝是一个以垂直缝为主的复杂裂缝体系。

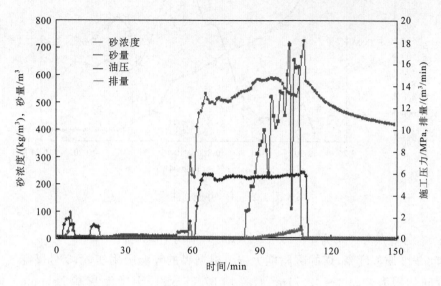

图 4.1　J13 井压裂施工曲线

　　从施工曲线后期加砂的情况来看,排量不变的情况下,压力有攀升的现象,说明原始的割理裂缝可能处于闭合状态,随着施工和加砂的进行,天然裂缝张开,出现明显的多裂缝发育特征。

　　该井地面电位测试显示裂缝方位为 N75°E 和 S75°W,缝长分别为 48.2m 和 83.9m。井温测井解释缝高 24.4m,向上延伸 3.2m,向下延伸 13.2m,缝高为煤层厚度的 3.7倍。地面电位测试显示出现了单翼缝,裂缝方位 N75°E 方向缝长很短,S75°W 方向缝长为 106.6m。

（4）压裂效果分析

　　J13 井 5 号煤层采用冻胶液压裂后试气,试气时间共 28 天(图 4.2)。当液面降至461m 时开始出气,之后随着动液面的稳步下降,产气量上升。当动液面降至 1050m,气产量上升至 1319m³/d,产水 21.03m³/d,最高日产气达到 2446m³。当动液面为 1126m,日产气 2006m³,日产水 19.26m³。

2. 在沁水盆地樊庄区块 3 号煤层的应用

（1）地质特征

　　樊庄区块 3 号煤层厚度一般为 5～6m。埋深多为 350～750m。注入-压降试井测试3 号煤储层压力为 2.77～4.20MPa,平均 3.48 MPa,储层压力系数平均为 0.67 MPa/100m。压力均较低,为低压煤层气藏。半亮型煤为主,光亮型煤次之。煤层显微组分以镜质组为主。3 号煤密度为 1.39～1.51t/m³,平均 1.47t/m³。煤的变质程度高,煤的挥发分产率低,在 5.20%～9.0%,平均 7.48%。3 号煤水分为 0.95%～2.19%,平均

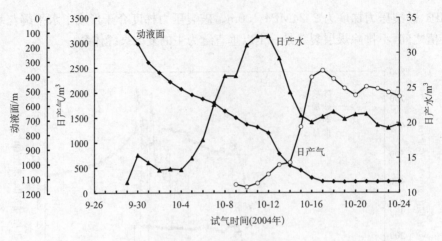

图 4.2　J13 井试气曲线

1.27%。3 号煤灰分产率为 14.26%～17.89%, 平均 15.36%。

本区煤变质程度高, 煤的吸附能力强。根据煤的等温吸附实验, 3 号煤空气干燥基 Langmuir 体积为 33.98～42.71m³/t, 平均 37.88m³/t, 干燥无灰基 Langmuir 体积为 42.44～53.53m³/t, 平均 47.32m³/t, Langmuir 压力为 3.35～3.83MPa, 平均 3.51MPa。3 号煤层含气量高(表 4.1), 为 17～25m³/t。

表 4.1　煤层含气量统计表

井号	3 号煤	
	埋深/m	含气量/(m³/t)
1	521.6	25.29
2	514.2	22.80
3	509.2	17.10
4	521.6	25.25

根据注入-压降试井测试和数值模拟结果, 该区煤层渗透率低, 为 $0.025 \times 10^{-3} \sim 0.51 \times 10^{-3} \mu m^2$ (表 4.2)。多数井压前无自然产能, 或产水大于 $0.3m^3/d$。

表 4.2　3 号煤层渗透率测试结果表

井号	测试井段/m	表皮系数	注入-压降试井解释渗透率/$10^{-3}\mu m^2$
1	519.0～524.4	−3.66	0.22
2	539.0～544.4	−3.4	0.08
3	521.6～527.4	−0.53	0.51
4	514.2～520.6	−1.29	0.08
5	509.2～515.2	−1.14	0.038
6	521.6～527.4	−0.64	0.025

（2）压裂难点和对策

通过分析认为该区储层特征为：煤层连续，适合采用整体压裂技术全面排水、降压、采气；低孔低渗，但有较好的封盖条件和吸附及生气能力，有一定的改造潜力；临界解吸压力高，较利于煤层气解吸。通过采用整体压裂技术，发挥裂缝对煤层的系统降压作用，可实现樊庄区块煤层气有效开发。

该区的压裂难点为：煤层压力系数偏低，不利于压后液体返排；煤层超低温，压裂液彻底破胶难；低孔、低渗、低扩散系数显著，非均质性强，需要适度的大型压裂，并且压裂设计优化目标要有针对性；割理裂隙发育且煤岩吸附性强导致高滤失、易伤害；煤层与上下隔层应力差小，缝高控制难；煤岩杨氏模量低，支撑剂嵌入严重；煤岩应力敏感强，易造成对孔渗的压敏伤害。

依据该区储层特征和上述压裂难点，我们提出了该区的压裂针对性原则，见表4.3。

表4.3　储层特征及压裂针对性原则

储层特点	压裂难点	压裂对策
1）低温，煤岩吸附性强；低温、破胶难	易伤害，压裂液低伤害和破胶性能要求高	采用低活性水体系和滤失综合控制技术
2）低杨氏模量	塑性强，支撑剂易嵌入	高砂比或大粒径尾追，低起步小增幅多级加砂
3）天然裂缝发育	裂缝起裂及扩展复杂，对压裂液低伤害性要求高；压裂液大量漏失，易使造缝不充分，进而发生早期砂堵	确定合理排量、优化前置液百分比，采用支撑剂段塞技术、加砂后期限压不限排量技术
4）低孔低渗，储层连通性差	需大规模施工，使砂堵的风险性增大	通过前置液阶段现场测试滤失，优化前置液量，采用支撑剂段塞技术，低砂比段塞多级注入
5）地应力差小	缝高控制难	采用前置液液性组合技术，变排量技术，对下延，在最后一段支撑剂段塞时，如果滤失不大可关井4～5min；对上延，压后适当关井
6）应力敏感性强	返排时易产生近井筒附近储层的压实效应	优化放喷油嘴系列，控制最低抽汲动液面

在整体压裂方案设计中，通过数值模拟技术进行了不同渗透性条件下的缝长和导流能力的优化（图4.3至图4.5）。

渗透率属于低渗的范畴，随着导流能力的增加产量增加，但增加到 $30\mu m^2 \cdot cm$ 以上时，随导流能力的增加，产量不变或增加很少。导流能力优化结果若有效渗透率为 $0.08 \times 10^{-3} \mu m^2$，导流能力为 $20\sim30\mu m^2 \cdot cm$；有效渗透率为 $0.35\times10^{-3} \mu m^2$，导流能力为 $30\mu m^2 \cdot cm$；有效渗透率为 $1.6\times10^{-3} \mu m^2$，导流能力为 $30\sim40\mu m^2 \cdot cm$。通过模拟认识到煤层改造对于缝长和导流能力的优化结果与低渗常规储层有相似的规律，即渗透率越低对缝长的要求越长，而对导流能力的要求则较低。

根据以上研究，在压裂施工过程中应主要采取如下技术措施：①两次停泵测滤失；②变排量施工技术；③支撑剂段塞技术（段塞时机、段塞间隔、段塞砂比优化）；④尾追技术（尾追比例优化）；⑤顶替优化控制；⑥液氮助排技术。

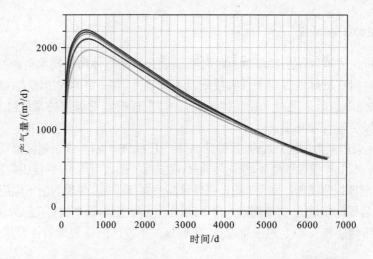

图 4.3　有效渗透率为 $0.08 \times 10^{-3} \mu m^2$ 条件下不同导流能力的模拟产量

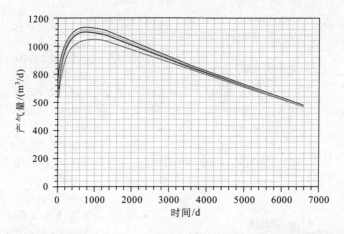

图 4.4　有效渗透率为 $0.35 \times 10^{-3} \mu m^2$ 条件下不同导流能力的模拟产量

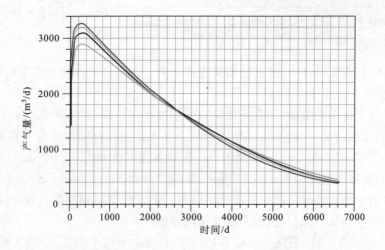

图 4.5　有效渗透率为 $1.6 \times 10^{-3} \mu m^2$ 条件下不同导流能力的模拟产量

（3）压裂效果

在樊庄区块压裂施工了 18 口井，其中大部分煤层气压裂井在生产初期，均有一个初高峰出现（图 4.6）。这种现象表明，压裂裂缝提高了井筒周围的导流能力，加速了压裂缝附近区域的排水降压，使其范围内的煤层气得到解吸，带来了产量增长。但由于压裂缝毕竟有限，压裂缝以远煤层自身原始渗透率低，排水降压困难，煤层气解吸范围不能迅速扩大，煤层供气不足，导致初高峰后产气量开始下降。

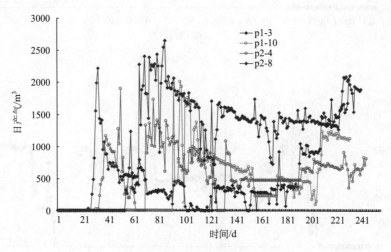

图 4.6　煤层气井的初高峰现象

初高峰后，大部分井产气量下降到一定程度并保持稳定，但某些井已开始呈现产量稳中有升的趋势（图 4.7 至图 4.10）。表明该区煤层经过有效的排水降压，解吸面积逐渐扩大，进而产量逐渐上升。

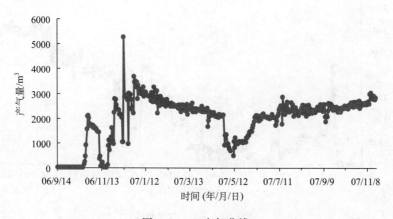

图 4.7　p1 产气曲线

樊庄区块煤层气井组压裂后连续生产已有 1 年多，实践表明压裂取得了明显的效果，但井组间产气量存在明显差异。截至 2007 年 11 月 20 日，共投产 18 口井，这些井井距只有 250～300m，但产量却存在较大差异。例如 p1 井，煤层埋深 499.4m，日产气量 2000～

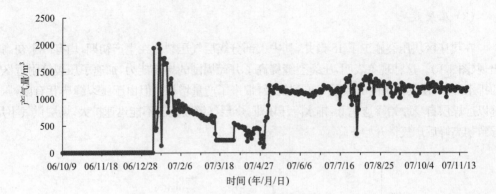

图 4.8　p1-10 产气曲线

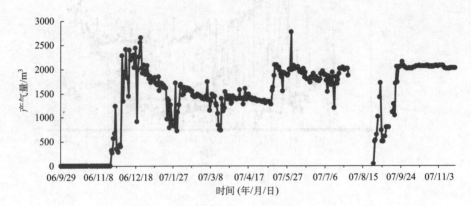

图 4.9　p2-8 产气曲线

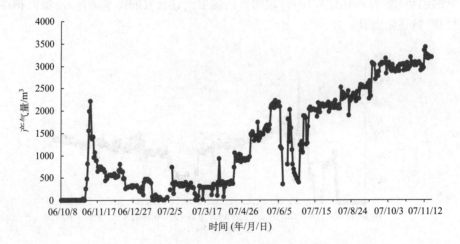

图 4.10　p1-3 产气曲线

3000m³,而它的邻井 p8 井、p9 井与之相距只有 250～300m,埋深接近 p1,分别为 496.4m、499.05m,日产气量却只有 200～500m³,反映了煤层平面上存在很强的非均质性,造成产量的差异。

对临界解吸压力的分析表明,煤层气井单井产量还受到解吸压力的影响。临界解吸压力是煤层气开始解吸时的地层压力。理论上,临界解吸压力与地层压力越接近,煤层气越容易解吸。通过建立各井煤层气解吸压力与产气量的关系,可以掌握解吸压力对煤层气产气的影响程度。

从单井生产曲线来看,产气状况好的井,如 p1、p2、p3 和 p5,出气早,产气量高,稳定生产时间长。所计算的临界解吸压力与地层压力的比值($p_{解}/p_{地}$)也高,一般大于 0.8。p3 井 $p_{解}/p_{地}$ 值为 0.95,p5 井达到 0.98(如图 4.11)。产气状况差(产气量小于 1000m^3)的井,临界解吸压力与地层压力的比值也低,$0.38\sim0.76$,平均值 0.55(图 4.12)。

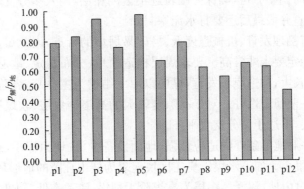

图 4.11 产气状况好的井 $p_{解}/p_{地}$ 高

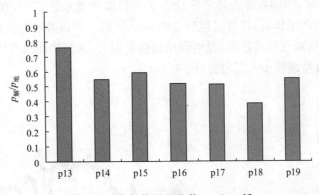

图 4.12 产气状况差的井 $p_{解}/p_{地}$ 低

由此可见,煤层气产气量与解吸压力存在密切关系,解吸压力与地层压力的比值越高,煤层出气越容易,产气量因此高且稳定。

上述分析表明,在相近的施工参数和工艺条件下,煤层气井单井产量仍存在较大差异,从而反映出该区煤层存在较强的非均质性。

二、多分支水平井的现场实施及效果分析

多分支水平井技术特别适合于开采低渗透储层的煤层气,是低渗透储层煤层气开采技术的一次革命。国内近年来已施工了 100 余口多分支水平井,一般以井组为单元计算,

一个多分支水平井井组包括1～4口直井、一口多分支水平井,直井数量主要受煤层主分支方向数控制,主分支方向数受煤层倾角、煤层走向、断层形态和地面条件限制。多分支水平井钻完直井段后,下套管封固上部地层,在目的煤层从1～4个不同方向钻水平分支井。主水平井井眼尺寸152mm,水平位移1200～1500m,分支水平井井眼尺寸121mm,水平位移400～600m。分支井间距120～200m,具体的分支井间距和段长还要靠专用模拟软件来计算。实际钻井施工时,一般先钻采气直井,即洞穴井,为以后直井与水平井连通做准备,洞穴直径1.8～2.0m,作为最后的排水采气生产井。然后再钻多分支水平井,钻分支井时,也要先钻主水平井,再倒着钻分支水平井,钻进过程中要随时跟踪钻速、井斜和方位变化,并随时调整方位,确保井眼轨迹不偏离煤层,洞穴多分支水平井采用裸眼完井方式,水平井的直井段最后还要打水泥塞封固。

由于煤岩具有割理发育、机械强度低、易碎易坍塌的特点,因此煤层气多分支水平井对于煤层的井壁稳定要求非常高。要求煤层构造简单、分布稳定、地层平缓,褶曲和断层不发育;煤层厚度较大;构造煤不发育,煤层以原生结构为主;中高煤阶,煤层具有较高的强度,煤质较硬,井壁稳定性好。对于孔隙度较大的高渗透煤层、软煤层和夹有灰岩层或砂岩层的较薄煤层,不适于钻分支水平井。

多分支水平井对地形条件的适应性强,地面设备少、占地面积小,还可避开地面障碍物,对环境的影响很小。如沁水煤田樊庄区块地表为低山丘陵的地形环境,在煤层中宜侧钻水平井,便于绕过山地、沼泽。煤层为高煤阶无烟煤,渗透率低,硬度大,井壁稳定性好。通过对地质条件等情况分析,我们认为采用多分支水平井技术开采煤层气能够发挥其独特的优势。2006年,中国石油在樊庄区块钻了一口多分支水平井f1,在煤层中水平井段总长5158.5m,生产半年后,产气量达到10000m³/d以上。该井单井控制面积大,有效沟通了煤层中的天然割理裂缝系统,煤层降压解吸范围大,采气初期没有出现直井开采的那种压降漏斗,产量呈现稳步上升趋势(图4.13)。

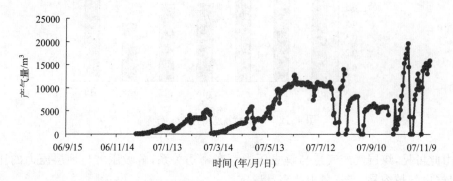

图4.13 f1产气曲线

对该井和邻近压裂直井的增产效果进行对比分析,得到以下几点认识:

一是f1多分支水平井煤层排水量大,从日产水来看,多分支水平井10～20m³/d,而压裂直井仅1～3m³/d。从累产水来看,至2007年11月底,多分支水平井累产水4800m³,而压裂直井平均1500m³。表明多分支水平井更能有效沟通煤层,排水降压面积大。

二是多分支水平井产气量较直井高。从日产气来看,多分支水平井经过一年时间的生产,产气量上升到 $1.6 \times 10^4 m^3/d$,而压裂直井一般 $500 \sim 3000 m^3/d$,最高 $5000 m^3/d$。从累产气看,至 2007 年 11 月底,多分支水平井累产气 $179 \times 10^4 m^3$,而压裂直井平均到单井仅为 $24 \times 10^4 m^3$,多分支水平井累产气约为直井的 7 倍。表明多分支水平井更能有效沟通煤层,降压解吸面积大。

三是多分支水平井井底压力高,高于直井约 0.5MPa,表明煤层中流体流动能量损失小。

总体来看,多分支水平井具有排水降压快,单井产能高,煤层中流体能量损失小的开采特点,原因在于:

1) 多分支水平井眼增加了有效供给范围。水平钻进 $400 \sim 600m$ 的多个分支,在煤层中呈网状分布,将煤层分割成很多连续的狭长条带,从而大大增加了煤层气的供给范围。

2) 主支和多个分支水平井眼提高了流体的导流能力。压裂的裂缝无论多长,流动的阻力都是很大的,而水平井内流体的流动阻力要小得多,同时分支井眼与煤层割理相互交错,提高了裂隙的导流能力。

3) 多分支水平井技术对煤层的伤害小。常规直井钻井完钻后要固井,完井后还要进行水力压裂改造,每个环节都会对煤层造成不同程度的伤害,而且煤层伤害很难恢复。采用多分支水平井钻井完井方法,就避免了固井和水力压裂作业,这样只要在钻井时设法降低钻井液对煤层的伤害,就能满足工程要求。

但而 2005 年山西宁武盆地钻探的第一口多分支水平井,没有获得预期的产气量效果。

该井目的层为太原组 9 号煤,煤层埋深 $878 \sim 894.5m$,煤层厚度 14.9m(2 层)。根据设计要求,自 2005 年 7 月 29 日至 10 月 10 日完成直井和水平井钻井。洞穴井进尺 950m;水平井 1 个主支,10 个分支,水平井进尺 7043m,水平段进尺 6075m,煤层段进尺 5835m;总进尺 7993m,总钻井周期 72 天。

2005 年 10 月 21 日开始抽排,2006 年 8 月 3 日停抽,抽排设备为电潜泵,累计抽排 290 天,纯排液 250 天,出气 200 天,累计产水 $26380.9m^3$,地层产水 $25936m^3$,累计产气 $41390m^3$,最高日产气 $1200m^3$,最高日产水 $267m^3$。

地质分析表明,该井水主要是从煤系地层上覆含水层通过导水小断层和裂缝流到煤层地层,最后流入井筒。由于大量沟通了水层,产水量相当大,这样就会造成能量补给,在井筒周围不能形成大面积的降压,煤层气无法大量解吸,产气量达不到工业气流。因此,在解释煤层附近有水层存在时应多加小心,确定是否与水层连通。在布井时应避免上下沟通水层。

从排采曲线来看,前期液面控制平稳,但降液速度过快,平均每天降 20.32m,这样的降压速度容易导致煤层坍塌,以致井堵。降液速度应该控制在每天 $5 \sim 10m$,以减小应力变化对水平井段煤层的影响。由于井眼坍塌、煤粉堵塞等因素,造成后期产量上下波动,液面波动也较大。

从排采曲线看出,在液面降至 500m 后,气体开始大量解吸,由于气体的大量产出,气体的渗流速度大于前期水的渗流速度。煤层甲烷的高速流动会带出大量的煤粉。此时由于该井没有控制好降液速度,导致大量煤粉迁移、涌出,堵塞水平段井眼或造成坍塌,堵塞流体流动通道,使得产水量下降,造成供液不足,泵不能连续出液。从检泵发现,泵的分离器所缠 80～100 目滤网上已有孔洞,可能是滤网被煤粉堵塞后由于泵的吸力将滤网吸破,从而井口产出大量煤粉和煤块。

近年来煤层气多分支水平井的应用实践表明,多分支水平井单井产量的高低,除与开发区块煤层富气程度、煤层渗透率有直接关系外,煤层气井所在的局部构造位置,是否存在断层、陷落柱,以及在钻井过程中的储层保护措施、水平井眼进尺与煤层钻遇率、水平井眼产状等因素都对单井产量有很大影响。

沁水盆地南部山西组 3 号煤水平井应用实践证实,水平井井位部署应尽可能选择构造平缓,断层、陷落柱不发育的地区,一方面保证钻井安全施工,提高煤层钻遇率;另一方面可避免钻遇断层和陷落柱从而沟通煤层邻近的裂缝性含水层。如在樊庄区块,部分井因为钻遇断层和裂缝发育带,多次发生垮塌事故,导致水平井眼有效进尺不足,产量不高,一部分虽然穿越断层,完成水平井眼设计进尺,但排采阶段单井日产水达到数十至上百立方米,分析水源为煤层以下石炭系和奥陶系灰岩含水层,由于煤层不能有效降压,因此该井产气量很小。

水平井眼产状对气井产量也有影响,特别是对于煤层渗透率低、含气饱和度不高、临界解吸压力低、流体能量较小的区块,井眼产状对气井产量影响很大。例如,樊庄区块煤层渗透率一般 $0.1 \times 10^{-3} \sim 0.5 \times 10^{-3} \mu m^2$,含气量一般 $16 \sim 24 m^3/t$,吸附气饱和度 80%～95%,临界解吸压力 2～3MPa。该区水平井如果主井眼穿过洞穴井后呈上翘或基本平缓状态,排采阶段时可将液柱降低到煤层附近,使煤层彻底降压实现较高产量。如果水平井主井眼穿过洞穴后呈下倾状态,由于排采阶段液面高度始终保持在洞穴附近,下倾段井眼不能实现彻底降压,因此影响了气井产量的提高。

水平井眼进尺也是影响产量的重要因素。表 4.4 为沁南某区块水平井进尺与单井产量对比情况。当水平井眼累计长度达到 3000～4500m,煤层钻遇率 85% 以上,井眼轨迹均匀分散展布,排采阶段可较好地实现面积降压,单井产量可达到万方以上。如果井眼累计长度低于 3000m,或煤层钻遇率低,井眼轨迹分布在狭小的区域内,单井产量一般不高。当煤层进尺超过 4500m 以上时,增产效果不明显。

表 4.4　沁南某区块水平井进尺与单井产量对比表

井号	控制面积 /km²	水平井眼累计长度/m	日产气 /(m³/d)	井号	控制面积 /km²	水平井眼累计长度/m	日产气 /(m³/d)
FP1	0.1	1372	200	FP7	0.29	4041	38000
FP2	0.1	1357	800	FP8	0.3	4439	40000
FP3	0.09	1195	0	FP9	0.32	5006	18000
FP4	0.16	3332	2000	FP10	0.32	5120	11100
FP5	0.36	3203	11000	FP11	0.35	5700	8800
FP6	0.3	4117	32000	FP12	0.4	6091	13460

因此,为了保障多分支水平井产气效果,气田开发阶段要开展气藏精细描述,通过地震勘探等方法,掌握煤层构造形态以及断层、陷落柱发育情况,尽量避免水平井眼穿越断层或井眼下倾,以达到水平井理想降压状态。在水平井钻井过程中还要做好煤储层保护措施,使用清水或注空气保压钻井方法钻开煤层,减少储层污染,保证气井产气效果。

参 考 文 献

蔡美峰. 2002. 岩石力学与工程. 北京：科学出版社

曹文贵, 方祖烈, 唐学军. 1998. 岩石损伤软化统计本构模型之研究. 岩石力学与工程学报, 17(6)：628～633

陈耕野, 李造鼎, 刘斌. 1995. 岩石中裂隙损伤对超声波衰减影响的实验研究. 黄金, 16(2)：15～20

陈勉, 陈志喜, 黄荣樽等. 1994. 非均匀地层水力压裂研究. 东北大学学报(自然科学版), 15(1)：309～312

陈治喜. 1996. 水力压裂裂缝起裂和扩展. 中国石油大学博士论文

樊明珠, 王树华. 1996. 影响煤层气可采性的主要地质参数. 天然气工业, 16(6)：53～57

傅雪海. 2001. 多相介质煤岩体(煤储层)物性的物理模拟与数值模拟. 中国矿业大学(徐州)博士论文

傅雪海, 秦勇. 2002. 多相介质煤岩体力学实验研究. 高校地质学报, 8(4)：446～452

高峰, 谢和平, 巫静波. 1999. 岩石损伤和破碎相关性的分形分析. 岩石力学与工程学报, 18(5)：502～506

郭大立. 2001. 煤层压裂裂缝三维延伸模拟及产量预测研究. 应用数学与力学, 22(4)：338～340

和心顺, 苏承东. 2001. 煤系地层岩石的应力-应变特征与本构关系的试验研究. 地质与勘探, 26(2)：43～46

柯孚久, 白以龙, 夏蒙棼. 1990. 理想微裂纹系统演化的特征. 中国科学(A辑), 6：621～631

柯孚久, 白以龙, 夏蒙棼. 1991. 固体中微裂纹系统统计演化的基本描述. 力学学报, 23(3)：290～298

孔祥言. 1999. 高等渗流力学(第一版). 合肥：中国科学技术大学出版社. 376～384

郎兆新, 张丽华, 罗山强. 1997. 零维煤层气模拟软件的研制. 石油大学学报(自然科学版), 21(5)：30～34

李斌. 1996. 煤层气非平衡吸附的数学模型和数值模型. 石油学报, 17(4)：42～49

李同林. 1994. 水力致裂煤层裂缝发育特点的研究. 地球科学——地质大学学报, 19(4)：537～545

李同林, 乌效鸣, 屠厚泽. 2000. 煤岩力学性质测试分析与应用. 地质与勘探, 36(2)：86～88

李志刚, 付胜利. 2000. 煤岩力学特性测试与煤层气井水力压裂力学机理研究. 石油钻探技术, 28(3)：10～12

吕运水, 陈幸福. 1989. 关于损伤张量的阶次. 应用数学与力学, 10(3)：239～245

骆祖江, 杨锡禄, 赵俊峰等. 2000. 煤层气井数值模拟研究. 中国矿业大学学报, 29(3)：306～309

孟召平, 张孝文. 1996. 煤材料变形力学特性分析. 焦作工学院学报, 15(4)：29～34

秦跃平. 2001. 岩石损伤力学模型及其本构方程的探讨. 岩石力学与工程学报, 20(4)：560～562

任建喜, 葛修润, 蒲毅彬等. 2000a. 岩石单轴细观损伤演化特性的CT实时分析. 土木工程学报, 33(6)：99～104

任建喜, 葛修润, 蒲毅彬等. 2000b. 岩石卸荷损伤演化机理CT实时分析初探. 岩石力学与工程学报, 19(6)：697～701

任建喜, 罗英, 刘文刚等. 2002. CT检测技术在岩石加卸载破坏机理研究中的应用. 冰川冻土, 24(5)：672～675

山口梅太郎. 1982. 岩石力学基础. 黄世衡译. 北京：冶金工业出版社

申晋, 赵阳升, 段康廉. 1997. 低渗透煤岩体水力压裂的数值模拟. 煤炭学报, 22(6)：580～585

申卫兵, 张保平. 2000. 不同煤阶煤岩学参数测试. 岩石力学与工程学报, 19(增刊)：860～862

苏现波, 陈江峰, 孙俊民等. 2001. 煤层气地质学与勘探开发. 北京：科学出版社. 68～78

王学滨, 海龙, 黄梅. 2004. 岩样单轴拉伸损伤不均匀性分析. 岩石力学与工程学报, 23(9)：1446～1449

乌效鸣. 1996. 煤层气井水力压裂裂缝产状和形态研究. 探矿工程, 6：19～21

乌效鸣, 屠厚泽. 1995. 煤层水力压裂典型裂缝形态分析与基本尺寸确定. 地球科学——中国地质大学学报, 20(1)：112～116

吴淑红, 刘翔鹗, 郭尚平. 1999. 水平段井筒管流的简化模型. 石油勘探与开发, 26(4)：64～65

吴晓东, 张迎春, 李安启. 2000. 煤层气单井开采数值模拟的研究. 石油大学学报, 24(2)：47～53

鲜保安, 高德利. 2008. 煤层气洞穴完井机理及控制方法. 天然气工业, 24(增刊A)：39～41

谢和平. 1990a. 岩石、混凝土损伤力学. 徐州：中国矿业大学出版社

谢和平. 1990b. 岩石煤岩损伤力学. 徐州：中国矿业大学出版社

谢和平. 1994. 分形损伤力学. 中国青年学者岩土工程力学及其应用讨论会论文集. 北京：科学出版社

谢和平. 1995. 动态裂纹扩展中的分形效应. 力学学报, 27(1)：1～10

谢和平. 1997. 分形-岩石力学导论. 北京：科学出版社

闫立宏，吴基文，刘小红. 2002. 水对煤的力学性质影响试验研究. 建井技术，23(3)：30～32

杨更社，张长庆. 1998. 岩体损伤及检测. 西安：陕西科学技术出版社

杨光松. 1989. 微结构弹性损伤模型. 固体力学学报，2：116～126

杨利波. 1988. 拟三维水力压裂设计. 石油大学硕士学位论文

杨陆武，孙茂远. 2001. 中国煤层气藏的特殊性及其开发技术要求. 天然气工业，21(6)：17～19

杨双锁，靳钟铭，王春夫. 1996. 裂隙分布的分形特征与岩石强度的相关性研究. 山西矿业学院学报，14 (2)：119～124

杨友卿. 1999. 岩石强度的损伤力学分析. 岩石力学与工程学报，18(1)：22～27

岳晓燕，谭世君，吴东平. 1998. 煤层气数值模拟的地质模型与数学模型. 天然气工业，18(4)：28～31

曾立新. 1999. 深层岩石力学性质的试验方法. 地质力学学报，5(1)：71～75

翟光明，何文渊. 2004. 煤层气是天然气的现实接替资源. 天然气工业，24(5)：1～4

张建博. 2009. 加拿大煤层气勘探开发现状. 西部时报，2009 年 5 月 15 日第 15 版

张烈辉，陈军，任德雄等. 2001a. 用热采模型模拟煤层气开采过程. 天然气工业，21(6)：20～22

张烈辉，陈军，涂中等. 2001b. 用常规黑油模型模拟煤层气开采过程. 西南石油学院学报，23(5)：26～28

张义，鲜保安，赵庆波. 2008. 超短半径径向水平井新技术及其在煤层气开采中的应用. 中国煤层气，5(3)：20～23

赵明阶，徐蓉. 2000. 岩石损伤特性与强度的超声波速研究. 岩土工程学报，22(6)：720～722

赵庆波. 2007. 中国煤层气勘探成果及认识. 见：雷群，李景明，赵庆波主编. 煤层气勘探开发理论与实践. 北京：石油工业出版社. 3～11

赵庆波，李贵中，孙粉锦等. 2009. 煤层气地质选区评价理论与勘探技术. 北京：石油工业出版社. 1～4

赵永红. 1997. 岩石弹脆性分维损伤本构模型. 地质科学，32(4)：487～494

周生田，张琪. 1997. 水平井水平段压降的一个分析模型. 石油勘探与开发，24(3)：49～52

周生田，张琪，李明忠. 2002. 水平井变质量流研究进展. 力学进展，32(1)：119～127

Abass H H. 1990. Experimental observations of hydraulic fracture propagation through coal blocks. SPE 21289. 239～252

Abe H T, Mura T, Keer L. 1976. Growth rate of a penny-shaped crack in hydraulic fracturing of rocks. J Geophys Res, 81：5335～5340

Advani S H, Lee J K. 1982. Finite element model simulations associated with hydraulic fracturing. Society of Petroleum Engineers Journal, 22：209～218

Arri L E, Yee D, Morgan W D. 1992. Modeling coalbed methane production with binary gas sorption. Rocky Mountain Regional Meeting. Casper, Wyoming

Atkinson B K, Meredith P. 1987. The theory of subcritical erock growth with applications to minerals and rocks. In：Atkinson B K (ed). Fracture Mechanics of Rock. London：Academic Press. 111～166

Bai Y L, Han W S, Xia M F. 1994. Statistical formulation and experimental determination of growth rate of micrometer cracks under impact loading. Inst Mechanics Report：IMCAS STR-94009

Bazant Z P, Ozbolt J. 1990. Nonlocal microplane model for fracture, damage, and size effect in structures. J Engng Mech, 116(11)：2485～2505

Bazant Z P, Prat P C. 1988. Microplane model for brittle plastic material：part Ⅰ. Theory, part Ⅱ. Verification. J Engng Mech, ASCE, 114：1672～1702

Beugelsdijk L J L. 2000. Experimenta hydraulic fracture propagation in a multi-fractured medium, SPE 59419. 1～8

Bouteca M J. 1984. 3D anlytical model for hydraulic fracturing：theory and field test. SPE (Sept), paper no. 13276

Bumb A C, Mckee C R. 1988. Gas-well testing in the pressure of desorption for coalbed methane and Devonian shale. SPEFE, 3(3)：179～185

Carter R D. 1957. Derivation of the general equation for estimating the extent of the fractured area. Drilling and Prod. Prac, API, 1957：261～270

Cleary M P. 1980. Comprehensive design formulae for hydraulic fracturing. SPE9259

Cleary M P, Lam K Y. 1983. Development of a fully three-dimensional simulator for analysis and design of hydraulic fracturing. SPE11631

Cleary P, Lam K Y. 1986. A complete three-dimensional simulator for analysis and design of hydraulic fracturing. SPE15266

Clifton R J, Abou-Sayed A S. 1981. A variational approach to the prediction of the three-dimensional geometry of hydraulic fractures. SPE9879

Clifton R J, Abou-Sayed A S et al. 1984. Evaluation of the influence of in-situ reservoir conditions on the geometry of hydraulic fracture using a 3D simulator: Part 2-Case studies. SPE12878

Clifton R J, Abou-Sayed A S, Sinha K P. 1984. Evaluation of the influence of in-situ reservoir conditions on the geometry of hydraulic fracture using a 3D simulator: Part 1-Technical approach. SPE12877

Cobb S L, Farrell J J. 1986. Evaluation of long-term proppant stability. SPE14133. 483~492

Curran D R, Shockey D A, Seaman L. 1973. The influence of microstructural features on dynamic fracture. J Appl Phys, 1(44): 4025

Daneshy A A. 1973. On the design of vertical hydraulic fractures. JPT, 25: 83~97

Daneshy A A. 1978. Numerical solution of sand transport in hydraulic fracturing. JPT, 1978: 132~140

Dikken B J. 1990. Pressure drop in horizontal wells and its effect on production performance. Journal of Petroleum Technology, 42(11): 1426~1433

Geertsma J. 1962. A comparison of the theory equilibrium cracks. Advance in Applied Mechanics, 7: 55

Geertsma J, DeKlerk F. 1969. A rapid method of predicting width and extent of hydraulically induced fractures. JPT, 21(12): 1571~1581

Geertsma J, Haafkens R. 1976. Comparison of the theories to predict width and extent of vertical hydraulically induced fractures. 31st Annual Petroleum Mechanical Engineering Conference

Griffith A A. 1921. The phenomena of rupture and flow in solids. Phil Trans Royal Society of London, 1921: 163~198

Gurson A L. 1977. Theory of ductile rupture by void nucleation and growth: Part I -Yield criteria and flow rules for porous ductile media. J Eng Materials Tech, 99: 215

Halt J. 1985. Effect of voids on creep rate and strength. In: Stubbs N, Krajcinovc D (eds). Damage Mechanics and Continuum model. ASCE, New York. 12~24

Harpalani S, Pariti U M. 1993. Study of coal sorption isotherm using a multicomponent gas mixture. International Coalbed Methane Symposium, (C) : 151~160

Horn H, Nemat-Nasser S. 1983. Overall moduli of solids with microcracks: load-induced anisotropy. J Mech Phys Solids, 31: 315~330

Kassir M K, Sih G C. 1966. Three-dimensional stress distribution around an elliptical crack under arbitrary loadings. Journal of Applied Mechanics, (Sept): 601~611

Khoroshun L P, Nazarenk L V. 2001. Amodel of the short-term damageability of a transversally isotropic material. Int App Mech, 37(1): 66~74

Khristianovich S A, Zheltov Y P. 1955a. Formation of vertical fractures by means of highly viscous liquid. Proceedings of the Fourth World Petroleum Congress, Section II , paper no. 3

Khristianovich S A, Zheltov Y P. 1955b. Theoretical principles of hydraulic fracturing of oil strata. Proceedings of the Fifth World Petroleum Congress, Section II , paper no. 23

King G R, Ertekin T M. 1989a. A survey of mathematical models related to methane production from coal seams, part I : empirical and equilibrium sorption models. In: Proceedings of the 1989 Coal Bed Methane Symposium. The University of Alabama/Tuscaloosa. 125~138

King G R, Ertekin T M. 1989b. A survey of mathematical models related to methane production from coal seams, part II: non-equilibrium sorption models. In: Proceedings of the 1989 Coal Bed Methane Symposium. The University of Alabama /Tuscaloosa. 139~155

King G R, Ertekin T. 1991. State-of-the-art modeling for unconventional gas recovery. SPEFE, 6(3): 63~71

King G R, Ertekin T. 1995. State-of-the-art modeling for unconventional gas recovery, part II : recent developments (1989-1994). SPE 29575: 289~297

Kolesar J E, Ertekin T, Obut S T. 1990. The unsteady state nature of sorption and diffusion phenomena in the micropore structure of coal: part 1-theory and mathematical formation. SPEFE,5(3):81~88

Krajcinovc D. 1985. Constitutive theories for solids with defective micro-structure. In: Stubks N, Krajcinovic D (eds). Damage Mechanics and Continuum Modeling. ASCE, New York. 39~56

Krajcinovc D, Sumara D. 1989. A mechanical model for brittle deformation processes: part Ⅰ and part Ⅱ. ASME J Appl Mech, 56: 51~62

Krajcinovc D, Basista M, Sumara D. 1991. Micromechanically inspired phenomenological damage model. ASME J Appl Mech, 58: 305~310

Mendelsohn D A. 1984. A Review of hydraulic fracture modeling-Part Ⅱ: 3D modeling and vertical growth in layered rock. Journal of Energy Resources Technology, 106: 543~553

Much M G. 1987. Long-term performance of proppants under simulated reservoir conditions. SPE 16415. 257~266

Nemat-Nasser S, Obata M. 1988. A microcrack model of dilatancy in brittle materials. Transaction of the ASME, 55: 24~35

Nolte K G. 1988. Principles for fracture design based on pressure analysis. SPEPE, (Feb): 22~30

Nordgren R P. 1972. Propagation of vertical hydraulic fracture. SPE J, 12: 306~314

Palmer I D, Carrol H B. 1983. Numerical solution for height and elongated hydraulic fracturing. SPE11627

Palmer I D, Carroll Jr H B. 1983. 3D hydraulic fracture propagation in the presence of stress variations. SPEJ, (Dec): 870~878

Palmer I D, Craig H R. 1985. Modeling of asymmetric vertical growth in elongated hydraulic fracture and application to first MWX stimulation. SPE12879

Parker M A. 1987. Fracturing treatment design improved by conductivity measurements under in-situ conditions. SPE 16901. 245~255

Pavone A M, Schwerer F C. 1984. Development of coal gas production simulators and mathematical models for well test strategies. Final Report under GRI Contract Number 5081-321-0457

Penny G S. 1991. Laboratory tests to determine parameters for hydraulic fracturing of coalbed methane. SPE 21812. 89~108

Penny G S, Liang Jin. 1995. The development of laboratory correlations showing the impact of multiphase flow, fluid and proppant selection upon gas well productivity. SPE 30494. 437~451

Perkins T K, Kern L R. 1961. Width of hydraulic fracture. JPT, 13: 937~949

Sahimi M, Arbabi S. 1993. Mechanics of disordered solids. Ⅱ. Percolation on elastic networks with bond-bending forces. Phys Rev, B, 47: 703~712

Sawyer W K, Paul G W, Schraufnagel R A. 1990. Development and application of a 3D coalbed simulator. Paper No. CIM/SPE 90-119 Preprint: 119-1~119-9

Scott Reeves. 2001a. Advanced reservoir modeling in desorption-controlled reservoirs. SPE71090: 1~14

Settari A. 1963. Three-dimensional model of hydraulic fracture geometry (P3D). SPE10505

Settari A, Cleary, M P. 1983. Three-dimensional simulation of hydraulic fracturing. Journal of Petroleum Technology, 36: 1170~1190

Smith M B. 1985. Stimulation design for short, precise hydraulic fractures. SPEJ, (Jun): 371~379

Tu J W, Lee X. 1991a. Micromechanical damage models for brittle solids, part Ⅱ: compressive loadings. J Engng Mech, 117(7): 1515~1536

Tu J W, Lee X. 1991b. Micromechanical damage models for brittle solids, part Ⅰ: tensile loadings. J Engng Mech, 117(7): 1495~1514

Van Eekelen H A M. 1982. Hydraulic fracture geometry: fracture containment in layered formation. Society Petroleum Engineers Journal, 22: 341~349

Weibull W. 1938. Investigations into strength properties of brittle materials. Proceedings of the Royal Swedish Institute for Engineering Research, 149

Williams B B. 1970. Fluid loss from hydraulically induced fractures. JPT, 22: 882~888